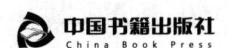

唐庆增 [著]

中国史略丛刊

中国经济思想史

中国书籍出版社
China Book Press

图书在版编目(CIP)数据

中国经济思想史 / 唐庆增著. -- 北京：中国书籍出版社, 2023.6
ISBN 978-7-5068-9453-1

Ⅰ.①中… Ⅱ.①唐… Ⅲ.①经济思想史—中国 Ⅳ.①F092

中国国家版本馆CIP数据核字(2023)第113685号

中国经济思想史

唐庆增 著

策划编辑	牛　超
责任编辑	杨铠瑞
责任印制	孙马飞　马　芝
封面设计	东方美迪
出版发行	中国书籍出版社
地　　址	北京市丰台区三路居路97号（邮编：100073）
电　　话	（010）52257143（总编室）　　（010）52257140（发行部）
电子邮箱	eo@chinabp.com.cn
经　　销	全国新华书店
印　　刷	三河市富华印刷包装有限公司
开　　本	880毫米×1230毫米　1/32
字　　数	427千字
印　　张	13.375
版　　次	2023年6月第1版
印　　次	2023年6月第1次印刷
书　　号	ISBN 978-7-5068-9453-1
定　　价	82.00元

版权所有　翻印必究

序

　　经济智识之重要，在今日已为国人所公认。年来国人研究此学者日多一日，而坊间所出之此类书籍与刊物，亦复与日俱增，足见国人研究之孟晋，不可谓非社会之好现象也。虽然，经济智识之内容甚奥衍，而世界各国实情不同，其历史的背景亦迥异，处今日而。欲创造适合我国之经济科学，必以不背乎国情为尚。在纵的一方面，必须研究我国经济思想与制度之史的发展，在横的一方面则当研究各地经济状况与解决之方案；探讨本国经济思想发展之历史，即属第一种之研究，盖一国自有其特殊之环境与其需要，非审度本国思想上之背景，不足以建设有系统之经济科学也。彼罗斯休（Roscher）、贝觉（Pecchio）、泼拉斯（Price）之流，努力于本国经济思想历史之研究，亦本此意，为其国人士服务，为创造本国新经济思想之准备耳。然则中国经济思想史之研究，讵非当前之急务耶？

　　著者于经济学中，最喜研究经济思想历史一部分，于此类书籍及文章，搜集研究，极感兴味。民十四返国后，觉关于我国经济思想之著作，甚为缺乏，而古籍之所载，尤不能餍吾人之望。盖治学最重系，我国古籍之记载前人思想，失于驳杂，滞于繁赜，而求其所谓分门别类，就历代经济思想成一专书者，犹为未见。不揣谫陋，颇思自编一书，供国人参考，民十七之春，应友人徐君叔刘之约，在交大担任此课，乃着手编著，是年秋，由桂省归沪，益复致力于此，穷年兀兀，几废寝食，为时既久，积稿遂多，爰将古代之一部分，先行付梓。末学初稿，难期尽善，况学术荒芜，闻见有限，疏漏之处，自知不免。窃愿此书之出，能引起国人对于是项研究之兴趣，他日述作日多，则此区区者，特其筌蹄耳。

著者对于撰序各家，至感。关于国学之部分，除家严加以指示外，匡正之劳，以陈柱尊、叶长青、钱子泉诸君为最多，皆深表谢忱。又著者在沪上及南京各校，担任此课，先后达三四十次，同学听讲之勤勉，盖与朋侣间期望，同为余努力撰者之原因，皆所铭感者也。

民国二十四年七月　唐庆增

目　录

序 / 1

【第一编】　绪论 / 1

第一章　中国经济思想之性质 ………………… 2
第一节　经济思想之起源 ……………………… 2
第二节　经济思想与经济制度 ………………… 3
第三节　中国经济思想史之重要 ……………… 4
第四节　中国经济思想史与他种学术之关系 … 6
第五节　中国经济思想史之分期与派别 ……… 8

第二章　中国经济思想史在世界经济思想史所占之位置　12
第一节　国人对于中国经济思想史之研究 …… 12
第二节　外人心目中之中国经济思想观 ……… 14
第三节　中国经济思想不发达之原因 ………… 15

第三章　研究中国经济思想史之方法 ………… 28
第一节　研究中国经济思想史之准备 ………… 28
第二节　中国经济思想之史料及其整理之方法 … 33
第三节　书籍供给及版本上之困难 …………… 36
第四节　研究中国经济思想史料之途径 ……… 37

【第二编】 老孔以前之经济思想 / 39

第一章 太古时代——中国经济思想之原始 ⋯⋯⋯⋯ 40
第一节 唐虞时代之经济背景 ⋯⋯⋯⋯⋯⋯⋯⋯⋯ 40
第二节 《诗经》与中国经济思想 ⋯⋯⋯⋯⋯⋯⋯ 42
第三节 《尚书》与《周易》 ⋯⋯⋯⋯⋯⋯⋯⋯⋯ 44
第四节 结论 ⋯⋯⋯⋯⋯⋯⋯⋯⋯⋯⋯⋯⋯⋯ 52

第二章 《周礼》之价值 ⋯⋯⋯⋯⋯⋯⋯⋯⋯⋯⋯⋯ 53
第一节 发凡 ⋯⋯⋯⋯⋯⋯⋯⋯⋯⋯⋯⋯⋯⋯ 53
第二节 官员及任民 ⋯⋯⋯⋯⋯⋯⋯⋯⋯⋯⋯⋯ 54
第三节 政府之会计制度及理财方法 ⋯⋯⋯⋯⋯⋯ 55
第四节 重农办法 ⋯⋯⋯⋯⋯⋯⋯⋯⋯⋯⋯⋯⋯ 58
第五节 重商设施 ⋯⋯⋯⋯⋯⋯⋯⋯⋯⋯⋯⋯⋯ 59
第六节 重工政策 ⋯⋯⋯⋯⋯⋯⋯⋯⋯⋯⋯⋯⋯ 60
第七节 货币制度 ⋯⋯⋯⋯⋯⋯⋯⋯⋯⋯⋯⋯⋯ 61
第八节 救荒政策 ⋯⋯⋯⋯⋯⋯⋯⋯⋯⋯⋯⋯⋯ 62
第九节 井田计划 ⋯⋯⋯⋯⋯⋯⋯⋯⋯⋯⋯⋯⋯ 62
第十节 总论 ⋯⋯⋯⋯⋯⋯⋯⋯⋯⋯⋯⋯⋯⋯ 63

【第三编】 儒家 / 65

第一章 孔子在中国经济思想史中之地位 ⋯⋯⋯⋯⋯⋯ 66
第一节 研究孔子经济思想者所应有之态度 ⋯⋯⋯ 66
第二节 传略与著作 ⋯⋯⋯⋯⋯⋯⋯⋯⋯⋯⋯⋯ 68
第三节 欲望说 ⋯⋯⋯⋯⋯⋯⋯⋯⋯⋯⋯⋯⋯⋯ 69
第四节 孔子对于商业之态度 ⋯⋯⋯⋯⋯⋯⋯⋯ 73
第五节 政府与国民之经济关系 ⋯⋯⋯⋯⋯⋯⋯ 73
第六节 孔子经济思想总评 ⋯⋯⋯⋯⋯⋯⋯⋯⋯ 78

第二章 孔门诸子之经济思想观 ⋯⋯⋯⋯⋯⋯⋯⋯⋯⋯ 80
第一节 总论 ⋯⋯⋯⋯⋯⋯⋯⋯⋯⋯⋯⋯⋯⋯ 80

第二节　曾子之经济思想 …………………………… 81
　　第三节　子思之经济思想 …………………………… 85
第三章　孟子对于中国经济思想之贡献 ………………… 87
　　第一节　孟子之时代背景 …………………………… 87
　　第二节　利俭欲与惠之观念 ………………………… 88
　　第三节　孟子之富民政策 …………………………… 93
　　第四节　由孟子书中所得之井田历史 ……………… 105
　　第五节　商人地位问题 ……………………………… 109
　　第六节　生产要素与工艺 …………………………… 112
　　第七节　孟子哲学与方法 …………………………… 114
第四章　荀子之消耗论及经济政策 ……………………… 116
　　第一节　传略及著述 ………………………………… 116
　　第二节　社会之起源 ………………………………… 117
　　第三节　欲望论 ……………………………………… 118
　　第四节　富国政策 …………………………………… 123
　　第五节　荀子经济思想之价值 ……………………… 134
第五章　儒家经济思想总评 ……………………………… 137

【第四编】　道家 / 139

第一章　老子与中国经济思想 …………………………… 140
　　第一节　老子经济思想之影响 ……………………… 140
　　第二节　老子之传略著述及其所用之方法 ………… 141
　　第三节　老子经济思想之哲学根据 ………………… 141
　　第四节　老子经济思想之内容 ……………………… 146
　　第五节　总评 ………………………………………… 150
第二章　列子与中国经济思想 …………………………… 153
第三章　杨朱之消耗论 …………………………………… 157

第四章　庄子之人生观与经济思想 …… 163

　　第一节　庄子小传 …… 163
　　第二节　庄子经济思想之渊源 …… 163
　　第三节　庄子之人生观 …… 164
　　第四节　庄子之经济思想 …… 167
　　第五节　庄子之理想社会 …… 171

第五章　道家经济思想总评 …… 173

【第五编】　墨家 / 175

第一章　墨子之经济思想 …… 176

　　第一节　墨子小传 …… 176
　　第二节　墨子理论之真精神 …… 176
　　第三节　墨子经济思想究以何种观念为基础 …… 181
　　第四节　墨子经济思想之解剖 …… 182
　　第五节　墨子经济思想之批评 …… 199

第二章　宋钘子与尹文子 …… 201

第三章　墨家经济思想总评 …… 205

【第六编】　法家 / 207

第一章　管仲之经济思想 …… 208

　　第一节　管子传略 …… 208
　　第二节　《管子》书之研究 …… 209
　　第三节　造成管子经济思想之要素 …… 210
　　第四节　唯物观念 …… 213
　　第五节　消耗论 …… 217
　　第六节　重农政策 …… 219
　　第七节　货币学说 …… 229

  第八节 重商政策 ·················· 233
  第九节 财政学说 ·················· 244
  第十节 经济杂论 ·················· 257
  第十一节 结论 ···················· 263
 第二章 李悝之经济思想 ················ 266
 第三章 商子之经济思想与政策 ············ 271
  第一节 商子事迹与其时代背景 ·········· 271
  第二节 商子经济思想之特质 ············ 272
  第三节 重农政策 ·················· 282
  第四节 人口论 ···················· 287
  第五节 商鞅与井田制度 ·············· 288
  第六节 商鞅是否轻商 ················ 294
  第七节 商子经济思想平议 ············ 295
 第四章 韩非子之经济思想 ·············· 297
  第一节 传略与著书 ················ 297
  第二节 学说之根据 ················ 297
  第三节 经济学说 ·················· 302
 第五章 邓析、申不害、尸子及慎到之经济思想 ······· 305
  第一节 邓析子 ···················· 305
  第二节 申不害与尸子 ················ 307
  第三节 慎到 ······················ 308
 第六章 法家经济思想总评 ·············· 312

【第七编】 农家及其他各家 / 313

 第一章 农家之经济思想 ················ 314
 第二章 兵家对于经济思想之贡献 ·········· 322

第三章　杂家 327
####　　第一节　陈仲 327
####　　第二节　吕不韦 328
第四章　别派 343

【第八编】　政治家与商人 / 347

第一章　春秋战国时代政治家之经济思想 348
####　　第一节　晏子 348
####　　第二节　公孙侨 354
第二章　春秋战国时代商人之经济思想 356
####　　第一节　计然 356
####　　第二节　范蠡 363
####　　第三节　白圭 364

【第九编】　史书与经济思想 / 369

第一章　《春秋》 370
第二章　《国语》 374

【第十编】　结论 / 381

第一章　中国上古经济思想在西洋各国所生之影响 382
第二章　中国上古经济思想史之结局 388
第三章　中国上古经济思想史内容之比较 390

第一编 绪论

第一章　中国经济思想之性质

第一节　经济思想之起源

　　动物中除人类以外，皆往往为其本身之环境克服而不自觉，其所有环境，大半为天然的，变动甚少，无改革可言；盖下等动物完全受自然界之支配，或则不欲有所创造，或则竟无创造能力，故其环境毫无进步也。

　　人类与其环境之关系，则与上述者迥乎不同，在太古时代，社会尚未开化，茹毛饮血，生活至为简单，与下等动物之生活绝类，其时人类惟知服从自然界之势力，消磨岁月而已。厥后智识日开，人类渐能运用其才智理性，以批评或解释其环境，对于自然界一切现象，渐有较深刻之了解，最后遂能改造环境，以适应人事踵跻乐利为蕲响焉。

　　非特天然环境如此，即社会环境亦有此种情形，社会环境盖指各种社会制度观念而言，人类不但研究自然界之定律及内容，且研究一切社会习惯及制度，最后必以更变为归宿，文化始有进步，得有今日之现象。

　　就各种社会制度言之，当然以经济制度为最要，经济制度之功用，在于满足吾人之欲望。欲望种类至多，与生俱来，《史记·货殖列传》有云："夫神农以前，吾不知已，至若诗书所述，虞夏以来，耳目欲极声色之好，口欲穷刍豢之味，身安逸乐，而心夸矜势能之荣，斯俗之渐民久矣，虽户说以眇论，终不能化。"司马迁所谓口之于味,目之于色,盖欲望中之最简单者,经济学之主要目的,即在研究如何可以满足人类之欲望,而以满足人群之福利为归宿。人类首先研究经济事物之性质,逐渐建立一种经济思想,企图改造其环境,研究者既形增加,成绩亦日臻进步,于是乃有统系之经济学出现,以此学发达之成绩而言,世界上无论何国,胥不能反背此种种发展之阶段也。

第二节　经济思想与经济制度

准是以观,则凡一切关于经济制度之言论,皆得称为经济思想,意大利经济学家柯萨(L.Cossa)尝云:经济思想者,乃系人群处于某种经济制度之下所发表之意见也,[①] 所下定义极佳。盖某一时期之经济思想,与该时期之实在情形,必有密切之关系。经济思想之发生,大都由于一般思想家立说推许或批评该时之制度而生,在中国昔日思想家中,虽亦有抱纯粹的理想主义者(如庄子信仰自然律,力主经济放任),似与事实无关,其实庄周学说,实亦受当时社会之激刺而生,并非全无根据,可知任何思想家之言论,恒自有其背景在。

故通常经济思想,乃为客观的经济制度所直接产生者,至少可以代表当时思想家对于各种制度所具之意见,后人可以借此窥见某时代学术发达之状况及制度,以及变化之痕迹;同时经济制度亦受经济思想之影响,而逐渐更变,盖思想一物,不但为实际情形之出产物,兼为造成事实之要素,有时思想在先,有时则实情又为引导。总之,经济思想既为原因,亦为结果,新思想建设新制度,新制度

---

① 见柯氏所著之《政治经济学导言》第115页(*Introduction to Study of Political Economy*, Page 115.)。

复产出新学说,二者盖互为因果焉。

吾人既洞悉事实与理论之关系,可知经济理论原为相对的而非绝对的,昔日产生之经济思想,未必能解决今日之经济问题,欲以目下盛行之各种学说,评判数百年前发生之事实,亦属失当,故过去之经济思想,系往昔之经济状况所造成,现在之经济思想,则代表目前吾人所亟当解决之经济问题,然思想及制度皆有联续性,今日之经济思想与制度,乃经过数千年之变化而成,故经济思想史及经济史的研究,均为刻不容缓之事实。

思想家彻底研究经济生活之一部分,于其利弊方面,见解恒各各不同,即使若辈对于某一问题之性质如何,并无异议,然于其解决之方法,亦未必能趋一致。学者眼光,切忌囿于一隅,宜知经济思想为变迁的,亦犹之吾人所处之经济社会,其中事物时时在变更之中也。吾侪先须了解经济思想与经济制度之关系,则评论始能确当。

第三节　中国经济思想史之重要

上文已言及经济思想最大之功用,在满足人类欲望,促进经济组织之进步,或疑经济思想近于玄谈,不切实用,深致怀疑,此种见解,由于不解思想与事实关系之所致。中国经济思想极为重要,研究其历史,有下列各种利益:

现代中国经济问题,复杂万端,如财政币制农业等等,皆有积极改革之必要,欲求有适当之解决方法,须有健全之经济思想。但我国经济问题,自有其特殊之性质,必须国人自谋良法,非徒稗贩西洋新说陈言,所可奏效,但欲产生一适合国情之经济思想,非研究中国经济思想之历史不可,学者当注意现在中国经济组织之内容,再细察过去中国经济思想之得失,采用学说之长而创一新思想,以解决现在之经济问题，此其利益一。

　　经济思想在中国产生甚早，蔓延至今，此中多有线索可寻，其在外国亦然，晚近流行之经济学说，其渊源多可追溯至数十或数百年前，例如马克思（Marx）之劳力价值论，实由英国重商派经济家（mercantilists）泼戴（William Petty）首倡，时在十七世纪中叶，未曾研究西洋经济思想史，将误以马氏为劳力价值论之发明家矣。于中国例如劳工神圣之说，今日甚嚣尘上，表面上似为甚新之学说，殊不知在《尚书》中早有"官士相规工执艺事以谏"之言，足证劳工参加国政，在上古时代已肇其端也。研究中国经济思想史，可以洞悉晚近学说之源流，此其利益二。

　　各种经济专门名词，往往包括各种特殊之意义，此种名词在通常之字典与百科全书中，不能觅得。例如《西洋经济思想史》中之"工资准备金理论"（wages-fund theory）、"消耗者之剩余"（consumer's surplus）等等；在中国经济思想史中，例如"王田"当作土地国有解，系王莽之经济政策，如"青苗法"为政府贷钱与民之一种办法，系王安石重要经济设施之一，如"黄册"乃系明时征收田赋所用簿录之一种，记官田民田额数，凡此种种专门名词，非研究中国经济思想历史，无由了解其意义，此其利益三。

　　研究学术，首重方法，前人所用方法，足为我人之指南，例如研究西洋经济思想史者，于英国大经济家穆勒所著自传（J.S.Mill's Autobiography）当加重视，盖书中指示我人以研究经济学之方法，甚为详细也。在中国思想家中，例如清洪亮吉生平治学精神，最重实地观察，辟鬼神，反对命定论，启牖吾人不少，不仅洪氏，即他人研究经济之方法，皆宜注意，然非研究中国经济思想史不为功也，此其利益四。

　　中国在今日仅有经济思想（economic thought）而无经济科学（economic science），内容固属简单，与政治及伦理思想，混淆不分，且乏显明之经济派别，不足与言科学也。但思想发源，确较西洋学说为早，特以进步太缓，今日乃处于落伍之地位，社会人士对之，亦不甚注意，遂使数千年来之中国经济思想，湮没无闻。英国经济家泼尔格雷夫（Palgrave）编纂《经济学大辞典》（Dictionary of Political Economy），法儒基特与李斯特（Gide and Rist）编著《经济学说史》（History of Economic Doctrines），于世界各国经济思想，网罗殆尽，独遗中国，美人亨纳（Haney）且讥嘲中国之经济思想为幼稚经济（child economics），学术界之耻，实堪痛心！为发扬我国旧有学术起见，中国经济思想史，实有研究之必要，此其利益五。

第四节　中国经济思想史与他种学术之关系

中国经济思想历史，垂四千余年，吾人就此长时间之各种学说历史研究之，觉在任何时代，不论其思想家为谁何，其学说与他种学术，皆有极密切之关系，经济诚为一国盛衰兴亡之关键，非谓经济思想史与经济史系独立的，与他种学术全无关系也。德国历史学派经济家休穆勒（Gustav Schmoller）提倡历史的研究，亦承认经济思想与他种智识关系之密切，[①] 实为不朽之论。举例言之，中国上古时代及中古时代各种重要之政策，若齐之轻重，汉之均输平准，王安石之募役法等等，殆皆与当时之政治情形有关，又如隋以后社仓等救荒办法，又皆与社会问题有关，且历代经济状况与法制有极密切之关系，历代法令，有关于经济事物者甚多，是又不可不注意者也。

[①] 参阅泼尔格雷夫《经济学大辞典》第三卷753页（Palgrave: Dictionary of Political Economy, Page 753 Vol. Ⅲ）。

今将中国经济思想史与他种学术之关系，作一表格如下：①

$$\text{学术}\begin{cases}\text{历史}\\\text{国学}\\\text{政治学}\\\text{社会学}\\\text{中国经济思想史}\end{cases} \qquad \text{哲学}\begin{cases}\text{伦理学}\\\text{名学}\end{cases}\\\text{法律}$$

上表不过举出与中国经济思想史最有关系之数种学术，其无关重要者，不曾列入，以清眉目。经济思想史亦可隶属于历史中，不过为研究便利起见，当划入经济智识门研究，犹之政治思想归入政治门，而政治制度之历史，则隶属于历史科目也。

中国经济思想史与中国经济制度之历史，关系甚密切，然不可混淆，前者专论学者或政治家对于经济制度所发表之意见，后者一称经济史，着重在事实的研究，专以叙述各种经济制度演进之历史为目的，性质迥乎不同也。又中国经济思想史并非为中国经济科学史，因中国现今尚无经济科学也。下表专为解释此点：

$$\text{经济思想史}\begin{cases}\text{西洋经济思想史}\begin{cases}\text{未成科学以前}②\\\text{已成科学以后（1776年至现在）}\end{cases}\\\text{中国经济思想史——未成科学（自上古至现在）}\end{cases}$$

---

① 参阅本编第三章第一节。
② 即亚丹·斯密斯（Adam Smith）以前之经济学说。

第五节　中国经济思想史之分期与派别

吾人研究某种学术思想之历史，首先须将时代与派别二端，审慎研究，将思想历史分为若干时期及若干派别，划分清楚以后，始能明了某一时代有何重要学说与其趋势倾向，更能了解各派之特色与其影响，总之，为便于比较起见，此项工作决不可少，今先论时期问题：

（一）分期

时代之划分，全视乎思想特点与材料多寡而定。中国经济思想，其分期较划分西洋经济思想为难，盖西洋经济思想，有已成科学与未成科学之别，分作二时期，甚为适当，治中国经济学说，不能采此项办法，依愚见所及，当划分为三时期如下：

中国经济思想史 ｛（一）中国上古经济思想史——胚胎时期（自原始至秦末为止）
（二）中国中世经济思想史——实施时期（自汉初至明末为止）
（三）中国近代经济思想史——发展时期（自清初至现在为止）

上古时期即所谓先秦一时代，我国学科极灿烂光明之致，所谓经济思想者，亦于此一时期建设成立，其学说各体具备，实为中世与近代经济思想之基础，故名之曰胚胎时期。中世时期经济思想，继续发展，颇多进步，而尤有一显明之特点，则各种新旧经济学说，大半曾付诸实行也，第二时期实行家多，而新学说亦不少，[①] 以其经济建设之多，故名之曰实施时期。近代中国经济思想，一因国势贫弱之刺激，二因经济制度之变化，三因欧风美雨之沾染，蓬蓬勃勃，大有一番新气象，故名之曰发展时期。

---

① 详见本书中卷第一章。

上所述者，乃依特色为归，若以材料分配之多寡而言，亦当如此分法。上古时期人数较众，顾其问题不多，其资料虽不少，但甚散漫，自经济思想之原始，以迄秦末，今名之曰第一时期。汉至明末，其材料之多少恰与第一时期相埒，今名之曰第二时期。清初至今日历时尚不及三百年，仅及第一时期年数约八之一，第二时期年数约六之一，然经济思想因其发展之故，材料极多，作者亦较众，直能超出第一时期与第二时期，故吾人应将此二百七十余年之材料，单独提出讨论，而名之曰第三时期。

上所述者，为不佞划分中国经济思想史为三期之理由，自其思想趋势及材料分配而言，依上列分法，较为妥善。或者谓中国经济思想，当分为先秦与汉后二时期，此法殊欠妥当，自思想特点言之，清以后中国经济思想受西洋学说影响，自有其特色，与汉起至明末之经济思想，性质迥乎不同，岂可混杂，不如将汉后思想重分为中世与近代，较为适当；自分配材料言之，如分为先秦与汉后二期，则后一期包括无数之新学说，其材料之多，较第一期增加一倍有余，研究上必感困难，不如分作三期，则每期材料，分配可稍均匀。又中国汉后经济学说甚发达，亦有其特长，今分为二时期，令人误会汉以后无经济思想，贻害甚大，此种误会，亟须矫正也。

（二）派别

中国经济思想史中之派别，并不复杂，简言之，不外儒、法、墨、农四家而已；道家虽亦在吾人研究之列，但其学说遗祸甚大，乃属消极的而非积极的；此外若兵家纵横家等等，虽不得谓毫无经济思想，但其学说之简单与其影响之微薄，不足为讳，严格而论，不能列入此四大潮流以内，须另具一副眼光研究之。就中以儒法二家学说为尤要，春秋之世，固为儒法两家交战之天下，即汉代以后，亦为二派争竞之局面；墨农二派思想，固有精彩之处，但无影响可言，列一表如下：

$$
\text{中国经济思想史}\begin{cases}\text{儒家——中庸派}\\\text{墨家——实利派}\\\text{法家——功利派}\\\text{农家——力行派}\end{cases}\text{四大潮流}
$$

儒家学说甚和缓，其经济理论处处主张适中（如论消耗，于奢俭皆非所许，劝人勿太奢太俭），故名之曰中庸派。墨家批评人类经济活动，以利益为标准，所谓"加利于民"是也，故名之曰实利派。法家经济思想，建立于国家主义之上，如论国际贸易等项目首重侵略，其学说以富国强兵为归宿，故名之曰功利派。农家学说，带有社会主义性质，与墨家甚近，然其注重实行，殆较墨家尤为刻苦，故名之曰力行派。至于隶属各派之人物，儒家以孔子为宗，对于财政方面，略有贡献，孟子之井田议论，亦属脍炙人口，若荀子，其经济思想已近法家言（如论国外贸易是），消耗问题，最有研究。墨家中只墨子一人具有经济思想，其劳工与人口学说均佳，除彼外更无第二人可以作为代表，余人就经济思想方面而言，皆不重要。法家中具有经济思想者最多，如管子、商子、韩非、李悝均是，管子之国外贸易议论，商子之人口政策，韩非子之讨论富民问题，李悝之土地政策，皆为重要之贡献。四派而外，若道家兵家等，本书虽亦与以讨论，但不能列入此四派之中也。

以上所论之派别问题，吾侪更须注意二事：第一，吾人之所谓某家某家者，并非为经济学上之特殊派别，而为普通一般之分类法。划分学术之宗派，肇自班孟坚，今人袭用之，而用儒家法家等名目，研究中国哲学者，用此名称，研究中国政治思想者，亦用此分类法，吾人研究经济思想史，亦只能沿用之。中国原无经济科学，故无经济科学上之派别，若西洋各国则不然，如经典派（classical school）、历史派（historical school）、社会主义学派（socialistic school）等等均为经济学上之特殊派别，若讨论政治思想或哲学时，另有其派别在，盖西方各国固自有其经济科学在也，故以上所论之四派，与吾人所云："中国无经济科学"一言，并无矛盾之处。第二，吾人所谓某人隶属某派，某派包括何人，乃比较上学说一致，故为之纳入同派，并非言此派之中，其思想完全一致，所讨论之问题，完全相同也。例如孔孟虽不轻商，但其言论述及商业处甚少，荀子对于国外贸易，甚为重视，其议论多为孔孟所未及道者，然吾人同称之为儒家中人，盖就其思想之大体立论也。

第二章　中国经济思想史在世界经济思想史所占之位置

第一节　国人对于中国经济思想史之研究

中国经济思想史之重要，已次第说明，然现今国人对于此学之研究，消沉极矣。学术界中关于此项之著述，寥寥可数，一般人士，虽欲研究，亦以古籍浩繁，惮所问津，报章杂志，偶有所载，仅属一鳞一爪，无由窥其全豹，故他种经济智识，在国中虽渐行发达，而中国经济思想史的研究，则进步殊缓；各大学校文科及商科中虽多设有经济思想史一科，但内中材料，往往倾向于西洋各国之经济学说，而忽略中国先哲之经济思想，试就普通学子，叩以蒲鲁东（Proudhon）、马克思（Marx）学说之概要，彼等耳熟能详，能历历如数家珍，试一询其孔孟之经济言论如何，其有不瞠目结舌者几希！故中国经济思想史的研究，实非积极的提倡不可也。

我国书籍中研究经济思想历史者，可称绝无仅有，廿四史中，虽具《食货志》一门，然内中所载，多系不具条理之片段事实，作为经济制度史料则可，于研究经济思想者，用途甚窄。唐杜佑编之《通典》，内列《食货》十二卷，别分为若干门，专论经济事物，其后宋郑樵撰《通志》，元马端临著《文献通考》，持论虽互有出入，资料大体相同，此类书籍，既不重思想，又缺乏系统，大抵转辗抄袭，毫无论断，作为参考，未始不可，若自为研究经济思想之专书，未免不伦，此外如《古今图书集成》《路史》《绎史》《竹书纪年》

等，均犯同病，故吾侪谓中国旧籍中无研究经济学说史之专著，此言殆为世人所公认焉。

民国以来，经济智识，在中国日益发达，然此项专著，仍感缺乏。国中学者，于此层亦已屡屡言及，如零陵、胡已任君曰：

> 愚曩习经济学史于他邦，每苦中土无此类专籍，足资借镜，……年来吾家适之，力倡整理国故，国中起而和者，不下数十百人，然于此方面有贡献者，实罕闻觏。①

熊君亦自谓中国经济思想历史，为"中外学者所亟应知而苦于无由者……盖吾国未有有系统有条理而合于科学之著述以供学者之研究"②，可知四五千年来中国经济思想史的研究，实微乎其微。试观西洋各国，彼方学者研究本国经济学说之勤勉，实属望尘莫及，如意大利虽系欧洲小国，然在十九世纪初叶，经济思想史史家贝觉氏即著有《意大利经济思想史》〔G.Pecchio（1785—1835）: *Storia dell' economia politica in Italia*, 1829〕一书传诵一时，此外如德人罗斯休所著《德国经济学史》（W. Roscher: *Geschichte der Nationalökonomik in Deutschland*, 1874），英人泼拉斯所著之《英国经济学史略》（L.L.Price: *A Short History of Political Economy in England*, 1890），皆此中巨著也。

据不佞闻见所及，国中研究中国经济思想历史之著述，专著中有李权时君之《中国经济思想小史》，该书叙述中国经济思想发展之梗概，颇有条理，批评甚中肯，惜稍嫌简略。其专论某一时代之经济思想者，有甘乃光君之《先秦经济思想史》，该书出版甚早，其优点为：（一）编著有系统，（二）议论甚透彻，（三）批评甚

---

① 见所著熊梦《墨子经济思想》序文。
② 见熊君自序。

公正，提倡之功，实不可没。熊梦君先有论墨子、老子、商子、管子、荀子经济思想之专书问世，后有《晚周诸子经济思想史》一书出版，颇多独到之见解。此外如郑君行巽论明末诸儒经济思想之文字，陈焕章所著《孔子及其派别之经济原理》（*The Economic Principles of Confucius and his School*）①，皆侧重于个人之研究。年来此类文字散见于报章杂志者渐多，亦学术界进步之一端也。②

此外如专论中国经济史或经济问题之书籍中，时有讨论经济思想之文字，如马寅初、贾士毅、杨汝梅、胡钧、刘秉麟诸君著述中，皆有此项资料。又梁任公、胡适之及其他专治国学诸君，阐述幽微，于中国经济思想亦偶而有所论述，梁君《先秦政治思想史》中，论生计问题一章，尤为国人所乐道云。③

第二节　外人心目中之中国经济思想观

外人研究中国经济思想，惟日人尚称努力，其《支那经济研究》一书中，曾将中国《二十四史》中之《食货志》，加以翻印，普通论中国经济之书本中，于中国经济学说，时加引证，足征三岛人士，于中国学术之关心焉。至欧美人士，研究中国哲学者，尚不乏人，若专就经济思想而言，从未有人加以精密之观察也。就欧美诸国而言，比较的法国经济书中，尚偶而涉及中国，然所论多系经济状况，至于学说之沿革如何，不遑顾及也。在昔法国重农派（physiocrats）

---

① 英文本。
② 详见本书卷末所附之参考材料目录中，此处不能尽举。
③ 此章所述均以业经出书或已发表者为限。

经济家思想，受中国经济学说之影响，于儒家所言，甚加推崇，^①但若辈于中国经济学说历史，亦并无研究。近代西方经济思想史家，若基特（Gide）、殷格兰（Ingram）、苏兰安格（Suranyi-Unger）诸人，其所著书籍，名为叙述世界经济思想，其实于中国学说，皆不提及，其心目中或以为中国无经济思想，或以为中国虽有经济思想，而简陋不足挂齿，心理如此，无可讳言，语言文字上之困难，尚在其次耳。平心而论，中国先哲之经济名论，产生虽早，进步固缓，如果十分发达，中国经济思想史，早在世界经济思想史中占一重要之位置矣。故下节当研究中国经济思想不发达之原因。

第三节　中国经济思想不发达之原因

中国既有四五千年之历史，何以经济思想乃不甚发达？此问题极为重要，盖今日吾侪欲促进经济思想之进步，第一步在扫除一切阻碍中国经济思想进步之要素，换词言之，即中国经济思想不发达之种种原因，须慎加研究，发现以后，始能加以补救，逐渐建设一健全之经济思想，思想成熟后，乃有中国经济科学可言。

吾人研究中国经济思想不发达之原因，首先当注意以下三大要点：（一）不可专重一端。中国经济思想之历史，既极冗长，其不能发达之原因，自极复杂，其进步之迟缓，内幕复杂之至，决不能仅恃一二单纯之现象，以解释此极繁复之问题，今人动辄谓重农轻商阻碍中国经济思想之发展，或则谓历代思想家之议论重视道德过甚，因是经济学说乃不能有充分之发展，或则专从人生观方面立论，断定中国经济思想乃为过去思想家人生观谬误所贻误，凡此皆不彻

---

① 见本书上卷第十编第一章。

底之谈，要知经济思想不发达之原因，决不如彼等所举之单纯，惟其原因不止一端，故过去中国经济思想之进步，乃感受极大困难，而促进现今中国经济思想之进步，亦属难事，盖有无数之阻碍力在也。（二）当知各项原因之关系。此无数之原因，自表面上观之，各条独立，毫无关系，其实各项原因，彼此极有关系，例如中国一部分思想家，轻视经济事物，轻视经济事物，由于政府不加提倡，政府之不加提倡，全由政治纷乱之故，此三者皆为中国经济思想不发达之原因，各有影响，互为因果，我人不能强分轩轾，某项为最重要，某项次之。（三）吾人研究中国经济思想不发达之原因，与西洋经济思想无涉，西洋经济思想在十七世纪以前，进步亦极迟缓，且亦有各种原因，此项原因，不能用以解释我国情形，盖背景不同，经济思想之内容尤迥异，研究中国经济思想不发达之原因，此层尤须注意。

中国经济思想不发达之原因，可从两方面研究之：一为关于思想本身者，盖中国旧有之经济思想，虽有长处，缺憾甚多，此种缺点，足为思想进步之阻碍；一为关于事实影响者，中国经济思想之不发达，不能完全归咎于思想家学说之不健全，历史上一切特殊现象风俗习惯上各种状态，亦皆能阻碍经济思想之发达也。

（一）思想方面

从思想方面言之，中国经济思想不发达之原因凡六：

（一）由于人生观之谬误　哲学与经济思想，关系甚密，中国历代人生哲学与健全之经济思想，多有冲突，其最为明显者，有下列数点：（甲）一部分之思想家，皆囿于天命之说，崇信鬼神，彼等盖不知人定可以胜天，经济制度之进步，系人群之力，而非神道之力也。其流弊所及，遂使人民抱一"靠天吃饭"之心理与习惯，屈服于天然势力之下，安能产生良好之经济思想！人生哲学原包括自由意志（freewill）与定命主义（determinism）二种学说，国人之人生观，大都倾向于后者，此在《诗》《书》二经中，数见不鲜；其后墨子、荀子、王充等一反昔人天命之说，故三人之经济思想，颇有可观，于此更可知天命说与经济思想之不能互相容纳矣。（乙）与上点有关者，为清静无为之教，无为原有积极与消极二义，儒家所主为前者，道家所主为后者，前者有益而后者流弊滋深，老庄所倡，盖极端之无为主义，本书首章，曾言及人类欲改造其环境，始有经济思想产生，道家直否认人类有创造的能力，更以为一切物质文明，皆为罪恶，其学说影响所及，且将使经济思想阻窒灭绝，安有发达之可能哉。（丙）人生观另一谬误之点，厥为欲望问题，此一问题，虽在中国经济思想史，占有重要地位，但正确之言论，亦不多觏。一部分学者，主张绝欲，不主俭而主啬，轻视欲望，达于极点，如老子即其例也，彼等既欲遏制欲望，则对于满足欲望之方法，当然不加讨论，此中国经济思想之所以不振也；一部分学者，又以纵欲为倡，以为个人生活目的，仅在于寄情歌舞声色之好，以放浪为主，不问其他，其学说过于消极，此二种极端的主张，其人生观皆有不合，足以阻碍中国经济思想之发达。

　　（二）由于重视农业之过甚　中国经济思想，有一特点，即注重农业是也，此层当与轻商分开看，盖重农者未必轻商，[①]而轻商者未必注重农业也。[②]中国历代，以农立国，所谓民为邦本者，即指农业而言，按重农并非恶事，不过此种自足的经济发展，实有限制，农业社会，安定静止，所谓"静态的社会"（static society）是也，中国历代诏旨，既谆谆以农业为重，思想家及政治家，亦无不以是为首倡，[③]在下者所受熏陶既久，惟知力耕，社会上缺乏刺激人类心

---

① 如孟子。
② 如清王柏心氏。
③ 其例之多不胜枚举，可参阅中国各种农书所引。

理之事物，不必提出何等新问题或新方案，经济思想，当然无由进步矣。

（三）由于蔑视工商二业之过甚　商业在上古时代，原为社会所尊视，汉后风气大变，班固言论极端轻商，西汉时武帝尤极力以抑商为事，于是商人在社会上地位日见低落，商业事物，固极简单，关于商业之经济思想，极形缺乏，直至清季而此风稍杀焉。至于工业，在上古时代亦为社会人士所尊敬，《国语》《孟子》《中庸》各书中，皆有痕迹可觅，顾亦有例外，则老庄是也，老子目工业为"奇技淫巧"，中世时代作者，沿用此四字颇久，直至近代尚有人据之以为反对工业之口头禅焉。工商二业占经济智识之大部分，中世及近代二时期中，思想家及政治家泰半不加提倡，置之于不问不闻之列，则中国经济思想，自必黯然无色，试观一部中国经济思想史，其中关于消耗及财政之学说特多，关于交换之名论独形缺乏，则此条原因之重要，盖可知也。

（四）由于伦理观念之注重　中国往昔学者批评经济活动之标准，每每为伦理的而非为经济的，换词言之，即其经济思想常杂有伦理的色彩，受其支配，纯粹经济原则，因是乃不能产生；例如减轻租税一事，为先哲所津津乐道，然彼等主张轻税，并不从物价方面观察，乃以爱民为主旨，则经济思想与伦理观念，混淆不分矣。又如利字，孔孟均不讳言，后儒曲解儒家学说，以讨论财富事物为大戒，不但失却孔孟经济思想之真面目，且足以减少人民对于经济事物所发生之兴趣，故注重伦理观念过甚，亦足以阻碍经济思想之进步焉。

（五）由于佛教之输入　中世时期，佛学输入中国之思想界，佛教之特色凡二：一曰清静虚无，二曰不生产而食于人。凡此二端，皆足以妨碍健全经济思想之进步，其潜伏势力之伟大，正不亚于道家学说也。中古时代之中国经济思想，以六朝一时期最为衰颓，而佛教之盛，莫过于六朝，直至明代，禅宗净土宗等，无活泼之象，不复有曩时盛况，而经济学说，在明末清初，进步甚速，此尤彰彰可考者也。形而上学非谓不必研究，特其势力之盛，足以使物质方面之思想，不能有充分之发展，可以历史为证也。

（六）由于经济定义之混淆　晚近中国社会对于经济智识，已有相当之重视，顾在数百年或数千年前，"经济"二字，究指何物，无人加以注意也。在昔国人以食货二政，替代现今之所谓经济智识，食货二字，初见于《尚书》之《洪范》，正史中材料之分类，亦以此为据。明清以降，国人心目中之经济二字，则指经世济民之学识而言，举凡政治法律外交等等智识，一概网罗其中。考经济二字，在古籍中乃出自《易》之屯卦云，君子以经纶，《系辞》云，周乎万物而济天下，近人称经济为经世济民之学，盖以此语为根据。至于译名，歧异更多，或称计学，[1] 或称富国策，[2] 更有人称之谓理财学者，[3] 仅言名词一端，已有如许解释，各不相同，混淆如此，乃能有纯粹之经济思想产生乎？

（二）事实方面

事实方面各要素，阻碍中国经济思想之发达，其重要殆与思想方面诸原因相埒，此处之所谓事实，除经济制度以外，其政治社会天然环境等各要素，俱包括其中。细加分析，其原因共有十端：

（一）由于经济事物之简单及其变迁之迟缓　在本书之第一章，愚曾言及经济思想之影响，可以促进经济制度之进步，同时经济事物，亦能创造新思想，由此可以断定一经济组织简单之国家中，决无复

---

[1] 如严复、梁任公、章行严诸君。
[2] 如汪凤藻君。
[3] 如陈焕章君。

杂经济思想存在之可能。经济组织不但当求其精密完备，且当有快速之变迁，盖经济制度变迁剧烈，则其刺激人类心理之惊诧与疑闷，力量甚大，思想家及政治家乃求所以解决慰藉之方，经济思想遂由是而产生。中国数千年来，惟土地制度之变迁尚多，问题亦较复杂，而吾人所得各种土地经济学说亦独多，此外如（甲）工业不发达，资本一问题，上古及中世两时代，几于无人言及，直至近代始有人注意及此，资本在生产落后之中国既处不重要之地位，有连带关系之利息问题，注意者亦鲜，若生产集中托拉斯诸事，更无从谈起矣。（乙）商业方面，国内贸易，固并不发达，即论对外贸易，中国在海禁开放以前，与国外民族往来所接触者，泰半为僿野民族，无重要进步可言，海禁开放以后，尤有一蹶不振之趋势。（丙）劳工问题，如工资工作时间等问题，悉赖工业进步劳工稀少二问题所酿成，中国因人口繁庶之故，劳工之供给至多，故劳工问题，讨论者亦不多，价值问题，注意者亦寥寥。（丁）交通不发达，亦为中国经济史上一缺憾之事实，其结果遂使良好交通学说，不能产生，且交通阻滞，民智难开，经济思想，尤无由进步也，上述四端，皆其例证。

（二）由于国家地势之阻隔　中国以地势阻隔关系，学术思想界与西方各国接近甚难，上古及中世时期，并无西洋经济学说输入华土，西洋经济思想成为科学，虽不过为百余年来之事实，然在十三四世纪时，已略有规模，如能输入中国，则中国经济思想必能收观摩之益。盖学术思想，须有竞争而后有进步，惜当时中国，远处东亚，不能与他国作学术上之争竞，而在世界经济思想史中占一优胜之地位，至可惜也。郑行巽君言："有清一代，在全部中国史上之位置，虽以破闭关自守之习，通东西文化之邮，为人所艳称；然自暴秦以来，中国数千年立国积习之弱点的暴露，乃亦于此时期发泄无余。语云，谬以毫厘，差以千里，中国徒以其祖宗谋始之不能尽善,以致于遗累其子孙者,至于此极,可慨也夫!"① 此言诚属确切不移,立国积习之弱点,乃累积而成。如能早与泰西经济学界沟通,进步必不止此,西洋经济思想输入之所以迟缓者,盖地势之阻隔使然也。

（三）由于历代政府之失著　经济思想之发达,一半固由于思想家与政治家之努力,更须有政府之热心提倡,方有效果,中国数千年来,执政者大都囿于积习,于本国经济学说之发展,无所裨助,换言之,但有消极的行动,而无积极的扶助也。举例以言,如汉文帝、景帝、唐宪宗、晋武帝、宋高祖等等,即位之初,惟知以俭朴为倡,不闻有其他提倡经济思想之设施。其甚者且布谕抑商,商业遂不发达,因而间接影响及于经济思想,例如明太祖颁贱商令,太祖加意重本抑末,十四年令农民之家许穿细纱绢布,商贾之家,止许穿布,农民之家,但有一人为商贾者,亦不许穿绌纱,② 此种政策不能不称为失著,虽间亦有例外,究属不多也。试观西洋各国,政府于经济学术,何等重视,执政者皆虚心下气,博采众说,其认为确有价值者,则择要付诸实行,如十九世纪初叶,英亚丹·斯密斯（Adam Smith）之学说,得大政治家壁得（Pitt）之实行,而愈为世人所推崇,柯勃登（Richard Cobden）不过为英国寻常之商人耳,然其宣传自由贸易之学说,卒得政府之同情,将历久不变之保护政策,一旦推翻,为欧洲经济史上开一新局面。至言较近之事实,若德国财政学家华格纳（Adolf Wagner）,美国国际贸易专家叨雪格（F. W. Taussig）,政府于此等人才,倚如左右手,苟有意见,尽量容纳。此等积极的提倡,为中国历来所罕见,汉贾谊有良好之货币学说,而卒不能见用,宋王安石施行新法,而不能与神宗终其交,历代政府之失著,不能

---

① 见《中国经济思想漫谈》一文,载《新闻报学海》。
② 《农政全书》。

使中国经济思想有充分之发展，岂曙言哉！

（四）由于政治上之纷乱　政治与经济关系至深，政治纷乱，国中不易产生良好之经济学说，近年来之俄罗斯，即其例也。以中国政治情形而言，亦觉历历不爽。如中国中世时代，两晋六朝时局，紊乱达于极点，各国僭窃纷更，迄无宁日，经济思想之凋零，已臻其极，唐代政治上之纷乱，渐见减少，经济思想，始有勃兴之望。及五代之局段既成，干戈扰攘，战夺频仍，故在此时期中，经济思想之资料绝少，固由于时代之短促，而政治上之纷乱，实为一大原因也。宋代政局稍靖，天下平定，故经济学说，甚见发达。于此可见经济思想之发达与否，与一国之政治情形，并非绝无关系者，经济家卡浮（Carver）研究人类生活之种种方法，称战争为破坏的，为不经济的，①卡氏乃专从财富上立论，实则战争对于思想方面，亦有同样之影响也。

（五）由于公私经济之不分　公私经济不能有明显之划分，非独中国为然，凡政务简单财用省略之国家，皆不免有此种情形，在此种状况之下，纵能产生各种经济学说，其议论必欠准确。中国数千年来，公私经济之区别，注意者绝少，国家之库藏，即为人主之私蓄，国家之产业，往往作为个人之私财看待，国库之盈虚，须视人主之好尚如何而定，人主之侈俭，亦视政府财力之充足与否而定，国君俭则库足，侈则不足；反之，国库有余，则生侈泰之念，不足则政费减少，历代财政，大半如此，实由于经济组织之不善，事实如斯，则思想之不透彻与欠完善，亦意中事耳。因公私经济之不分，思想家之偶有经济议论者，人必疑为言利，政治家之偶有财政计划者，人必疑为聚敛，此盖由于历来公私经济不曾划分清楚，人民深受聚敛剥削之痛苦，莫可言喻，转辗猜忌，所言遂无是处，彼辈盖

---

① 见氏所著之《农业经济原理》，第 20 页（*Principles of Rural Economy*, Page 20）。

不知利有公私之分，聚敛有人主私自乱费及政府代公众谋利益之别，岂能一概而论，其所以混淆者，盖受事实之累也。

（六）由于国民特性上之缺点　世界各国自有其种种之特性，各不相同，例如德国之国民性，倾向于刚毅一面，英国社会向以稳健为尚，日本人士，则习于耐劳。此种国民性，骤视之，似与经济思想，毫无关系，苟细加研究，则知其于一国之经济思想，所生影响甚大，盖国民有何种特性，即有何种建设与事业，间接的足以影响及于经济思想之发展。中国国民特性甚多，有优点亦有缺点，所生影响，足以阻碍经济思想之发展，举其大者，约有三端：

（甲）喜保守秘密。国人有一极不良之特性，即各事内容喜守秘密，不愿公开研究，局外人不知某项问题之内幕，遂觉无从研究，因此而不能产生有价值之议论。例如中国之工艺，发达甚早，其具有此项经验者，自诩已得不传之秘，不愿授诸他人，历时既久，良法遂亦失传。商业中人，染有此项特性亦深，大都守口如瓶，不愿将本人经验心得，轻于泄露，故在外邦经济公开，社会人士，互相讨论，经济思想，赖以进步，而中国往昔经济学说，关于工商业者特少，盖研究之资料既无由搜集，则讨论失其凭借，安能有完善之学说产生哉。

（乙）喜墨守成规。保守性亦为中国国民特性之一，中国立国最早，各种经济制度，如货币商业财政等等，其历史不可谓不长，然进步迟缓，在今日与欧美诸国相较乃蒙落伍之讥，此无他，误于墨守成规四字而已。各种经济制度，陈陈相因，不敢改革，优良之方法，不肯采用，进取之精神，实谈不到，如是则经济组织，安有进步，经济事实，既无进步，思想亦因之而停顿，奄奄无生气矣。

（丙）喜徼倖赌博。国人尚有一不良之特性，即万事不愿脚踏实地切实做去，喜徼倖取巧，例如社会上之拥有资财者，决不愿将其资本投资，宁愿作无益之赌博，以图徼倖一试，历来工商业之不能发达，由于资本不足，资本不足，固由于供给之稀少，亦因人民浪费所致，此为国民特性弱点表现所生之结果，间接的亦足使经济思想不能发展。

（七）由于社会组织之不良　中国社会向以家庭为单位，个人主义，向无充分之发展，中国古代，于家族方面之组织，极形完备，《礼记·丧服小记》及《大传》，记载甚详，可为证也。天下之本在国，国之本在家，即所谓欲治其国者，先治其家，[1] 各家著述之原文，又皆可引为例证者也。降至今日，社会组织，乃形成一种畸形的发展，个人责任，务在牺牲本人幸福以为社会及家庭谋利益，卒使社会变成一种静的社会（static society）而非动的社会（dynamic-society），偶有经济思想发生，大都均为一种限制个人的消极议论，毫无精彩可言。在今日果欲使中国而有完善之经济学说者，当废除以家庭为本位之社会，而以培养个人之智力为归。

（八）由于读书方法之不合　研究一种学术，于读书方法不可不特别注意，否则非但劳而无功，且将发生不少害处。历代学者于读书方法，虽不无卓见，究属不多。中国经济思想材料，固感缺乏，而一般学者之研究方法不合，以致不能使旧有之经济思想，改良进步，尤为彰明较著之事实，今举其大者言之：（甲）中国研究经济思想史史料者，不能从著者之主张方面，加以公正之批评，往往将若干绝妙之经济思想材料，以研究文学之眼光读之，一唱百和，自诩得评论之奥妙，此中真不知埋没若干有价值之经济学说。其例之多，不胜枚举，若管子经济学说，为法家思想代表，其论商业货币诸问题，尤多精彩，杨忱乃评之曰："管子论高文奇，虽有作者，不可复加一辞。"[2] 于管氏主张，反一字不题，又如司马迁与班固一则重商，

---

[1]　《大学》。

[2]　《管子》序。

一则轻商,主张迥乎不同,后人不从经济思想上观察,作一有系统之比较,乃作轻描淡写之言曰:"子长著作,微精妙著,寄之文字蹊径之外,孟坚之文,情旨尽露于字文蹊径之中,读子长文,必越浮言者,始得其意,超文字者,乃解其宗,班氏之文章,亦称博雅,但一览之余,情辞俱尽,此班马之分也。"①尚复成何说话!自藏有经济理论之著述,为世人当作文学作品看待,良好之经济思想,遂无由表现矣。(乙)中国往昔之研究经济制度者,其目的泰半在考古,而不在发明经济理论,此亦足以阻止经济学说之发达与进步也。夫研究经济制度之历史,考古原甚重要,然吾人研究经济制度之历史,乃在清理史料与理论,乃在引证以阐明学理与事实之关系,以促进经济思想之进步,今不能指出过去制度之优劣,而独斷斷于考古,以致于实际上毫无裨益。例如钱币一问题,至为重要,吾侪研究中国钱币制度之历史,当注意于历代币制兴革之因果关系,及其影响于国计民生之状况;而国中往昔之研究钱币者,多囿于考古一方,而不以经济学部勒成书,故中国所有钱币书籍,大都属于谱录一类,愚所见之写本刻本,已不下四五十种,其专自经济方面着眼者固有其人,②然为数不多;至于撰述专书以申论者,更如凤毛麟角,不可多得,此外如研究井田人口历史,皆犯同一弊病,夫吾人欲辑精确史料,考古一事,自不能废,然昔人认错目标,误以出发点为终点,中国经济思想之不能发达,此事亦当负一部分之责任。(丙)中国昔日之研究经济思想史者,于态度上皆有未合,或则抱持成见,信口开河,或则曲解附会,不甚求解,无论褒贬,皆不能举出充分之理由,流弊所及,遂致后人对于先哲学说之真相,完全莫明其妙。以言上古经济思想,如孔子,世人皆以为孔子绝口不言利字,宋儒

---

① 程伊川语,《焦氏笔乘》引。
② 如王船山、黄梨洲、孙鼎臣等皆是。

朱程二字之疏解，影响甚大，其实孔子何尝不言利，彼所反对者，乃小利而非大利，然此非所语于曲解附会之徒也。在中世时期桑弘羊、杨炎、王安石之流，为后人痛骂，然其经济设施之优劣，注意者极少，不过逞一时意气，抨击古人而已。若论近代，则马克思社会主义，曾在国中风靡一时，然研究马克思经济思想者，于国内经济实情如何，则不遑顾及也，读书态度之失如此，岂能望经济思想之进步哉！

（丁）中国昔时研究旧籍者，于子书过于轻视，亦属不合，我国旧籍，向分经史子集四部，人所共知，无庸详述。就中经侧重于人生哲学方面，史书材料甚广，有关经济学说者，仅属一小部分；至于别集，内中经济思想史料虽极丰富，然惟研究中世及近代经济思想者，方能利用。就中惟子书所有之经济思想，资料最为丰富，如儒家著述，《荀子》一书，内中经济思想，实较《论语》《孟子》等经书所有者为多，若《管子》《商君书》等著述，经济思想材料尤多，迥非经史书籍，所能比拟。至于汉代以后之子书，若《盐铁论》《齐民要术》等等，且皆煌煌经济专书，其重要可知，乃国人之研究旧学者，鄙视子书，以为虽能代表一家言，实庞杂不足数，故子书中之经济思想，迄未能大白于世，管商诸人经济思想，埋没不彰，是读书方法上又一缺憾也。

以上四端，皆为中国历代学者读书方法上之缺点，而足以阻碍经济思想之发展者。

（九）由于著书方法之不合　读书固当注重方法，著书亦然，二者影响于本人之学业，为害尚浅，其贻误社会，为害至深。中国自古以来，经济专著，本不甚多，其记载经济事物及言论之著述，大抵皆不能免去以下诸弊病。第一，事实与议论相混，一部书籍或文字一篇，内中忽记事实，忽又记入他人言论，原论甲事，忽又论及乙事，系统毫无。第二，记载前人议论，生吞活剥，毫无解析，引用他人言论者，本人既未必尽能了解，更毫无判断之能力，叙而不断，使读者茫然不知著者本人之见解如何。第三，著书转辗抄袭，千篇一律，今日之研究中国经济思想及制度之历史者，莫不推崇《九通》，试观该书内中材料，重复之处，不知几许，其大部分又均自《廿四史》《食货志》中抄袭而来，一字不易，层层相因，观之生厌；又如农业与荒政书籍，殆如车载斗量，试问能免去此病者能有几部？中国关于经济之文字及书籍，本嫌缺乏，加以具有此种缺点，学者当然望洋兴叹，惮于问津，而中国经济思想，乃不能有充分之发展矣。

（十）由于佳书之散佚　中国数千年来，佳书之散佚者，不知若干，吾人今日所据为研究经济思想之资料者，仅其一小部分耳！其可惜自不待言，例证极多，不胜枚举，如《管子·汉志》八十六篇，现行本仅七十六篇，就现存之《轻重》等篇而研究之，内有极有价值之经济思想，其散佚之一部分，内中或亦藏有精神之学说，足为中国经济思想史生色者，惜已散佚，今无可考矣。如《傅子》书中，论社会经济之一部分，见解颇多独到处，该书原有一百二十卷，至元明不传，今本系清代纪昀自《永乐大典》中采掇编成，仅二十四篇与附录四十八条而已，其散佚之一部分，内中有否经济思想，亦莫由查考。此后有财政专书数种，如唐李吉甫之《元和会计录》，宋苏轼之《元祐会计录》，明张学颜《万历会计录》等书，至今皆散佚无存。至明清二代之专集，散失者尤多，盖专集大都由私人出资刊行，在昔印刷事业，不若今日之发达，社会上注意经济文字者，为数亦不多，散佚之私家著述，其中难免无良好之经济著作，佳书之散佚者，既属不少，中国经济思想，遂亦受一打击，研究经济思想史者，除却整理已有史料外，尤当随时搜集未发现之史料，如此则中国经济学说，或有发达之希望乎！

第三章　研究中国经济思想史之方法

第一节　研究中国经济思想史之准备

上章所述，为中国经济思想进步迟缓之现状，及其不能发达之原因，吾人所下结论，为中国经济思想史的研究，系当务之急，亟宜提倡。惟无论何种学问，均须努力研究，始能有兴味发生，故研究之方法，不可不重，今将研究中国经济思想史所应注意之要点，在本章中申论之。

吾人研究经济学之任何部分，必须先具有研究该一部分之资格（prerequisit），资格不合，不能获益也。如无货币学识者，不能研究银行学，缺乏劳动问题常识者，则学习劳工法制时，定感困难，研究学术不能越级躐等，其理甚明，欲研究中国经济思想之历史，亦须先有一种准备，如能于此项要素具备后进行，必能有左右逢源之乐，收事半功倍之效。研究中国经济思想史之预备，个人修养须与学识并重，不当有所偏废，修养方面，我人当具科学的精神，学识方面，须有广博之涉猎，二点俱为研究此道者所万不可缺之要素，缺乏则断无结果可言。

今请先言修养方面，我国先儒之经济思想，散漫混淆，与他种学识，不易分别，殊无系统可言，研究之初，不易引起兴味，搜集材料，既感困难，整理解释，尤非易易，种种阻碍，猬集于一身，势非全神贯注，费长时期之工夫不可，苟无忍耐之态度，必致半途中辍，前功尽弃，若欲将各项困难一一打破，非办不到之事，要在努力而已。

其次，学者当有审慎之眼光，须知中国经济思想埋没于古纸堆中者，不知凡几，吾人当设法一一以发现之；资料既发现矣，尤当慎于抉择，严于取舍，且某人或某派之经济学说自有其种种之特点与价值，稍形大意，必致忽略过去。孙思邈曰，胆欲大而心欲细，此言实为研究中国经济思想史者之座右铭。

最后一点，则为公正之批评是，务须摒绝成见，持一公正之态度，以估定昔人经济思想之价值，不可以无关宏旨之点，掊击古人，前人言论之失，不必曲解以饰其非，不当以西洋经济思想之一部分，责古人为未曾研究，更不应先树西方陈说，再以我国前人之议论，以牵强迁就之，致学说反失其真。

至于学识方面，愚以为研究中国经济思想史者，当预先于他种有关系之学识，广为涉猎，至少于下列各项智识，有一精密之研究：

（一）经济学原理全部及西洋经济学说之精华。经济学原理对于研究任何学术者，皆有用途，其于研究中国经济思想史者，尤为一种不可缺乏之基本智识，研究原理，不仅在记忆数种定义，须能融会贯通，了解各项原理之意义，经济学原理中尤以欲望分配荒政租税货币人口土地及农业经济等问题为最要，盖中国历代思想讨论之焦点，皆集中于上列各项目也。

研究西洋经济思想史，以为预备，须着重在学说本身，至于著者之隶属何国，名著出版之日期等等，尚非最重要者。如研究亚丹·斯密斯之经济学，须知其分工说之精髓，研究李嘉图，当着重其对于地租论之贡献，研究马尔塞斯，则宜集中于人口论一点。要之，在能一一有彻底之了解，须将其学说，加以解析，始能明了其内容，能将名著之原文，加以涉猎，尤佳。

（二）中国经济史。经济史（economic history）之重要，国人知者似尚不多，其实该科与经济思想关系之密切，与经济学及商学之关系相同，吾人必须于某一时代之经济背景，完全了解，然后始能领略该时期思想之佳处,否则极易引起误会。例如《诗经》氓章云:氓之蚩蚩,抱布贸丝,就字面观之,必以为持布易丝,系属物与物的直接交换(darter),然稍知我国经济史者,当知周时布曾一度作为货币之用,当时社会已有货币作为交换之媒介物,否则至东周时必不能有管子之学说产生也。《周礼·载师》:"凡宅不毛者有里布",其后汉郑玄注云:"里布者,布参印书,广二寸,长三尺,以为币,贸易物,诗云,抱布贸丝,抱此布也。"[1]宋叶文康公云:"布参印书之币,可以贸易,亦名为布,则与泉布相为流通行使者也,殆今之所谓楮币欤。"[2]可为证也,举其例一,可概其余。

中国上古经济思想,与中世之经济思想,有一不同之处,先秦诸儒,专著书以发挥各项经济理论,汉后经济思想,皆见之于各种实施,经济史上大事,如汉之均输平准,唐之常平借贷,宋之青苗法,皆为曾经实行之经济思想,不可不审慎研究之也。在今日坊间中国经济发达史专书虽尚不多,然有币制史财政史及商业史等书籍,足供我人参考,为研究学说历史之预备也。

(三)国学常识。研究中国经济思想史,最好略有国学之根基,否则(1)不能知我国历代思想家在本国学术界上之地位,(2)无由了解作者年代之先后与其著作之价值,(3)于章句意义,无法解释,(4)研究之范围,易趋于浅窄一途。故欲研究我国经济思想者,于国学之历史,经史百家之要义,文学上修辞之常识等等,均须一一注意及之,亦犹之吾人研究西洋经济思想史,于西文不可不通晓耳。昔子孟子谓:"孔子博于诗书,察于礼乐。"[3]文学对于经济学其关系原非直接的,然在研究本国思想源流者,固不当忽视也。

---

[1] 见郑玄《周礼注疏》卷十三《载师》节。
[2] 见《礼经会元》卷二《钱币》篇。
[3] 见《墨子·公孟》篇。

（四）政治学与中国政治思想史。政治与经济学关系本甚密切，尤以经济学中之财政一部分为然，例如研究美国之产业税（property tax）须先将合众国之中央政府与邦政府之权限，划分清楚，始能判断该税制度之得失也。

世界上无论何国，经济思想不曾发达时，每与政治学识相混杂，分析至不易易。西方大哲若亚里士多德（Aristotle）虽生平从未著有经济专书，然其《政治学》一书中，经济思想颇不少，且多与其本人之政治思想有关，此外如巴丹（Bodin）、洛克（Locke）、孟德斯鸠（Montesquieu）之流，其政治及经济思想，并为后世所艳称。一七七六年以后之学者，如经典派健将穆勒（J. S. Mill）及塞瞿维克（H. Sidgwick），数理经济派巨子及逢斯（W. S. Jevons）与非休（I. Fisher），于经济思想，固多贡献，于政治思想，研究亦深。在中国如《尚书》为东亚最古之政治书籍，其中颇多关于经济思想之材料，周公为我国罕见之大政治家，实亦一经济家，此外中国经济思想史之中坚人物，若管子、商鞅、王莽、陆贽、王安石以及较近之曾国藩、张之洞诸人皆以政治家而兼经济家，若辈之政治思想，殊有研究之必要也。

（五）中国哲学史。中西思想家之经济学说，殆无一不自有其哲学为根据。若法之重农派（physiocrats）信仰自然律，故同时有放任主义（laissez-faire policy）为主张。我国庄子，提倡出世哲学，故经济学说，趋于消极。诸如此类，不胜枚举，可见二者关系之密切。故西洋学者有著专书以讨论此二种学识之关系者〔例如英人旁纳（James Bonar）曾著有《哲学与经济学》（*Philosophy and Political Economy*）一书〕，且有人以经济哲学一名词，替代经济思想者〔如但斯劳所著之《经济哲学》（*Denselow: Economic Philosophy*）一书〕，然则哲学对于研究经济思想史者之重要，可想见矣。

我人研究中国哲学史，对于其中有关伦理学之一部分，尤须极端注意，盖中国先哲之经济理论，带有伦理观念色彩，至为浓厚。近百年来，西洋各国之经济思想，大都皆为纯粹的经济学理，而我国历年来学说，犹不能完全跳出人生哲学之范围。窃以为今日国人欲研究西洋经济思想之历史，则不习西洋之哲学史，影响尚小，若研究中国经济思想而置我国哲学史于度外，贻误必深，此犹之未尝研究经济学原理者，高谈社会主义，岂能有所成就乎！

（六）中国历代法制情形之大要。经济法令为法制之一种，而中国之经济思想又多为批评当时经济制度之言论，故余以为中国法制历史之智识，于研究我国经济思想史者，殊不可少。此类法制，种类甚多，其尤要者，在唐如《唐律令疏》《六典》等，在宋如《敕令格式》《编敕修法事类》等，在明则为《会典》《明律》等，此外可于正史之《志类》《九通》等书中求之，苟嫌时间及精力不足，则不妨研究其大要，最好能依其朝代之先后，将各项法典中要义，择要排列一过，作为劄记，他日研究思想时，与之参照对看，则临时可省却无数之困难焉。

（七）社会学。社会学为研究社会构造效能及其发达之科学，中国先儒多有其理想的乡治社会，其主张与作者全部的思想，关系甚深。又前人之研究社会起源，有专自经济方面立论者，研究甚有趣味，如儒家中之荀子，其改造社会政策，即以经济事物为基础也。中世与近代作家之主张，如董熠之救荒策，洪亮吉之人口论，陈炽之劳工学说，皆为与社会学有关之经济理论，关心中国经济思想历史者，于社会学之基本原理，诚不可不三致意焉。

（八）名学。亦即逻辑学，研究名学，可使我人脑筋较为清楚，思想较有条理，盖此学专研究智识如何获得，法则如何定出，观察与推论上之谬误，如何可以避去，对于我人生活上，甚为有用。况如过去之中国经济思想者，其材料芜杂散漫，杂乱无章，欲言整理二字，谈何容易，研究者苟于名学，毫无所知，至易发生思想矛盾，次序颠倒，解释含混等病，中国在中世时期而后，间有经济专著出现，惜著者于方法上大半不甚讲求，后人读其著作者，殊感无数困难，解决之道，惟有研究名学之一法耳。

第二节　中国经济思想之史料及其整理之方法

　　上节所述之要素，如已齐全，其次即当进行研究，然困难极多，其最先所感觉者，即为材料问题，中国古籍，浩如烟海，乾隆时，四库全书馆所收得者，已有三千五百余种之多，加以新著及未曾收得之书籍，数当近万；其中究竟何种书籍，有关经济智识者？搜集经济思想史材料，究应于何书中求之，殆未易言也。余认中国数千年来名家著述之含有经济思想者，决不止世所共晓之《周官》《管子》《盐铁论》《食货志》《九通》《经世文编》等数种，其有失传或埋没不彰者，定有不少。故我人第一步最好先定一标准，将历代所不可不研究之学者及政治家，列一表格，若周公旦、孔子、孟子、墨子、管子、商子、许行、陈相、贾谊、司马迁、桓宽、王莽、李觏、王安石、颜习斋、洪亮吉、孙鼎臣等人，将其学说逐一研究，俟有相当成绩后，即当于表中所列诸人之外，随时细加访求，依其先后逐一加入，俾成完璧。总之，一方面研究固宜求其精深，涉猎之范围宜由狭而广，由精而博，庶不致有窥豹一斑之失。

　　此点既明，其次当研究材料之源流问题，此项材料，须由多方面采集之，其范围当然不宜过于狭窄；然中国既有极长之历史，手续实较搜集西洋经济思想史料为难，所应注意者为一种主要学说，可以代表该时代之言论者，无论其赞成或反对某种原理，均宜采及。史料之主要源流凡四，述之如下：

　　（一）最为重要者当然为过去学者或政治家本人之名著。中国历代多数学者皆有著述，传之后世，著述中之主张，即代表其思想，故我人研究某人之经济思想，先须读其著作。先哲之著述，又可分为二种：（甲）经济专书，此类书籍，在昔不甚多见；（乙）非经济的专书，种类较多，虽有经济思想史料，但非专论经济事物之书。前者之例，如桓宽《盐铁论》、许楣《钞币论》之类，后者之例，如《道德经》《论语》《墨子》《新书》《陆宣公文集》《林次崖集》等等均是，盖我国历代之思想家，不必人人定为经济专家，所有著述，亦不必皆为经济专书，且中国经济思想，既与其他种学术混淆，尚未独立的成为科学，故我人对于经济专书，固当注意，于哲学政治法律等非经济的专书，更不可轻易放过，免有遗珠之憾。

中国思想家有不著书本，而仅有经济短文传诸后世者，吉光片羽，当然亦极名贵，例如清代《经世文编》，内中汇集清代名著极多，代表有清一代之经济学说，是其例也。

然我人若专恃名家著作，以为思想史料之源流，亦有弊端，盖研究所得，将成为一种经济与非经济的著述史，而非经济思想史；且我人确知有若干历史上著名人物，生平并无只字行世，故不得不再依赖他种源流，以研究其经济思想。

（二）经济思想之见于实用者，厥为一切经济上之建设与设施。欲知某人与某一时代之经济思想为奚若，一方面当读某人及某时代之著作，同时更当研究某人之经济政策与某时代之经济组织，如汉高祖从未著书，我人何以能知其轻商，刘晏、杨炎并无著述传世，我人又何由知其盐政学说及两税主张，凡此皆当研究以上诸人及该时代之经济设施。其政绩之功罪，虽未必皆有定论，要之，其所手创之经济制度或施行之经济政策，足以代表其经济思想，此则显而易见者也。

（三）法典及其他更定制度，亦至重要，盖经济思想结晶之所在也。法典不但能代表个人主张之倾向，抑且代表时代之需要，例如《汉官》《唐律》《明会典》《清律例》《清会典》以及《赋役全书》一类政书，内中皆包括有经济思想至多。

（四）在昔中国研究经济事物者，仅限于少数哲学家政治家之手中，普通人士，对此殊少贡献，甚至为在上者所压迫，其思想无由表现；时至今日，民意大昌，且确能操纵有极大之影响，职是之故，研究经济思想史者，对于一切传布智识之机关，如新闻纸、杂志、宣传品一切，亦应予以相当之注意。

史料之来源，最要者不外右列诸端，搜集时务宜审慎从事，如个人之时间精力，均甚充足，则参考资料，宜求其博，不宜详于今而略于古，不可只重现在而忽于过去，故一切参考之资料，除现今流行之新著作外，更当埋头于故纸堆中，与古籍为伴。昔之研究中国经济思想史者于子集注意者尚不多，未免有所偏倚，从事于搜集史料者，于此二部当注意及之，凡此种种，皆为搜集经济思想史史料者，所不可不知。

前文所述，皆为搜集中国经济思想史料之方法，材料既已搜集，其次当论及材料之整理问题。我人研究经济思想之历史，或以作者为单位，或以学说为单位，或以派别为单位，或以时代为单位，各有其利弊，不能一概而论。以作者为单位，其最大危险，则为研究而后，仅能得个人之见解及主张，更研究他人亦如之，事毕后，不能得一有系统之概念，若欲综合贯通诸人学说，作一总概括的批评，尤非易易。若只以学说为单位，则有将重要点遗漏之危险，且各人之学说，甚为复杂，本人主义之上下起承及与他人学说之关系颇密切，若只以学说本身为根据而研究之，势必将某人之全部思想割裂拆开，故此法亦非尽善。若仅以派别为单位而研究之，则同派作家，主张非尽一致；且思想庞杂之作家，无由断定其确隶某派。至以朝代为研究之单位，未足以概括中国经济思想历史之全体，更无足论。

其实整理思想史料，于此四方面不妨同时着重，先以个人为单位，逢作者思想大体相同之处（如孔子与孟子之放任观念，管子与商子之干涉主张），提出作为一派之特点，至一时代终了时，再作一总结，研究某一特殊时期经济思想之特点及其趋势，同时更可注意几种重大问题，就各人及各时代各派别之学说比较之，此四种方法，系属相成而非相反，固可并行不悖者也。

第三节　书籍供给及版本上之困难

搜集中国经济思想史料，有一极大困难为书籍之供给与版本问题，目下国中设备完善之图书馆，尚不甚多，私家藏书，苦于无从问津，欲一一购置，则所费不赀，况即使个人之财力充裕，而古书绝版者多，竟无由访求，此实与我人以莫大之打击。欲解决此层困难，舍集赀购书外，别无他法，旧书坊中，访求古本，有时且可于无意中获得良廉之善本，又各项书籍，若逐次分开购买，既费时光，又需付纳极高之代价，不若以整套购之，则价廉而书又完全，例如商务印书馆之《四部丛刊》《丛书集成》，网罗群籍，均极有用，此外如《百子全书》等，于研究中国经济思想史者，亦甚便利。

中国旧书，版本种类甚多，内容不尽相同，此不可不注意者。例如《慎子》一书，有四库本、守山阁本、缪荃孙香筱藏本之别，又如《史记精华录》与《廿四史》中之《史记》，一简一繁，内容甚有出入，不可不辨。至书之真伪，吾人先须注意该书究隶属于何朝代，若能断定，即可划入我人研究范围之内，盖可代表该一时代之思潮也。[①]

---

① 愚对于伪书之意见详见《管仲之经济思想》一章中，阅者可参读。

第四节　研究中国经济思想史料之途径

　　研究中国经济思想史，如已有充分之准备，而搜集之材料已甚丰富，最后我人当讨论对于此项材料如何处置？如何利用？换词言之，即研究此项材料，将如何进行也。研究经济学说之史料，共有四大途径，当依步骤而逐渐进行，不可紊乱。

　　一曰分析（analysis），盖思想家或政治家之经济学说，其内容所讨论之事物，或不止一端，或主张前后有矛盾之处，研究者须将其整个之学说，加以解剖，分作若干部分以研究之，以清眉目，例如研究刘晏之经济思想，可分为：（一）盐法，（二）均输，（三）调查物价，（四）漕运，（五）货币等部分，皆为刘氏主要贡献，有注意之价值者，能作此层工夫，可免笼统混淆之病。

　　二曰解释（interpretation），某人对于某一经济制度，有何意见？其用意何在？对于其主张之意义及其著述之原文，均须细加玩索，始能了解作者思想之真面目，例如孔子言"小人喻于利"此利字为社会之福利，抑为侵入他人之贪利？若不解释明白，或解释而有误会，又安能了解孔子之经济思想。

　　三曰比较（comparison），以上二种工作完毕后，即可就研究所得，从事比较，或以个人之学说为比较，或以各时代之学说为比较，均无不可，此举可以发现双方学说之长处与缺点，故此途径，不可不行。又晚近研究中国学术思想者，喜以本国陈说与西洋各国所有者相比较，比较以后，可以采彼之长，补吾之短，此事非不可行，惟是否适当，亦当视下列二种情形而定：（一）对于所比较之学说，先须有一极精密之研究，知其性质，而考察其所论是否一事，如各方面所致力之处不同，万万不能比较，例如墨子曾言："有余力以相劳，有余财以相分。"论者乃以之与西洋分配学说相比拟，初不知分配乃指社会所得分配与劳工资本家地主企业家各份而言，墨子所述，乃系一种道德行为，双方所致力之点，截然不同，岂有比较之余地。（二）比较时须注意两国作者所处之经济背景，是否一致，工商农诸业发展之状况，是否相同，若不问双方经济情形之异同，强相比较，则讥嘲管子、商子之不解资本为何物，不及马克思，或则以亚丹·斯密斯不谈井田制度，疑其学说不及孟子，岂非浅陋可笑！故研究中国经济思想者，尽可持中国学说与西洋各国所有者相比较，但先须审慎考虑双方学说，是否有比较之可能。

四曰批评（criticism）研究中国经济思想史最后须经过之途径，即为批评，吾人苟确能具有研究上之修养，[①] 尽可于前人学说，加以批评，始能将中国过去经济思想上之优点及缺点指出，批评当中的，勿为情感所蔽，苟无批评，则研究将无结果。例如陈焕章君尝著有西文本《孔子及其派别之经济原理》（*Economic Principles of Confucius and his Schools*）材料富丰，所述甚详，为英文本中研究中国经济思想书籍之嚆矢，然亦尚有令人不能满意之处，盖陈君叙而不断，缺乏批评的态度故也。

---

① 见本章第一节。

[第二编]
老孔以前之经济思想

第一章　太古时代——中国经济思想之原始

大凡一种学说，其变迁及进步，恒有线索可寻，我国经济思想，散漫零落，历年虽有精要学说，然不易搜求，自老孔而后，此项资料，遂较前为多，秦汉以后，作家林立。然吾人苟细观中国中世及近世经济学说，泰半有所凭借，稍知西洋经济思想史者，当知在荷马以前之时代（prehomer age），零碎之经济言论，正复不少，我国唐虞至孔子其间约二千五六百年，此时期中所有名著，若《洪范》《周易》乃至《诗经》等书，虽非经济专著，然其中所包括材料，颇有涉及经济事物者。前文既云，凡批评或赞许一切经济制度之言论，皆得称为经济思想，故中国经济思想史，当自唐虞为始，不妨称之为中国经济思想之草创时期，当时之经济背景，亦当研究，俾知该时期经济思想之所根据者为何物。

第一节　唐虞时代之经济背景

中国数千年来，以农立国，农业发达最早，传云，神农氏斫木为耜，揉木为耒，以耒耕之利教天下，可知当时重农之一斑；厥后农业益发达，器具亦日精，尧时用后稷为农师，劝民从农，天下取法，舜继之，更设官职，名为农师，故当时之经济状况，一以农业为单位，今日经济家所奉为生产要素之土地，在当时固极重要也。

至国家租税之来源，彼时以田赋为大宗，此制最古，按照《说文》，税者，租也，租者即田赋之谓，黄帝创公田，唐虞三代，悉秉此制，为帝王者，赖此岁入源流，以维持国用，《诗》云："普天之下，莫非王土"，意即指以上田产，非庶人所得私也。

可知该时经济情形，实与今日之所谓"土地国有"主张相类似，其时天下一切田地皆归于官，民又仰给于官，田产非归私人所拥有，人民受□□待遇，贫富亦无悬殊现象，愚以为中国财政之可考者，当以三代为始（近人如贾士毅等，亦主此说），惜当时执政者支出岁入之多寡，今亦无由考查矣。

大禹初平水土，别九州则壤成赋，以求民力之平均，贡者，赋法之谓，一夫授田五十亩，每夫计算五亩之入以为贡，嗣后殷人用助，孟子叙述此制，谓方里而井，井九百亩，其中为公田，八家皆私百亩用养公田，可知公田实藉人民之助以耕之，周人用彻，在耕者所入取十之一而偿之，此井田制，迄商鞅时，几全部崩溃矣。

当时商业已开其端，神农氏以聚货帛，日中为市，致民聚货，以为交易，其形式如何，虽不能考，然当属实物的交换，而为中国交易之起源也。

货币起源，始于何时，各家之说不一，财字从贝，则唐虞时或以贝壳类为交换之媒介，其余如金银铜钱刀布之属，均曾用过，管子尝云：先王以珠玉为上币，黄金为中币，刀布为下币，当系指周代而言，周制以商通货，以贾易物，① 以言圜法，首推太公，太公立九府圜法，钱圜函方，轻重以铢，盖黄金以斤为名，钱以铢为重也，《周语》景王二十一年，铸大钱，古籍之中，引用钱字者，以此为嚆矢。

上所述者，俱见诸史籍，较为可信，其后孔孟管子太史公诸人所有之著述，时时引证及之，中国经济思想，于唐虞开始。即经济历史之材料，亦当以该时代为讨论之起点。

---

① 见马氏《文献通考》。

第二节　《诗经》与中国经济思想

　　文学著作若散文诗歌等，有时亦含有重要之经济思想史料，而为吾人所忽略者，例如我国之《诗经》，各诗皆有含蓄，更可藉该书以观察当时之经济情形，盖诗词固能代表某时代人民胸中所蕴藏之情感也。《史记》言诗当孔子时已有三千余篇，孔子删之，定三百五篇，其中除《商颂》五篇为殷人所作外，余皆出于周人之手，或颂祖德，或记风俗，或讽政事，或则伤时，其形式参差不齐，然各体俱备焉。

　　当时社会现象，可分为六：（一）人口增加，人民渐知土地之重要，（二）战祸连年，社会痛苦，（三）社会阶级，渐趋消灭，（四）贫富不均，渐见其端，（五）贸易交换，已见端倪，（六）政烦赋重，民不堪命。而末种现象，尤为显著，故《诗经》中多讥弹忧时厌世纵欲之词。

　　内中数首，颇多叙及当时之经济情形，三代之际，人口稀少，无经济压迫现象，如《思文》章云：

　　　　……贻我来牟，帝命率育，无此疆尔界，陈常于时夏。

此系古代天道观念之表现，天赋特权于帝王，帝王之责任重农。

　　更有数诗，与我国之井田制度有关，如《公刘》章[①]有彻田为粮一语，孟子曾曰："夏后氏五十而贡，殷人七十而助，周人百亩而彻，其实皆什一也。"可知所谓彻者乃十分之一的土地税，当时钱币，尚未见如何发达，所谓什一云云，当系指人民献与国君之土地出产物而言。

　　此外尚有数诗，记述彼时之农业情形，如《诗·閟宫》云：

[①]　属成王。

> ……是生后稷,降之百福,黍稷重穋,植稺菽麦,奄有下国,俾民稼穑,有稷有黍,有稻有秬,奄有下土,缵禹之绪。

盖当尧时,洪水为灾,民无所食,及禹平水土,乃教民以播种之法,借苏民困,是为我国务农之始。迄于周初,封建制度盛行,天子往往将其土地赐诸侯,故诗中有"锡之山川土地附庸"句也。

《大田》一诗,为讽刺幽王之作,言其政烦赋重,不务农事:

> 大田多稼,既种且戒,播厥百谷,既庭且硕,曾孙是若;既方且皁,既坚既好,不稂不莠,去其螟螣,及其蟊贼,无害我田稚。

此其叙述各项农事智识,可谓详尽,《噫嘻》章亦有同等价值,按希腊国荷马以前,有哲人名 Hesiod 者,著有《工作与日期》(*Works and Days*)一卷,以耕种常识,咏诸诗歌,[①] 与此绝类。又《大田》诗中,有"雨我公田遂及我私"等语,则周初时田亩必有公私之分,私人自有其土地,同时为君者,恒使人民开垦国内公田,以坐享其劳力,国家税制未成立以前,本须经历此项阶级也。

讥刺赋重之诗亦甚多,其尤著者为《大东》及《硕鼠》二章。《大东》章哀谭国之民"小东大东,杼柚其空",言在上者赋敛弥重,四方皆不得免,各种农业出产品,亦悉为国王搜敛以去也。其结果乃有"纠纠葛屦可以履霜"之情形,财货尽竭之状,概可想见。《硕鼠》一章,系齐国事,国人指其君为食黍之鼠,其怨愤可知,细玩该诗语气,固以人君之重敛为苦事,同时更讥君仅知搜刮,而无所设施,如"莫我肯顾,莫我肯德,莫我肯劳"等句,殆皆指此也。

[①] 详见亚里士多德《政治学》书中。

各诗中，间有涉及商业情形者，如讽刺幽王之《瞻卬》章有"如贾三倍"句，言其利之厚，在春秋前，已有商人阶级可知。又如《氓》章开首云："氓之蚩蚩，抱布贸丝，匪来贸丝，来即我谋……"，据郑康成注，布者，币也，以币易丝，足见当时我国商业已在萌芽时代矣。

总之，《诗经》一书，本身殊无何等经济思想可言，以其能映出我国上古时代之经济背景，供研究中国经济思想之参考，故殊觉其可贵。

第三节 《尚书》与《周易》

《尚书》专记古代帝王之政绩名言，大都言夏殷周三代之事，系东亚极古之政治书籍，然其中颇多经济思想，而尤以《洪范》篇为最，为研究商周两代经济思想者，所不可不读。该书屡经历代学者之窜改，更遭始皇焚书之劫，今所存者，仅五十八篇，非全豹也。

三代之时，神教观念至重，人民以神为天地之主宰，众望所归，[①]按希伯来（Hebrew）及印度（Hindu）民族，在西历纪元前一千余年，其思想染有宗教色彩，亦极浓厚，然彼等之经济思想，竟无足称，[②]其年代与我国三代同时。在理彼时中国当毫无经济思想，然事实上殊有大谬不然者。

三代之际，为人民者，多能知农业之重要，且皆富有农事智识，以言政绩，则为顺四时正历令，如《尧典》一篇，记尧事实，"乃

---

① 例如《汤誓》云："夏氏有罪，予畏上帝，不敢不正。"余例尚多。

② 参见亨纳氏所著之《经济思想史》（L. H. Haney: History of Economic Thought, Chap, 3）第三章。

命羲和,钦若昊天,历象日月星辰,敬授人时。"《舜典》中记载更见详尽,篇中云:"在璿玑玉衡以齐七政,"七政指日月及五星而言,舜初摄位即以整理历象为先,且立专官以当此任,为民求福利,以此为先。禹以水火金木土谷为养民之政,《大禹谟》篇中云:"惟修正德,利用厚生",宋蔡仲默注曰:"德者指孝悌等而言,利用者,工作什器,商通货财之类,所以利民之用也;厚生者,衣帛食肉不饥不寒之类,所以厚民之生也。"[①] 可知古代先哲,固未尝不知民生之重要,禹亦深知仓廪实则知礼节衣食足则知荣辱之义,犹恐人民竟耽于安乐。甚或犯上作乱,故不得不董之以威,劝之以九歌也。

《禹贡》一篇,言及土地税制度,土与赋各分为九等,其税率高下,依其等级而分,篇中后半部述天子赐姓给与土地之各种方法至详,又提及所谓六府者,盖金木水火土谷也,此为《洪范》八政之张本。

当时国家执政者,多以俭为美德,伊尹以太甲奢侈为失政,《太甲》篇中述商时伊尹告诫之词有"慎乃俭德,惟怀永图,欲败度,纵败礼",《无逸》篇中有,"文王不敢盘于游田,以庶邦惟正之供"等语,可以为证。

重农论调,多见于《无逸》篇,如周公谓"先知稼穑之艰难乃逸,则知小人之依",即其例也,各篇中亦间有提及贸易一事者,如《酒诰》篇云"肇牵车牛远服贾用孝养厥父母",盖指商时情状也。

其最重要者,厥为《洪范》篇内之所谓九畴,系我国古代思想之结晶,包括有五行五事八政五纪等,或云为箕子所作,以述当时为人君者所不可缺之智识,八政者为:

---

① 见《尚书集传》。

（一）食——掌民食之官如后稷是

（二）货——掌金帛之官如《周礼》司货贿是

（三）祀

（四）司空

（五）司徒

（六）司寇　亦均系各项官职

（七）宾

（八）师

八政中言食货，为后世《食货志》之祖，其影响极远，我国后来之典籍，论经济事物一部分者，大都以《食货志》为名，^①他种书籍，若《礼记》中详论民食预算法（在《王制》篇中），《九通》中之《通志》，内有《食货志》多卷，未始非受《洪范》篇之影响，八政中之所谓食，谓农殖嘉谷可食之物，货指布帛金刀龟贝之属而言，是钱币亦隶属之，古人认此二物为生民之本，《洪范》至列之于八政之首，其重视可知，盖以为食足货通，然后国本定，民富强，在上者可收教化之效也。我国历史上，若神农、尧舜等人，皆致力于此二者，在中国昔时之思想家中，大多数当以为经济智识为讨论食与货二问题一种智识也，此点当于书中下文再申论之。

又有一可以注意之点，即《洪范》书中以富为五福之一，而以贫与弱忧疾等并列为六极也。在经济思想史中草创时期，而能洞见及此，不可谓非异数也。

《易经》一书，究系何人所作，殆无定论，后汉大儒郑玄倡作易三圣之说，谓该书系伏羲、文王、孔子所作，近人多宗之，[②]此书

---

① 如班固所著之《前汉书》内有《食货志》二卷。

② 例如顾实即主是说，见顾氏所著之《中国文学史大纲》第二十六页。

虽非某人在某一时代之专著，然其中不乏散漫之经济思想，其价值较诗书二经，且远过之。在孔子所作之《易传》十篇中，又多系我国上古经济发达史材料，尤为可贵。

自研究经济思想者之眼光，以观是书，当先设问题二：（一）该书中有重要之原理凡几？（二）亦曾述及上古时代之经济状况否？我人研究一切文学哲学政治书籍，皆当如此，诗书二经之材料颇可作第二问答案，惟《周易》一书，其中资料，二者俱备，殆无所偏倚云。

理论方面，多见诸卦象中，而《易传》中多记事实，兹先将卦象中所陈之主要原理，凡四大端，分别述之如下：

（一）节欲主张　我国历代大儒，多主限制欲望，《易经》书中所载，尤多劝人节欲之辞，如云：

> 象曰，山下有雷颐，君子以慎言语，节饮食。（颐卦。）
> 初九，舍尔灵龟，观我朵颐，凶。（颐卦。）
> 象曰观，我朵颐，亦不足贵也。（颐卦。）

盖系此辞者，以寡言节食为修养身心之要务，羡锦绣膏粱而弃仁义道德，则必有丧节之凶，盖以专务口腹之欲为可鄙云。

> 象曰，山下有泽，损，君子以惩忿窒欲。（损卦。）

此在序卦文中，亦曾提及之，其意谓修身立德，当以节欲为先。

> 履以和行，谦以制礼，复以自知，恒以一德，损以远害，益以兴利，困以寡怨，井以辩义，巽以行权。（《系辞》下传。）

此言九卦之性质，损即减少欲望之谓，以为倘能如此，则不致有祸害及身也。

> 饮食必有讼，故受之以讼，讼必有众起，故受之以师，

师者众也。（序卦传。）

详言欲望之害，饮食原为人类最简单之欲望，为求满足起见，不能不出全力以争，遂致与人涉讼，更赖奥援，以互相倾轧排挤为事，而社会乃形纷扰动摇之象矣。曩尝闻美国经济学家卡浮（T. N. Carver）言人类冲突之原因，总不外由于物品之供给太少，其欲望不能满足之故，与上义相吻合，乃属不磨之论也。

其论欲望一层，详尽如此，较之后来希腊、罗马诸哲人学说，殊未遑多让也。按专事遏制欲之发展，亦有弊病，《易经》中最多教人节欲之语，但著者亦未尝鄙视经济观念，亦未教人绝欲，故欲望一点绝不能损《周易》一书之经济的价值也。

（二）崇俭戒贪　由节欲观念连带而发生之理论，当然为奢俭一问题，以名学原理言之，二者固有因果之关系也，书中所述如下：

六二不耕获，不菑畬，则利有攸往。（无妄卦。）

此言圣人之道，在为所当为，忌有贪心，否则灾及其身。

上六，丰其屋，蔀其家，窥其户，阒其无人，三年不觌，凶。（丰卦。）

象曰，丰其屋，天际翔也，窥其户，阒其无人，自藏也。（丰卦。）

盖谓人若骄奢，则心有所蔽，终至沉迷不悟，酿成丧身亡国之惨也。

我国先哲，其论节欲崇俭，于其结果方面，讨论者甚少，独《周易》中能道其所以然，此大可注意者也。

（三）分工理论　西洋经济学鼻祖亚丹·斯密斯（Adam Smith）在一七七六年于其《原富》（*Wealth of Nations*）一书中，述分工问题，极为精到，此论一出，天下风靡，实则在纪元前一千余年，我国古籍中，已有论及此点者，特不为人所注意耳，如履卦中云：

象曰，上天下泽，履，君子以辩上下，定民志。

此即划分上下职业之意，以为在上者之责任，在使人民就其所能执一业，各自安其本分，勤其职务而不作非分越级之想，正系墨子所云："各从事其所能"，孟子所云："或劳心或劳力"之谓。

（四）理财要义 《易经》中之财政理论，极为精审，在上古时代财政学说中，占极重要之位置，书中申论理财之重要及方法多处，可断定为此论者，其眼光极有见地，如云：

六四，富家，大吉。（家人卦。）

谓执政者如能生财有道，知裕国之方法，则国用足而民德修，百事易举矣。

象曰，富家大吉，顺在位也。（家人卦。）
九五，王假有家，勿恤，吉。（家人卦。）

国家财政之有条理与否，全在能否得人而定，又与在上者权限之大小，亦至有关系。一国财政之腐败，大抵由于缺乏人才及执政者失却权力之故，上文即论此点，顺字谓人选与权力，二者备，始有财政可言，即在一家庭之中，其理正同。

乾，始能以美利利天下，不言所利，大矣哉。（乾卦。）

语中固未曾提及财政二字，然其意盖谓在上者当以利源接济天下之民，不分畛域也。于此可知利之一字，原无恶意存乎其间。利字从禾，刂谓刀，以言我国恃农立国，惟谷禾为一国利源之所在耳。

自后世以利禄为荣，弊窦百出，故孔孟倡大利而斥小利，厥后此字之真意全失，而孔孟遂成为众矢之的矣。

> 天地节而四时成，节以制度，不伤财，不害民。（节卦。）
> 象曰，泽上有水节，君子以制数度，议德行。（节卦。）

此言理财要义，在取之节也。如能节用，则于上不伤财用，对下并不害及人民。又赋敛之多寡固应定夺，即人民之车居器用等，在上者亦当代为调理以节其用，质言之，"经济"与"便利"二大要纲而已。

> 天地之大德曰生，圣人之大宝曰位，何以守位曰仁，何以聚人曰财，理财正辞禁民为非曰义。（《系辞》下传。）

盖谓政府善于理财，则民心向上，否则人心涣散，相率叛离矣。理财能节用，古人认为三义之一，其紧要可知。

又损益两卦，尤为重要，此二卦大义，损下益上则为损，损上益下则为益。如在上者收括剥削，国民生活维艰，固感痛苦，然政府亦不能独存，必致两败俱伤而后已，故损非好现象。有时政府因国民担负已属太重，非但不令纳税，又求自损以为国民谋利益，此种举动，最属难得。商周积谷以为钱，须有三年之蓄，盖即预备有此项牺牲，是之谓益，趋益避损，方为善于理财者，《易经》中之财政学说，实以近世经济学家之所谓"国民经济学"者为根据也。

《易系辞》下传在第二章中，多系叙述中国上古人民经济活动之起源，虽甚简略，然极有条理，数千年来，国中研究本国经济发达史者，殆无不引证及之，今逐条解释之如下：

> ……庖牺氏没，神农氏作，斫木为耜，揉木为耒，耒耨之利，以教天下。

上古人民，未悉农业之重要，神农教以之耒耜，世人始知耕种之益，是为我国农业之萌芽。《白虎通》云："古之人民皆食禽兽肉，至于神农，用天之时，分天之地，制耒耜教民工作，神而化之，使民宜之，故谓之曰神农。"《农政全书》云："尝闻古之耕者用耒耜，以二耜为耦而耕，皆人力也，至春秋之间，始有牛耕，用犁。"班固《食货志》云："舜命后稷以黎民祖饥，是以为政首"，观此可知我国农业以神农为首倡，由后稷以发挥光大之，数千年来，是业乃为我国立国之基焉。

　　日中为市，致天下之民，聚天下之货，交易而退，各得其所。

此即所谓实物直接的交易，即英文中 barter 一字之意，盖以货易货之谓。社会在货币未通行以前，此种情形，实为必有之现象，马端临《文献通考》虽有自太皞以来则有钱矣一语，无佐证，殊不足据为信史。

《尚书》《洪范》八政，一曰食，二曰货，神农教民耕种为食，聚民交易为货，我国先哲不但视首者为重要，且皆承认交易有流通货物一大功用。《食货志》云，食足货通，然后国实民富而教化成。《大学》中所谓生之者众，食之者寡，此言食；为之者疾，用之者舒，则言货也。

　　神农氏没，黄帝尧舜氏作，通其变，使民不倦，……垂衣裳而天下治。

按在黄帝之前，人民当系用鸟兽之皮以蔽体，嗣后文化渐进，人多兽少，不敷供给，故以丝麻布帛，制为衣裳，民皆御之。"刳木为舟，剡木为楫，舟楫之利，以济不通，致远以利天下。""上古穴居而野处,后世圣人易之以宫室,上栋下宇,以待风雨。"首条述古代之交通状况,下条论人民居处之变迁。

《尚书》与《周易》,其影响于后世思想者至大,尤以儒家为然,倘吾人将此二书忽略,则将无以知后世学者思想之原委,故尤宜注意及之。

第四节　结论

《诗经》为一部文学书籍,《尚书》偏近于政治,《周易》实为哲学巨著,三书中以《周易》所包括之经济思想为最多,《尚书》次之,至于《诗经》,则仅能使吾人稍知该时代之经济状况而已,初未有何等重大经济思想,供我人以研究也。三书皆有一缺点,即为不曾提出一完全周密之理想的经济制度,欲弥补此缺点则尚有《周礼》在。

第二章 《周礼》之价值

第一节 发凡

周文王之子武王嗣位后，益务修德，循天命所归，灭纣而有天下，开周朝八百年之基。及殁后，其弟周公旦聪慧多材能，为中国有数之大政治家，时周成王年幼，周公为冢宰摄政，制礼作乐，田制兵制官制学术及工商诸政，灿然美备，文化大进，今之所谓三礼者（《周礼》《仪礼》《礼记》），其中《周礼》及《仪礼》，均系周公所订定。《周礼》一书，一称《周官》，集一代法制之精华，称为大观，我国后来之经济制度，泰半以此为根据，该书价值之大，不言可喻。总之，我国之文物制度，至周公而大备，而周公之学说，又多见于《周礼》一书，研究该书，可知周公旦之经济思想及我国各种经济制度之源流。

自来我国学者，几无不以该书为历史上极重要之著述，宋叶文康公尝云："是礼也，举本而不遗末，语精而言不粗，周公以之相七年之治，成王以之致四十年之平，周家以之永八百年之命，即此一书，可以发育万物，峻极于天，非徒为三百礼文而已，此周公之道，所以为周公之治与。"[①] 孙诒让曰："中国开化四千年，而文明之盛，莫尚于周，故《周礼》一经，政治之精详，与今泰西各国所以致富强者，若合符契；然则华盛顿、拿破仑、卢梭、亚丹·斯密斯之伦，所经营而讲贯，今人所指为西政之最新者，吾二千余年之旧政，已发其端；

---

① 见所著《礼经会元》一书序。

吾政教不修，失其故多，而荐绅先生咸茫昧而莫知其源，是亦缀学之耻也。"① 故无论研究中西经济思想或经济史者，于该书均不可轻易放过，今将《周礼》中有关经济者之各点，分节论之。

第二节　官员及任民

周六官三百六十职，各有职掌，六官即天地春夏秋冬是，各官只一人，以四时名官，然非分掌四时之事。冢宰以天官名，位最高，责任亦重。其佳点在无虚设，避重复，去冗员，郑注云："名有所职，而百事易举。"② 行政方面，因事设官，因官存名，管理上固自有其优点也。

今姑就其财政方面以释此制之优点，我国古代财政，莫备于《周官》，冢宰掌国用之大权，以九赋敛财贿，以九式节财用，各有专职，周之官政，掌于太宰小宰，王之财用，则掌于大府司会司书等官，衣服等费，则由膳夫王府内司服等官掌之。按近代欧美各国总统或国皇之服用等费，亦皆年有定额，或由议会议决，否则由审计部掌管之，与周公所订定之法度相吻合，皆能避靡费，去弊窦，即此一端，可见其制度之精密矣。

周代更有任民一事，盖谓在上者授人民以职业，养其生使无饥寒之忧，诚良法也。职凡九种，胪列如下：

名称	职务	名称	职务
一三农	生九谷	二园圃	毓草木

---

① 见所著《周礼政要》一书序文。
② 见汉郑玄《周礼注疏》，下均同。

（续表）

名称	职务	名称	职务
三虞衡	经山泽	七嫔妇	治蚕桑
四薮牧	蕃鸟兽	八臣妾	司役职
五百工	饬八材	九闲民	事琐务
六商贾	通财贿		

此意本于前章所述《周易》中分工之说，所谓"辩上下，定民志"也。九职均须纳税，闲民一职，亦至重要，出一夫之税，其余八职，各以其物为贡，九职之所贡者，实为任民之税也。

第三节　政府之会计制度及理财方法

周朝财政以太宰执掌之，必须于岁之末，俟五谷皆入，然后使用，内府掌受九贡九赋九功之货贿，司会为计官之长，理财有日考月考岁考之别，司书专调查人民财产器械之数以及田畜山林等，悉由彼执掌之。司书及司会二官，每届岁末，与冢宰核计一年岁入岁出之大概，以预算来年用度，与西洋各国之预算法用意初无二致。有优点凡二大端：（一）经手者无中饱及舞弊之可能，（二）司其事者，不致临时张皇，罗掘一切，甚至有赔累之举。为明了其组织起见，今列一表如下：

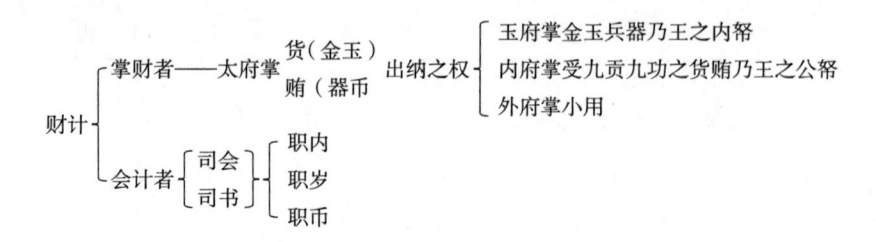

```
         ┌ 掌财者──太府掌 ┬ 货（金玉）    ┌ 玉府掌金玉兵器乃王之内帑
         │                └ 贿（器币）出纳之权┤ 内府掌受九贡九功之货贿乃王之公帑
财计 ─┤                                     └ 外府掌小用
         │           ┌ 司会 ┬ 职内
         └ 会计者 ┤        ├ 职岁
                     └ 司书  └ 职币
```

玉府与内府，分别至严，一为内帑，一为公帑。玉府所掌者，为其个人之私藏，在必要时，其所藏者，亦得充为公用。内府所藏者，专供国用，天子绝对不能私取之，《周礼》国家之财富，与天子私有者，划分最清。

所谓九式者，乃岁出之重大源流，式者指用财之节度而言。一曰祭祀之式，二曰宾客之式，三曰丧荒之式，四曰羞服之式，五曰工事之式，六曰币帛之式，七曰刍秣之式，八曰匪颁之式，九曰好用之式。周公之财政政策，极重节财，盖着重在一均字，此外我国先哲之论理财者，《大学》曰平，《禹贡》九等，亦在均字，主张相同，亦犹亚丹·斯密斯（Adam Smith）以均平（equality）为四大税纲之首也。有太宰之式法，则人人不得越式法以妄求，国用不匮而民财亦不致竭蹶也。

至论岁入，则有九职九赋九贡三制，九职所贡，系任民之税，前节已言及之，兹不赘。九赋所敛，乃任地之税，所以敛财贿也。货贿之入，为太府所受，内府所藏，九赋一名目与九职九贡并行。九赋者为：

（一）邦中之赋　待宾客⋯⋯⋯⋯⋯⋯⎫
（二）四郊之赋　待稍秣　　　　　　 ⎬ 田赋
（三）邦甸家削之赋　待工事及匪颁 ⎪
（四）邦县邦都之赋　待帛币及祭祀 ⎭

（五）关市之赋　待王之膳服　出入于王畿之关门上者有税

（六）山泽之赋　待丧纪　人民以时入山泽中取财物者须纳此税

（七）币余之赋　待赐予　敛税于业泉币之民

（八）谷梁之赋　出自井田

（九）兵车之赋

最后曰九贡，诸侯食其国之租税，每以其半入于天子，以尽奉上之意，所贡者均系用物，祀贡物茅，嫔贡丝枲，器贡器械，币贡皮帛，材贡木材，货贡金宝，服贡玄纁，斿贡羽毛，物贡土地，所用之物，皆任令诸侯自为之，并不含有强迫之性质，盖守夏禹以来之旧制，与租税性质迥异也。

《文献通考》云："司官之岁入财源，只有三项，九赋乃畿内之赋，以供九式之用，九职万民之贡，以充府库，九贡乃邦国之贡，余财以供玩好"，盖有何种收入，即用以供抵何种支出，分配既定，则财政自不致紊乱矣。

周时租税，固以田赋为大宗，然此外尚有人头税房屋税等数种。人头税国中自二十岁至六十岁，野自十五岁至六十五岁者，皆征之，此税名曰口泉，惜其数目无传也。房屋税有民宅市宅之分，惟所谓国宅者免征，此税名曰廛布，皆良税也。

盐政一事，在周时并不重要，当时亦并无盐税一名目，泼兰（C. C. Plehn）于其《财政学导言》（*Introduction to Public Finance*）一书中云："盐税为最早赋税格式之一种"，① 在我国殊不尽然，盐税固远在田赋之后。该物用作利薮，始自管子，法亦精密，周公未尝以此为牟利之物，惟周公曾规定用盐之方法数种，如祭祀宾客膳羞诸事，各有所应用之盐，不得混杂云。

---

① 见第一百四十一页。

第四节　重农办法

三农列九职之首，注云三农谓平地山泽也，九谷为黍稷秫稻麻大小豆及大小麦，大司徒一职，辨十有二壤而知其种，以教稼穑树艺（土地优劣，本分等级，读《管子·地员》篇可知），凡可以佐人民发达业农之处，无不设有专官以助理之，或劝树艺之功，或收自然之利，其尤所注意之点为：（一）提倡农业，务使人民致力于耕种，故田不耕者，有税粟之罚。（二）正民时，教之以稼穑之法，与教士人游艺，同其重要。（三）改善一切农政上之设施，尤着重在肥料一端，此则为草人之职务。余以为《周礼》中论农之一部分，其精要处，不特为西方罗马之农业家如凯都（Cato）、凡罗（Varro）诸人所不及，即法国重农派巨子凯纳（F. Quesnay）亦所钦服也。[①]

其于园圃方面，亦有专官司其事，委人掌敛野之赋，敛薪刍，凡疏材木材，凡蓄聚之物，注云，凡疏材，草本有实者也，凡蓄聚之物，瓜瓠葵芋御冬之具也。按园圃与寻常农务，性质微有不同，周公之意，盖欲表明九谷及树艺，须兼重耳。

山泽森林，对于国家之重要，今人类能道之。周时九职之第五曰虞衡，作山泽之财，其目的一方面在防阻国家与人民争夺此项之利益，同时更禁止人民拥之为私有财产，为牟利之源，用意极善。昔韩献子尝云："山泽林盐，国之宝也"，正是此意。虞衡之下，有地官虞泽官等，令人民以伐材，不得滥取，深合斧斤以时入山林之旨，材木有余，则颁其余者于人民，寓有大公无私之意。今欧美诸国，于国家森林之管理一端，极为重视，经济学者且多列之于财

[①]　见德人安肯所辑之《凯纳全集》中论我国古书之一节（A.Oncken：*Oeuvres Économiques et Philosophiques de Quesnay*, Page 590, "livres Sacrds ou Cononiques du Premier Ordre"）。

政专门智识,实该学中之一重要问题也。

周公于水利之重要,所见甚深,特定有沟洫之利,亦名遂人之法,专以保护农民之利益为目的,六遂而通一沟,十沟而通一洫,十洫而通一浍,十浍而通大川,干旱及水溢之时,均赖之以收灌溉及防溢之效,另有稻人以司其职,皆测地形,因势而利导之,是亦重农之一种重要设施也。

第五节　重商设施

今日论我国经济思想者,多议先哲之重农轻商,然例外至多,惜能洞见及此者殊鲜,《洪范》中货与食,皆列为首,古人视二者俱为重要之物,未尝有所偏倚,而《周礼》中所订制度,尤能得农商并重之旨,盖根据于八政中食货之说,重农保商即所以使人民食足货通也。如在九职之中,有商贾一职,司通财贿事,掌于司市,以管理市场之治教政刑量度禁令,以次叙分地而经市,以陈肆辨物而平市,以政令禁物靡而均市,以商贾阜货而行市,我人如细察其设施,则一切禁伪除弊以及各种琐屑之事,无不顾及,不能不认保商政策,为周制特点之一。

司市而外,余官尚多,今将各种名称,及其职务,列表如下:

	质人——掌质剂	调剂各种货物之供求也
	廛人——掌敛布	监视商人交易之手续也
司市	胥人——掌禁伪	以刑法禁商民之作伪也
	贾司——掌平价	管辖物品市价之高下也
	司虣——掌治安	所以维持市场之秩序也

大率周时商业之官,对于交易方面,着重在二大要点:(甲)

均赢利,(乙)遏弊窦,故其职务在任商贾之自由竞争,以均平其所得之赢利,其有获利特高者,以其足以侵及同行之利害,政府得禁止之,贾师之设,其用意当在此。渠之主要职务,当为定一最高最低之市价,在其限制内任人民之竞争,如此可免垄断一事之发生,并非谓借重人力强定各物之价格也。

又商业上种种不法之行为,亦为订定《周礼》者,所深恶痛绝,故亦设有专官以治之。在昔罗马时代西色罗氏(Cicero)曾严禁国民私藏米粟,以图高价,遂于城市之内,特设官吏以巡视市场之货物,其用意与周公正无稍异。

《周官》有征商一事,由廛人司之,凡廛人掌敛市、絘布、总布、质布、罚布、廛布而入于泉府,对于屠者则敛其皮角筋骨珍异,有滞则入膳府,其原来用意,在阻止商人之专事牟利,以致发生争讼垄断之事,并非为国家增收入计也。故征商一层,又能作为周公重商而非轻商之证据,其后征商者多以此为借口,而商人担负遂重,此责须由后来轻商之执政者任之,与周公固无涉也。

犹有一要点,即周公能知商业组织之重要也。朝士凡民同货财要,以国法行之,犯令者刑罚之,郑注云:"周货财者,合钱共贾之谓",近于今日合伙组织(partnership)之类,单人企业组织上虽称利便,财力究嫌薄弱,故不能不有合钱共贾之举,周公特订法律以劝掖或惩戒之,其眼光殊有独到也。

第六节　重工政策

《周礼》太宰掌建邦之六典,六曰事典,以富邦国,以任百官,以生万民,又九职,五曰百工,饬化八材,此皆言制造者,当时人士,对于金木诸工,尤见重视。总之,周以农工商三者为并重,毫无轩轻于其间也。

庄存与《周官记》云："工正掌百工之政令，以世事教百官，以居肆鸠百工，以式法正百工，以则赍会工事，以省试辨工能，以既禀劝工业，以六法正邦器。"①《周官》考工，固与今日海内外劳工阶级奉雇主之令相同：周考工之职务，在上下其食以诛赏，俾民不致失职，日省月试，饩廪称事，所以劝百工也。按工业之见重于我国士大夫者极早，独惜后世乏人提倡，今日竟一蹶不振，惜哉！

第七节　货币制度

载师凡宅不毛者，有里布，注云："从里布广二寸，长三尺"，作为货币之用，《礼经会元》云："外府掌布，虽曰以共百物，以待邦用，而实小用则给之。"②周时固另有他种货币，惟其时国家经费皆赖于货贿布泉之属，所赖于布者当极轻，再征诸清宋育仁所云："《周礼》惟以凶荒作布，招远货之有余，补生产之不足。"③可知布之一物，不仅作为通用货币，更用以调剂民产。马端临云："古人创帛布之本意，盖取其流通，缘货则或滞于民用，而钱则无所不通，而泉府一官，最为便民，滞则卖之，不时而欲买者则卖之，无力者则赊贷与之……以钱易货，本意以利民非谋利也"，解释最为精到。

当时又有所谓书契者，甚通行，其本身非钱，惟商贾执之能取钱，盖即今日所谓汇票之属。其后唐有飞券钞引，其用途与契书完全相同，皆不得称之为纸币。我国纸币一物，以汉武白鹿皮币为嚆矢，非起

---

① 《皇清经解续编》卷一百六十一。
② 卷二第二十六页。
③ 见氏所著《泰西各国采风记》第三卷第二十页。

自周代也。

第八节　救荒政策

美国社会学家汤纳(Towney)氏谓社会人士对于贫困阶级之态度，在先认之为上帝惩罚之一种表示，不加救济，至预防及治本之办法，为近二三世纪之事云云。[①] 此在吾国救荒之进化情形，亦属相类，上古时期，颇重神本观念，然在人力方面，亦有相当之努力。《周礼》大司徒以荒政十有二聚万民，一曰散财，二曰薄征，三曰缓刑，四曰弛力，五曰舍禁，六曰去几（关市不几察），七曰省礼（凡有礼节，皆从减省），八曰杀哀（凡行丧礼，皆从降杀），九曰蕃乐（闭藏乐器），十曰多昏（不备礼而婚娶），十一曰索鬼神（求废祀而修之），十二曰除盗贼（国荒时盗贼多，宜缉捕之），所最可注意者，则以散财为首，散财即今之所谓赈灾，谓以食货接济难民也。上章论《周易》损益两卦，即专讨论散财之利，《大学》中有云，财散则民聚，政府而置荒政问题于不顾者，谁能解人民倒悬之痛苦，近代国家若英吉利，又何必急以施行《贫民律》(Poor Laws) 为务哉？次为薄征，盖古人承认减轻人民之担负，为救济民荒一极重要之方法，其余多端，亦皆有其特殊之命意，为后世救荒方法之所由本。

第九节　井田计划

《周礼》小司徒经土地而井牧其田野，九夫为井，四井为邑，

[①] 见所著《社会问题》中论穷困之一章（Social Problems, Poverty）。

四邑为丘，四丘为甸，四甸为县，四县为都，以任地事，而令贡赋。匠人职曰，二耜为耦，一耦之伐，广尺深尺谓之田，田首倍之，广二尺深二尺谓之遂，九夫为井，井间广四尺深四尺谓之沟，方十里为成，成间广八尺深八尺谓之洫，方百里为同，同间广二寻深二仞谓之浍，专达于川，此井田之制也。其有不可井者，则为沟洫之制以通之。周井田之制，优点极多，清胡培翚氏论之最详。[①]

第十节　总论

由是以观，可知周公所厘订之法律与制度，至为缜密，《周礼》一书，诸儒皆争辩其真伪，或疑为《刘歆》所伪托，或疑为后人所杂糅，然无论其是否伪托，吾人研究，多少可作为周代改制看，今引班固《食货志》中语，以终吾篇：

> 是以圣王域民，筑城郭以居之，制庐井以均之，开市肆以通之，设庠序以教之。士农工商，四民有业，学以居位曰士，辟土殖谷曰农，作巧成器曰工，通财鬻货曰商。圣王量能授事，四民陈力受职，故朝无废官，邑亡敖民，地亡旷土。

---

① 见盛氏《经世文续编》卷四十一《井田》篇。

[第三编] 儒家

第一章　孔子在中国经济思想史中之地位

第一节　研究孔子经济思想者所应有之态度

孔子为中国历史上大思想家之一，举世景仰，其学说于后世产生有极大之影响，后来儒者，泰半宗之，以其为学术思想之祭酒，故研究中国经济思想者，其目光亦往往集中于此一人，卒因研究者态度之未当，故孔子在中国经济思想史中之地位，究居于何等，至今尚未有定论。我人在研究孔子思想以前，先须有一适当之态度，然后方能洞悉孔子学说之真相。研究孔子之经济思想，先须认清以下四大要点：

（一）孔子为一学者，哲学家而非经济学家。故孔子自云："十室之邑，必有忠信如丘者，不如丘之好学也"[1]，见其务学之殷也。又曰："三人行必有我师焉"[2]，则学者之态度也。颜渊谓："夫子循循然善诱人，博我以文，约我以礼。"[3]公孟子云："孔子博于诗书，察于礼乐"[4]，此皆足以证明孔子为一纯粹学者，而未足以表明孔子对于经济制度，究有何等深刻之研究也。司马迁作《孔子世家》，亦谓："自天子王侯，中国言六艺者，折衷于夫子可谓至圣矣"，所谓六艺者，

---

[1]　《子罕》篇。
[2]　《述而》篇。
[3]　《子罕》篇。
[4]　《墨子·公孟》篇。

仅包括有政治哲学及文学书籍，并未列有经济著述，可知孔子毕生精力之所在矣。

明乎此则我人研究孔子经济思想，不能期望太过，当以孔子与苏格拉底、亚里士多德诸人，等量齐观，不能以批评亚丹·斯密斯或马尔塞斯之眼光，评判孔子之经济思想。更须知孔子之言论，有时乃就伦理方面而言，并非自经济一方面立论，彼之见解，乃"不外乎为道德而谋经济，决非为经济而设道德"①。

（二）孔子为一实行家，而非空论家。故："子以四教，文行忠信"②，又曰："古者言之不出，耻躬之不逮也"，"君子欲讷于言而敏于行"③，其告子贡亦曰："先行其言而后从之"④，诸如此类，不遑枚举，可知孔子于清谈空论，实所深恶痛绝，固一实行家也。考其生平，自齐返鲁后，曾被任为中都宰，更任为鲁大司寇，摄相行事，诛少正卯，夹谷之会，慑强齐，其政治手腕，亦殊不弱，世以摩尔（More），倍肯（Bacon）一流人物视孔子，殊属失当也。

（三）孔子经济思想之散见于典籍者至多，远不止《论语》一部。《论语》乃其门人弟子所集，系一部言行录，固为研究孔子思想之极好材料，然孔子晚年撰述《春秋》，整理诗书，为其精力集中之处，其经济思想散见各书中，皆极重要，上编所论《易经》，即为例证。故研究孔子之经济思想，除《论语》外，于《诗经》《周易》《孝经》《左传》等书，均须涉猎，盖不如是不能见其学说之全豹也。

（四）孔子在中国经济思想史中真正之位置，学者亟须认清。渠并非为中国经济思想之创始者，创始者在孔子前，大有其人，渠

---

① 引洪君慎初语。
② 《述而》篇。
③ 均见《里仁》篇。
④ 《为政》篇。

不过为若干思想家之一,其学说影响虽大,然不足以代表中国经济学说之全部,故以孔子之经济言论,为渠个人之经济思想则可,认其学说可概括数千年来中国之经济思想,则大误矣。

总之,我人研究孔子之经济学说,须有批评的态度,尤须平心静气,摒绝成见,不当穿凿附会,强以新学说附会古人陈说,自诩近世西洋学说,为数千年前中国圣贤所发明,亦不必故示矜异,鄙视先儒言论,致将前人学说之长处,一笔抹煞,能有适当之态度,始能有公允之论调也。

第二节 传略与著作

孔子名丘,字仲尼,于周灵王二十一年十一月(西历前五五一年)生于鲁之昌平乡陬邑,鲁即今之山东曲阜县,其时该处于周公所立文化,犹有留风遗韵,故孔子所浸染者甚深。幼时嬉戏常陈俎豆,设礼容,家贫,年长后为小吏自给,名闻遐迩,弟子云集,年三十四时,适齐,齐景公欲起用之而未果,遂复返鲁。后为鲁司寇,摄相事,鲁事大治,齐人急归女乐以沮之,孔子遂去鲁。周游列国,历遇陈匡之围,桓魋之乱,所至不遇,年六十八,遂返鲁,删诗书,定礼乐,赞《周易》,修《春秋》,以垂后世,周敬王四十一年,(西历前四七九年)殁,享年七十有三。

孔子生平无直接完全著述之专书,下列各书或为其弟子所集,或则曾经孔子之删订与整理,皆为研究其经济思想者所不可不读:

(甲)《论语》 其弟子所集,记录孔子之言行。

(乙)《易经》 尤以《易传》为最要。

(丙)《诗经》 经孔子所删订。

(丁)《春秋》 始于鲁之史官,经孔子笔削而成。

与孔子经济思想有关系之著作，尚有多种，然皆不及以上诸种之重要。

又孔子所处之经济环境，亦有可得而言者，孔子生时，周公殁已五百年，其时周室陵夷，诸侯割据四方，封建制度，已形瓦解；同时人口繁殖，生计困难，社会情形，决非如孔子所云："郁郁乎文哉"①之情形，经济情形，既有变更，思想亦随之而纷起，可记之材料，亦较前为多矣。

第三节　欲望说

孔子对于欲望之言论，世人多称之为"静寂主义"（quietism），按《论语》中原文中所云："君子食无求饱，居无求安"②，"君子谋道不谋食，……忧道不忧贫"③，"士志于道，而耻恶衣恶食者，未足与议也"④等语，似有静寂主义之色彩；然须知孔子之论欲望，于"道"字极注重，盖讥一般专务衣食而忘道义之人，正如方朴山所云："衣食之讲求，足以分其求道之心。"⑤孔子以为讲求道德者，不当受外物之引诱，富贵系天命所注定，不可强求，故子夏述夫子所言：有"死生有命，富贵在天"⑥一语，又曰："未若贫而乐，富而好礼者也"⑦，孔子以为世间营营扰扰，终其身以求富贵者，皆是自寻烦

---

① 《八佾》篇。
② 《学而》篇。
③ 《卫灵公》篇。
④ 《里仁》篇。
⑤ 见《论语正义》。
⑥ 《颜渊》篇。
⑦ 《学而》篇。

恼，对于醉心利禄者，下一针砭，并非取静寂之态度，更不主张庄子之出世主义。

孔子并非谓富贵不当求，罗马哲人西色罗（Cicero）尝云："富贵之人，足以驱使万物"，可见富贵人人所喜，不必反对。孔子以为在上者行政倒行逆施，不孚民望，则为君子者不宜投身漩涡，自丧节操，盖亦羞与哙伍之意；如政治清明，当局者尽系洁身自好之流，则不妨投身其间，万一富贵不能得，当安份守己，自乐其乐，不必以贫贱为忧，遽行钻营以自卑其人格也。故孔子一则曰："富而可求也，虽执鞭之士，我亦为之，如不可求，从我所好。"[①] 李光地释之云："可知圣人非轻富贵也，决于义之可不可也……"[②] 颇能表明孔子对于富贵之态度。在他处更详申其义曰："饭蔬食饮水曲肱而枕之，乐亦在其中矣，不义而富且贵，于我如浮云！"[③] 不义之富，即指一般用不正当方法获富之小人，为孔子所竭力反对者，诚如张南轩所云："非义之富贵，于孔子只浮云也。"故最后则曰："富与贵，是人之所欲也，不以其道得之，不处也；贫与贱，是人之所恶也，不以其道得之，不去也。"[④] 此与孟子所云"非其道，一箪食不可受于人……"，意义相同，"邦有道，富且贵焉，耻也。"[⑤] 可知孔子欲望说，并非禁欲主义，其主张富贵贫贱取舍之标准，除分别其"义"与"非义"外，更当辨明当世之为"治"抑为"乱"。

今试举孔子言利之处论之，如云：

---

① 《述而》篇。
② 《论语劄记》。
③ 《述而》篇。
④ 《里仁》篇。
⑤ 《泰伯》篇。

放于利而行多怨。①
见利思义。②

此皆指私利而言,再如:

子张曰,何谓惠而不费?子曰,因民之所利而利之,斯不亦惠而不费乎。③
乾元亨利贞。④
利者,义之和也。⑤
利,物足以和义。⑥
乾始以美利利天下。⑦
言义必及利。⑧

则又均指广义之利而言矣!总之,孔子所反对之利,乃一种"伤害及个人仁义道德之利",而非"用以维持生活正当之利"。又曰:"子罕言利,与命与仁",罕言不过不常讨论而已,非反对也,且命与仁,皆非恶事,"利"乃与之并列,其不为孔子所反对可知。当孔子时,世人但知讲利,不知务义,故孔子于此问题,不愿多谈,其正当之利,与个人仁义并无妨碍者,如财政等,孔子且加以提倡,未尝教人以撇开财富问题而不讲,专谈仁义道德。富贵既属可求,⑨则利字

---

① 《里仁》篇。
② 《宪问》篇。
③ 《尧曰》篇。
④ 《周易》。
⑤ 同上。
⑥ 《周易》。
⑦ 同上。
⑧ 《周语》。
⑨ 见上文。

当然亦不必讳言。清宗稷辰云:"……有周公、太公之才,孔孟之道,而后可以言利,其为利也,公而不私,优游而不迫,密而不苛,信而不沦,正而不诡,一人利之,亿兆人利之,天德王道之原,人情物理之准,胥出于此,五行于是乎调焉,百产于是乎充焉,九式于是乎裕焉……。"①宗氏于孔子所用利字二意义,见解甚正确,盖亦勉人以大利裕国,而勿专务小利,以致害及人民也。

又《里仁》篇云:"君子喻于义,小人喻于利",后人以为孔子倡言谈义利者为君子,谈货财者为小人,此亦大误。按此处所谓君子与小人,乃指士人与平民二阶级而言,并非指善人与恶人二阶级,如《论语》中:"君子之德风也,小人之德草也"句,同一用法,皆指爵位之别,董仲舒言:"皇皇求财利,常恐匮乏者,庶人之意也,皇皇求仁义,常恐不能化民者,丈夫之意也",即为此章之注解,孟子曾言:"无恒产而有恒心者,惟士为能,若民则无恒产,因无恒心",此处之所谓"士",即系君子,"民"即系小人,孔孟均主张平民当研究利字,以维持其生活。

疏解《论语》者,宋儒朱程二子之影响最深,朱子曰:"或问义利之辨,曰,只是为人为己之分。"程子曰:"凡有一毫自便之心,皆是利",此类论调,离题万丈,尽失孔子经济思想之真面目,利字为历来士人所不齿,阻窒中国经济思想进步之源,误于宋儒言论者实不少。

总括上文所言,得以下五种结论:(一)孔子不主绝欲之论,其主张,亦并非静寂主义。(二)富贵可求,但以在治世为限。(三)利有大小之分,前者应提倡,后者当反对。(四)平民当注意经济,士人更当注重仁义。(五)后世误解孔子学说,宋儒当负直接之责任。

---

① 见所著《躬耻堂文集·裕国》篇。

第四节　孔子对于商业之态度

　　孔子对于商业一端，所言似不如孟子之多，《周易》中论古代商业状况，并无不满之言。《论语》之中，只《先进》篇论子贡，谓"赐不受命，而货殖焉，亿则屡中"等语，货殖，货财生殖之谓，是为后世《货殖传》之张本，犹《洪范》述食货二政，为后世《食货志》之祖也。太史公作《货殖列传》以子贡为之首，言子贡好废举与时转货赍，注云："废举，停贮也，与时，逐时也，物贱则买而停贮，贵则逐时转易货卖"，贱入贵出即系商业，孔子对之，并无所贬黜，且深许子贡能"亿则屡中"焉。按中国轻商之恶习，实始于汉，汉前无此风气，神农氏日中为市，夏以贸迁，[①]商以服贾，《周礼》尤重商务，本书中已申论之，此外太公以鱼盐兴利，管子继之，据太史公所记，子贡而外，更有范蠡、白圭、猗顿诸人，俱以善于经济著，起氓庶与王者埒富，汉兴始颁诏天下，令商人不得衣锦乘轩，而班固更推波助澜，为文以贬之，自是商人在社会之地位，遂一落千丈，不能与士农工各阶级相提并论矣。至孔子本人并无贬商言论，我国商业之衰落，亦不自孔子时代始，研究中国经济思想历史者，不可不知也。

第五节　政府与国民之经济关系

　　我人欲了解儒家之财政学说，第一须辨明富君富臣富国富民之别，辨明此点，则提纲挈领，能知昔人用意之所在矣。富君为我国先哲之所深恶痛绝者，谓国君肆意搜括一国之货财，完全集中于彼

---

　　① 见《书·皋陶谟》。

一人之手，国民贫困而君独富，昔之桀纣，即属是类，所谓"君足"是也。第二曰富臣，谓政府官员之舞弊，垄断财政，私自中饱，祸国殃民，亦为儒家所深恶者，故曰："与其有聚敛之臣，宁有盗臣。"① 富国即富政府与富民有别，《易经》中所谓"损下益上"，上即指政府而言，富国如行政不得其当，将流于富君或富臣一途，国家政府之国库，未曾充足，而司其事者，腰缠累累，所谓假富国之名，而行富君或富臣之实，最为孔子所反对，观于其痛斥冉求之为季氏宰也可知。

富民谓使人民食足货足，以为民富则政府必富，儒家主此最力，孔子论政府与国民经济的关系，其学说散见于《周易》者，固多以富民为首倡，在《论语》一书中，尤再三言之，如云："足食足兵"，"不患寡而患不均"，"因民之所利而利之"均是，始终不离"货恶其弃于地不必藏诸己"②一要义。富民之论，不但为孔子经济学说之基础，亦为儒家主张之一大特点，孔子论民食问题放任主义节用主张租税理论等等，均不外以"使民富"为目标，今分别述之：

（甲）民食

孔子告冉子治国之道曰："既富而教"③，其注重经济可知，盖人民之衣食足，方能谈得到教民，冉求具足食富民之才，故孔子许其艺可从政；④至其方法，则不外开源节流，薄赋税，兴井田等等。⑤《子贡问政》一章，完全自政府方面立论，仓廪实方能使民食足，至所谓"去食"者，非谓使人民绝食饿毙，盖谓荒年时代，政府于一切赋税皆

---

① 见《大学》。
② 《礼运》篇。
③ 《子路》篇。
④ 《雍也》篇。
⑤ 《颜渊》篇。

当免征，俾不致使人民陷于更贫困之境，此种主张，实根于《周礼》。

民食一层，散见于中国古籍内者，指不胜屈，除《洪范》以食与货列于八政之首外，如《大学》中云："生之者众，食之者寡"，唐杜佑所撰《通典》亦云："理财之先，在乎行教化，教化之本，在乎足衣食"，皆根据于孔子之说。至实际上之设施，则《礼记·王制》曰："国无九年之蓄曰不足，无六年之蓄曰急，无三年之蓄，曰国非其国也"，为最佳之例证。

（乙）放任主义

孔子之不讳言利，既如上述，其论利之处，最要者为《尧曰》篇中子张曰一段：

> 子张问于孔子曰，何如斯可以从政矣？……子曰，君子惠而不费……。

> 子张曰，何谓惠而不费？子曰，因民之所利而利之，斯不亦惠而不费乎！择可劳而劳之，又谁怨。

此节中"因民之所利而利之"句，最重要，可与《易》"乾始以美利利天下"句相照。因民所利而利者，如治田薄税通商惠工等事，谓导民固有之福利也。孔子反对政府有何压迫或干涉行为，盖主张政府费小费，作小事，设法收莫大之利益与效果，所谓惠而不费者，盖谓"政府之设施，其牺牲当求其小，其收效当求其大"，能如此则政府所费小，而人民得益多。进一步言，孔子实主张放任主义（laissez-faire），而反对干涉政策（intervention）。

细察孔子之言行，如称许子产有君子之道，以其能"养民也惠"，其与子张论仁，更以惠为五仁之一，谓"惠足以使人"，所谓惠者，皆"因民之所利而利之"之意，谓以公利惠民，与《里仁》篇"小人怀惠"之惠字，其意义恰相反也。

所谓"择可劳而劳之",即《学而》篇中"使民以时"之意,谓役使人民宜于农隙,人民并无农工之时为之,俾不致妨碍其农务,我国思想家之理财论,颇重视时间一问题,故《诗经》中亦有"无以太康,职思其忧","民亦劳止,汔可小休"等语,盖惧人民之过劳耳。

(丙)支出

政府支出方面,孔子主节省,故在《学而》篇中,即云:"道千乘之国,节用而爱人,使民以时",用当然指财用而言,谓应量入为出,深合《周礼》预算之用意,《周易》有云:"节以制度,不伤财,不害民",盖政府侈用,必伤财,不能不取诸于民,大悖爱民之道,孔子此论,全从国民方面着想,且以为减少支出,与增加收入等也。

此点孔子影响殊深,如墨子[①]以此为倡,荀子亦云:"足国之道,节用裕民而善藏其余"[②],亦见孔子学说之风靡一时矣。然此点颇为今人所诟病,盖其言论与近世西洋经济学家所倡"量出为入"之说相反,似悖财政学原理,实则在昔专制时代,人少事简,国家政务多趋向于消极一面,故孔子此说实为当时时代之一种出产品,虽在今日未能完全适用,然足以警戒在上者之妄取,亦未可厚非。

(丁)租税论

孔子之租税理论,可分三层言之:(一)敛税于何物?(二)人民付税之标准,(三)担负问题。

关于第一层,孔子主张敛税于土地。"哀公问于有若曰,年饥

---

① 见《节用》篇。

② 《富国》篇。

用不足，如之何？有若对曰，盍彻乎？曰，二，吾犹不足，如之何其彻也。"① 彻为一种赋法，税率十之一，魏何晏《集解》云："孔曰二，谓什二而税"，故知二字当作什之二解，孔子主张什一税，当因其负担不重之故，古人主张什一税者，固不止彼一人，《公羊传》云："什一行而颂声作"，《荀子》云："田野什一……是王者之政也"，董仲舒云："古者税民不过什一，其求易供"②，皆以彻法为良制也。

关于第二层，孔子主张以人民付税之能力（ability）为敛税之标准。务使人民不致感受痛苦为主，故曰："百姓足，君孰与不足。百姓不足，君孰与足。"③ 盖谓民富则君不至独贫，民贫则君不能独富，所谓君民一体是也。孔子倡轻税，主藏富于民，故述此以止哀公之厚敛。法国重农派经济家有言："农民穷困则政府穷困；政府穷困则国君穷困"（poor peasants, poor kingdom; poor kingdom, poor king），与此义相同，德国官房学派（Kameralists）以为欲求国强民富，先须使君富有，君富而后民亦富，则与孔子学说相反。

关于第三层，孔子有二种主张：（甲）租税之担负宜轻，（乙）担负之分配宜平均。昔人多主轻税，冉求为季氏宰，为急赋税以益其富，孔子斥之，④ 孟子亦有："君不行仁政而富之，皆弃于孔子者也"等词。

担负之分配宜均匀，故曰："不患寡而患不均"⑤，均平学说在中国经济思想史上居极重要之地位，其意义有二，不但谓：（一）政府敛税，人民之担负宜平均；其意且谓：（二）政府宜调剂人民财富，使之渐趋均平，孔子之前，《周礼》亦含此义，均富之说，

---

① 《颜渊》篇。
② 见引言。
③ 《颜渊》篇。
④ 见《先进》篇甚详。
⑤ 《季氏》篇。

支配中国数千年来之经济理论。

此外孔子尚有零碎之经济理论，如关于政治上分工，则云："不在其位，不谋其政。"①莅卫，誉其民之"庶"，②固主张人口宜众多者。至农业方面，则提倡兴沟洫之利，故于大禹之功绩，决九川距四海，更濬畎浍距川，推崇备至，③凡此种种，不加详论矣。

第六节　孔子经济思想总评

观于本章所述，可知孔子本人之经济思想，以财政言论为最重要之贡献，不特为儒家经济学说之基础，即中世及近世学者，亦多宗之，其影响蔓延至于清季，迄未稍衰，后来之思想家，偶论及财政贫困等问题，皆喜引证孔子之言，无有能加之非议者，若严复固于西洋经济学说富有研究者，论中国经济学说，于孔子著述虽不曾提及，初未加以抨击也。④近人之推崇孔子经济思想者，可以陈焕章氏为代表，即来华传教之西人，若英人李提摩太氏（Timoxhy Richard）其所发表之经济文字，亦均以孔子学说为凭借，⑤若近时之西洋经济学家，其论中国经济思想亦必以孔子为唯一代表，其态度固属不合，要亦见孔子经济学说之受人重视也。

所可惜者，孔子之伦理学，至后大彰于世，其关于经济一部分，多为后儒误解，自汉以后，研究孔子思想者，虽不乏人，惜皆不自经济方面注意。引证《论语》《周易》等书原文者，大半断章截句，

---

① 《泰伯》篇。
② 《子路》篇。
③ 《泰伯》篇。
④ 见所译《原富》译事例言。
⑤ 见所著《时事新论》书中各文。

以自圆其重农轻商之论调，故孔子以后不特杰出之经济专家绝鲜，即能真正了解孔子经济思想者，亦罕有，故中国之经济思想，并不能因有孔子一人，而增加其进步。

概括评之，孔子于经济学之真理，颇有所见，惜不曾畅所欲言，其论义利俭奢各点，更嫌太简，致为后儒误解，益增其混淆。又孔子之言论，有当时之社会状况为背景，但渠未尝详加解释，至为可憾，所以如此者，则因孔子为一伦理家，而非经济家也。

第二章　孔门诸子之经济思想观

第一节　总论

孔子弟子，虽达三千，其有著述传诸后世，立有独立经济学说者，甚不多觏。《论语》之中，虽述及曾子、子贡、子夏、子路诸人之言行，然略而不详，至若辈有何经济学说，更无由得知。《论语·先进》篇云："德行颜渊、闵子骞、冉伯牛、仲弓，言语宰我、子贡，政事冉有、季路，文学子游、子夏"，共有十哲，皆孔子得意门人，擅长者四科，固未涉及经济也。

上述十哲之中，颜渊与季路早死，子游、子夏等，俱以文学著，冉求等人，亦无足深论。惟子贡学通一贯，列于言语，且亦善于经商，太史公记之云：

>　　子贡既学于仲尼，退而仕于卫，废著鬻财于曹鲁之间，七十子之徒，赐最为饶益，原宪不厌糟糠，匿于穷巷，子贡结驷连骑束帛之币，以聘享诸侯，所至国君无不分庭与之抗礼。夫使孔子名布扬于天下者，子贡先后之也，此所谓得势而益彰者乎。[①]

以太史公所记，合《论语》中孔子所云"亿则屡中"，可知孔门诸子于商业活动之最有成绩者，当推子贡为首，惜其学说不传。

---

① 《货殖列传》。

若于经济理论方面,稍有发挥者,则为曾子与子思二人,故我人正不妨以二人言论,代表孔门诸子之经济思想。

第二节 曾子之经济思想

曾参为曾晳之子,二人皆受业于孔门,孔子以曾子为"鲁",言其性质之木讷强忍,盖嘉许之也。其重要著述,有《大学》与《孝经》二书,《大学》论修身治国之本,直接传孔子之经济学说,完全为一部儒家的著述,全书以明德为发凡,而以经济理论为结束,以私利为非,而极言理财之重要。《孝经》记孔子与曾子问答之语,故《汉书·艺文志》曰:"《孝经》者,孔子为曾子陈孝道也",此书既系一部伦理学专书,故阐发经济思想处不多,然颇足以补《大学》之不足,合二书以观之,则于曾子之经济思想,亦可得一有系统之观念也。

儒家之经济思想,着重于分配一方面,此可举孔子之"不患寡而患不均"一语为代表,至曾子于消耗生产分配等皆曾提及,其纲领为:

> 生财有大道,生之者众,食之者寡,为之者疾,用之者舒,则财恒足。①

生之者众,盖谓士农工商,各尽其力,就所能者以从事于生产事业也。食之者寡,谓一国政府重在节俭,不宜靡费公财,曾子更于《孝经》中言:"制节谨度,满而不溢……满而不溢,所以长守富也",盖惟恐执政者之伤财,将出于厚敛之一途,节用固儒家思想之另一

---

① 《大学》。

特点也。^①为之者疾,即不夺农时,励民之勤也。用之者舒,指预算量入为出而言,《礼记·王制》云:"冢宰制国用,必于岁之杪,五谷皆入,然后制国用",又曰:"国无九年之蓄曰不足,无六年之蓄曰急,无三年之蓄曰国非其国矣",即是此意。

盖孔子及其他儒家代表,皆以生财列于理财之先,以为民食足则政府财政问题,自然迎刃而解,了无困难,否则将有无财可理之叹,此为儒家经济理论之特色,若法家虽亦注重国民经济,但主理财与足民并行,二派主张绝不相同。

此寥寥数语,曾子认为平天下之良法,当然并非谓真能以衣食逐一给与人民,不过谓当局之急务,在能注重民生问题,开其衣食之源,使各得其所,则民富而国用亦不竭,盖即孔子之所谓足食也。

故依曾子意欲清理国家财政,首须注重民生,财富当然不得集中于"君"或"臣"之手中,《周易》有损益两卦,解之甚详,《周礼》荒政以散财为首,自属良法,孔子有:"百姓不足君孰与足"之言论,均已述及,今曾子亦倡有"财聚则民散,财散则民聚"之说,盖"财聚"与"民聚",根本实不相容也。财聚则民散,历史上最佳之例,为桀与纣,《汤誓》言桀罪务役民力,武王言纣罪责其厚赋以实鹿台,二人皆仅知聚财而不知散财,故为人民所弃,唐杜佑曰:"巨桥盈而殷丧,成皋溢而秦亡"^②,申曾子之意也。

关于散财一点,论者或生怀疑,以为国家财用有限,安能一一与之人民,此层李二曲氏释之最佳:

> 或问财聚则民散,固矣,然国家正供所入有限,安能以有限之财,散之百姓?曰,只不使掊克之人在位横敛,

---

① 陈焕章谓"食之者寡"乃谓相对的而非绝对的,若使为绝对的,将与"生之者众"句意义冲突。此说甚是。

② 《通典》。

正供之外，不求羡余，不别巧取，鳏寡孤独颠连无告之人，时加存恤，水旱饥疫流离失所之民，亟图振救，不事虚文，务求实效，即此便得民心，民岂有不聚乎。①

此说与《论语》中"因民之所利而利之"之意，不相背谬，实曾子之原意也。

曾子之论财，可谓透彻，然《大学》中又云："德者本也，财者末也"，"长国家而务财用者，必自小人矣"，似与生财有道一层相矛盾。论者或谓曾子之经济思想，为人生哲学所限制，余意不然，渠言德本财末，特恶一般与人民争利之佞人耳，故下文尚联有"外本内末，争民施夺"二语，至以长国家而务财用者为小人，则其所禁者盖为务财，务财者，聚敛之谓，至于理财，固未尝反对也。务财者"以身发财"，即系"聚敛之臣"，财私之于己，实行其富君与富臣二种政策；理财则谓清理财政，以财公于国，"以财发身"，为孔门弟子所许可，《孝经》中所谓："天下和平，灾害不生"，亦可由此致之。朘民膏以自奉，与开利源以便民，二者截然两事，不可不分别清楚。曾子更云："有人此有土，有土此有财"，"未有府库财而非其财者也"②，"因地之利，以顺天下"③，缘财为国民所公有，非一人可得而私，上以裕下，下更有以奉上，则国用自无不足。总之，曾子之意，以为惟不贪之君子，始可掌一国财政之大权，更从振兴农务着手以生财，则民食足而国用充裕，此实为儒家经济思想之大纲也。

曾子之着重"人""土""财"三者，颇近于西洋经济学家之所谓生产三大要素：资本人工与土地，然"土"固即土地，"人"与"财"

---

① 见《四书反省录》。
② 均见《大学》。
③ 见《孝经》。

与人工及资本之性质迥异，而曾子之经济思想犹不如倍戴（William Petty）所言之周密，曾子未尝主张利用人工资本，以开垦土地，诚如清张辰之所谓有土有人者，非必开疆广众之谓，但使无不耕之田，无不尽之力，而人土乃真有，[1]读者不可不察。

又我人研究曾子之财政思想，则（一）儒家主薄税，（二）我国财政学说，注重均平一点，此二层愈觉可信，除已引各语外，更有曰，"与其有聚敛之臣宁有盗臣"[2]，其论理财之道，于天下必曰平，所谓"絜矩之道"也。

虽然，曾子亦并非专论公家经济，而置个人经济于不顾者，理财之外，更论及重农与私人用度二点，其说多见《孝经·庶人》章，其言曰：

> 用天之道，（春则耕种，夏则芸苗，秋则获刈，冬则入廪），分地之利，（分别五土之高下，若高田宜黍稷，下田宜稻麦，丘陵阪险宜种桑栗，随所宜以播种之，）谨身节用，（身恭谨则免耻辱，用节省则免饥寒），以养父母，此庶人之孝也。

此皆系重农者之口吻，利用自然界以收种殖之效，亚里士多德最赞同此举，以其但分自然界之利，而不侵及他人之利也。此处节用，指个人方面言，曾子倡之，盖因节用者能养父母之故。

要之，曾子在中国经济思想史中之地位，绝似法人赛氏（J. B. Say）之于西洋经济学史，一则但以传布经典派（classical school）之学理为能，而一则专以阐发儒家经济理论为事也。

---

[1] 见所著《商屯议平圃遗稿》。
[2] 《大学》。

第三节　子思之经济思想

孔子生鲤，字伯鱼，年五十，先孔子而卒，生子思，《史记·孔子世家》《礼记》等书，俱载其事迹。其生平大致与孔子相类，亦曾周游列国，著《中庸》一书，《汉书·艺文志》《子思》二十三篇。《中庸》只其中之一篇，可知子思著述，散佚者至多，《中庸》为一本纯粹哲学书籍，所论及经济事物之处，只劳工一点耳。本节记子思对于劳工之态度，并与上古时代其他劳工学说，作一比较。

今日中国之工艺，至为幼稚，劳工阶级，在社会中所占地位亦不高，论者每每归咎于往昔思想界之轻工，实则就事实方面而言，在上古时代，劳工阶级，至为社会所重视，而在思想一面言之，若儒家墨家农家，皆重工艺，惟道家持论绝异，然影响在当时甚小，直至汉后群以清谈为尚，不知注重生产的劳动，中国工艺，乃不能有充分之发展矣。《中庸》内"来百工则财用足"一语，最可以代表儒家重工的精神，子思盖亦深知劳工有创造财富之力量也。子思所述之九经，皆为治国之本，而为《周官》之精蕴，《周官·考工记》曰，"国有六职，百工居一"，古代官及士固有试，百工亦有省及试，故子思云："日省月试，既廪称事，所以劝百工也"，《周官》不曰纪工劝工，而曰考工，实有深意存乎其间，秦汉以后，此职乃废，在上者既薄工艺而不加提倡，思想界对之亦漠然而不与扶助，至今日乃有斯经济落伍之现象，吁！可慨也。

上古时代，劳工一阶级在社会上所处之地位，与士农商等阶级相等，一般思想家，往往以此四阶级相提并论，毫无轩轾。此例甚多，《易》称："备物致用立成器，以为天下利"，孔子言："工欲善其事，必先利其器"，彭更以为士无事而食不可，孟子乃论梓匠轮舆之功，以释士大夫一阶级在社会之地位，孔孟皆以工人与士大夫并举，又王阳明曰：

> 古者四民毕业而同道，其尽心焉一也，士以修治，农以具养，工以利器，商以通货，各就其资之所近，力之所及者而业焉。以求尽其心，其归要在于有益于生人之道则一而已，士农以其尽心于修治具养，而利器通货，犹其工与商也，工商以其尽力于利器通货者，而修治具养，犹其士与农也，故曰四民异业而同道。

由此可见在秦汉以前之中国，本无轻工之恶习，观阳明所述古时状况，足见此四种阶级，其职业之性质，虽各各不同，但社会上地位甚平等，并不为阶级所限制，尤不因职业而分贵贱也。至于劳工神圣之精义，在中国旧籍中，亦早有发挥，《国语·敬姜论劳逸》一篇，即为例证，合诸书劳工学说以观，则上古时代劳工情状之一斑，亦可想见。子思对于中国经济思想之贡献，舍劳工说一端外，别无可称者，所论虽狭窄，其价值殊不容埋没也。

第三章　孟子对于中国经济思想之贡献

第一节　孟子之时代背景

孟子处战国时代，距孔子有百余年，其时政治愈乱，诸侯互相战争，诚有"圣王不作诸侯放恣"情形。思想界方面，亦甚紊乱，合纵连横之说，又复盛极一时；至于国民生计，以在上者之奢靡暴敛，亦陷于绝境，所谓：

> 狗彘食人食而不知检，涂有饿莩而不知发。
> 庖有肥肉，厩有肥马，民有饥色，野有饿莩。
> 夺其民时，使不得耕耨以养其父母，父母冻饿，兄弟妻子离散。
> 仰不足以事父母，俯不足以畜妻子，乐岁终身苦，凶年不免于死亡。

民生困苦如此，于是孟子学说，乃应时代而产生，专以消弭当时之一切病态为目标，故孟子思想，尤多重事实。以孔孟二人为比较，则孟子言论，较为激烈，如于私利，极端排斥，不遗余力，于暴君之重征，则再三申言以为戒，又其经济思想，虽大不脱孔子窠臼，然有数点，较孔子为详，尤以唯物观井田分工商人等问题为著。

孟子名轲，字子舆，鲁之邹人（今山东兖州府邹县），时为周烈王四年（西历纪元前三七二年），幼受母教，三迁之事，后世传为美谈。长受学于子思之门人，其时各国君臣上下，皆竞以功利为尚，而孟子独以仁义富民之说，往来梁齐及宋鲁薛滕诸小国间，皆不得志，晚年乃与其门人万章公孙丑谈道，作《孟子》一书，计共七篇，殁于周赧王二十六年（西历纪元前二八九年），年八十四岁。

孟子为儒家中坚人物，世以之与荀子并称，其经济思想远承孔子，近绍子思。故孟子自云："自有生民以来，未有孔子也。"[①]其推崇孔子可知。又曰："予未得为孔子徒也，予私淑诸人也"，[②]即指子思而言。韩愈《原道》篇云："斯吾所谓道也……尧以是传之舜，舜以是传之禹，禹以是传之汤，汤以是传之文武周公，文武周公传之孔子，孔子传之孟轲，轲之死不得其传焉"，则孟子学说之渊源，可见一斑矣。

第二节　利俭欲与惠之观念

在未曾讨论孟子学说以前，有数种基本观念，不可不先认明，今分四层论之，即利俭欲与惠是也。

（甲）利

孔子分利为二种，孟子袭其说，解释稍详，其实并无何等新颖之贡献也。孟子之经济思想，实根据于一"去小利务大利"之重要概念，战国时世变日下，贪奢之风至烈，故孟子辞而辟之。梁惠王举利以询，孟子即云："王何必曰利？亦有仁义而已矣"，续云："王曰，

---

① 《公孙丑》篇。
② 《离娄》篇。

何以利吾国？大夫曰，何以利吾家？庶人曰，何以利吾身？上下交征利而国危矣！……苟为后义而先利，不夺不餍，……王亦曰，仁义而已矣，何必曰利"[①]，开宗明义，即以言利为非，汉时董子遂倡正谊不谋利，明道不计功之论，其后宋元诸儒，乃以利为违圣人之道，绝口不谈经济事物置生计问题于不顾实非孟子本意也。

其实孟子取义舍利，正是提倡大利，义与大利或公利，由孟子观之，实系一物。孟子见梁惠王事，最易贻人口实，犹孔子"君子喻于义小人喻于利"一语，易于引人误会也。孟子见梁惠王事，复见于《通鉴》，《通鉴》中更托子思之言：

> 初孟子师子思，尝问牧民之道何先？子思曰，先利之，孟子曰，君子所以教民者，亦仁义而已矣，何必利？子思曰，仁义固以利之也，上不仁则下不得所，上不义则下乐为诈，此为不利大矣，故《易》曰，利者，义之和也，又曰，利用安身以崇德也，此皆利之大者也。

则孟子之所谓"利"，决计非"财富"（wealth）、"赢利"（profit）、"货币"（money），而指"自私自利"（selfishness）、"贪欲"（greed）也明矣。此外孟子于《告子》篇内，论利甚详，其告宋牼之言曰：

> 先生以利说秦楚之王，秦楚之王悦于利，以罢三军之师，是三军之士乐罢而悦于利也。为人臣者，怀仁义以事其君，为子者，怀仁义以事其父，为人弟者，怀仁义以事其兄，是君臣父子兄弟去利，怀仁义以相接也，然而不王者，未之有也，何必曰利？

此其意盖谓以仁义说秦楚之王，则可使君臣父子兄弟怀仁义以

[①] 《梁惠王》篇。

相接，否则放于利而行，必失却民心，智者不为也。

此外孟子排斥私利处极多，渠以为舜与盗跖之分别，即在利与善之间，并云："鸡鸣而起，孳孳为利者，跖之徒也"[1]，专务小利者，且有杀身之祸，故曰："周于利者，凶年不能杀"[2]，再则曰："且夫枉尺而直寻者，以利言也，如以利则枉寻直尺，而利亦可为与"[3]，其词意殊为严厉也。

孟子之经济思想，较详于孔子，前文已言之矣，提倡大利，一方面更攻击小利，盖二者不能并容也，其所谓"杀之而不怨，利之而不庸，民日迁善而不知为之者"[4]，显然指大利而言。孟子心目中所称为善政者，如禹治洪水，后稷重农，重兴井田制度，何一而非利，孟子反以为行此足以富民，此所谓"义者利之和"，此种公利非但不宜讳言，且有提倡之必要，孟子所深恶者，只为好货无厌之人民，借口公利以谋私利之暴君。

（乙）俭

第二基本观念曰俭，孟子于个人用度及政府之支出，均主节俭，有三大基本原则如下：

（一）欲为贤良之国君，必须节俭，否则恐致流入妄取一途。其言曰："贤君必恭俭，礼下，取于民有制"[5]，俭与恭有连带之关系，如国民奢侈无已，则财用竭，不能不出于搜括之一途，故孟子以此为戒。渠之所谓"用之以礼"，即指节俭言，学者有时用"节流"二字以代之，《易传》所云："节以制度，不伤财，不害民"，

---

[1] 《尽心》篇。
[2] 《尽心》篇。
[3] 《滕文公》篇。
[4] 《尽心》篇。
[5] 《滕文公》篇。

用词虽有出入，其原理则一。

（二）政府节俭，重在实际，不在表面，尤不可以节俭之名，欺世人。其言曰："恭者不侮人，俭者不夺人，侮夺人之君，惟恐不顺焉，恶得为恭俭，恭俭岂可以声音笑貌为哉"。[1]世之敛财者，每每巧立名目，以文饰己之过失，诚如《大学》所云："所令反其所好"，人民必将叛离。

（三）节俭于个人虽极重要，惟事亲不可俭。其言曰："君子不以天下俭其亲"[2]，论孝道者，自以《孝经》一书为最，孟子特以孝道与经济原理，并而论之，谓"事亲不宜从俭"，所以报父母养育之恩，玩原文语意，则除此一事外，其余皆宜节俭也。

（丙）欲

孟子于欲望之性质及重要，了解甚明，欲望（want）与贪（greed），二者原有分别，而重视欲望者，亦不必教人贪得。孟子对于普通欲望之满足，知其不可或缓，于贪则最为反对，以为人贪则置仁义于不顾，专务私利，必失人格矣。孟子答齐宣王语，举肥甘之于口，轻煖之于体，采色之于目，声之于耳，便嬖之足以使令，以及辟土地，朝秦楚抚四夷等等，皆各种欲望也，欲满足欲望，自有其适当之方法，故孟子继言恒产之重要，民有恒产，生活问题解决后，则人民之欲望，自能满足，齐王之大欲，亦可达到矣。

孟子不但主张欲望之不可不满足，且以欲望与理义并称：

口之于味也，有同嗜焉，耳之于声也，有同听也，目之于色也，有同美焉，……故理义之悦我心，犹刍豢之悦

---

[1] 《离娄》篇。
[2] 《公孙丑》篇。

我口。①

凡此种种简单欲望，如味声等等，为道家所摒绝者，孟子乃承认其与理义同其重要，二家学说之不同，概可见矣。

虽然，纵欲未始无弊端发生，故孟子主张个人欲望之满足，于必要时得受道德上之限制，故谓口之于味，目之于色，耳之于声，鼻之于臭，四肢之于安佚，皆为命所限制，不可贪得无厌，致丧失其本性。②扩张欲望，必至于贪，孟子知其然，一方面详言欲望之重要，同时复以贪得为戒。故云："养心莫善于寡欲，其为人也寡欲，虽有不存焉者寡矣，其为人也多欲，虽有存焉者寡矣。"③适当之标准，为"无欲其所不欲"，梁惠王之流，贪得务小利，故孟子论其失。

孟子尤反对一般专论满欲，不务他事之人，专务饮食者，但注意于口腹之欲，孟子谓此种举动，乃"养小而失大"④，取授货物，必须正当。"非其道则一箪食不可受于人"⑤，犯此者，谓之"伤廉"，凡可以"货取"之徒，因平时缺乏意志之修养，故不能为君子，若陈仲子"受不义之禄"，即其例也。⑥简单言之，欲望须满足，但有一定之限制，不可因此而嗜利无厌，尤不可矫廉，孟子之欲望学说，盖一节欲论也（亦称寡欲论）。

（丁）惠

富民政策，占孟子经济思想中最重要之部分，此项理论，以惠

---

① 《告子》篇。
② 《尽心》篇。
③ 《尽心》篇。
④ 《告子》篇。
⑤ 《滕文公》篇。
⑥ 见《离娄》《滕文公》及《公孙丑》篇。

之基本观念作为根据。孟子所倡者,为一种大公无我之国民经济,"惠"之意义,即系天下为公,使万民皆得其利益而已。"分人以财谓之惠"①,治天下须将大利扩充,使普天下受其惠,所谓"老吾老,以及人之老,幼吾幼,以及人之幼",亦即推恩二字之意也。②

《孟子》一书中,发挥惠字处,指不胜屈,如告庄暴之言曰:"独乐乐,与人乐乐,孰乐?曰,不若与人;曰,与少乐乐,与众乐乐,孰乐?曰,不若与众。"③推而至于鼓乐钟鼓之声,管籥之音,田猎马车之乐,羽毛之美,只须与民同乐,即无妨碍。

其告齐宣王语,论惠更为透彻:"乐民之乐者,民亦乐其乐,忧民之忧者,民亦忧其忧;乐以天下,忧以天下,然而不王者,未之有也。"④盖惠足以达到君民一体之地步也。国君好货作积仓裹粮解,只须"与百姓同之",亦在不禁。⑤此四种基本观念,各有连带关系,如以公利利天下,即系惠民,国君不知节俭,专敛民财,即为舍义取利,余可类推,孟子经济理论之任何部分,皆与此四点有密切之关系也。

第三节　孟子之富民政策

(一) 富民政策之重要

孟子之不反对富民大利,前节已言及之,故渠与梁惠王等论利,一方面力辟争权夺利之私利,一方面更力陈大利之重要,孟子承接

---

① 《滕文公》篇。
② 《梁惠王》篇。
③ 《梁惠王》篇。
④ 同上。
⑤ 同上。

孔子先富后教之说，自经济方面以观察社会，以为富民问题不解决，则礼义亦无从讲起，试观其告梁惠王语，深以战国时人君之不知讲求富民政策为慨，认此为世乱之由，其言曰：

> 是故明君制民之产，必使仰足以事父母，俯足以畜妻子，乐岁终身饱，凶年免于死亡，然后驱而之善，故民之从之也轻。今也制民之产，仰不足以事父母，俯不足以畜妻子，乐岁终身苦，凶年不免于死亡，此惟救死而恐不赡，奚暇治礼义哉！①

盖国民自身之生活问题，尚未解决，有何心绪以致力于道德上之修养；故孟子承认伦理观念，乃以民生问题为基础，道德乃建设于物质文明之上，故富民问题，不能不解决在先。

当战国之时，国君俱务私利，而人民流离死亡，哀鸿遍野，此其故全由于为人君者，不如从大处着眼，不求根本解决之道，讲求富民政策也。于是孟子乃追念昔时圣人对于富民政策之注重，其追念文王之语，有云：

> 昔者文王之治岐也，耕者九一，仕者世禄，关市讥而不征，泽梁无禁，罪人不孥；老而无妻曰鳏，老而无夫曰寡，老而无子曰独，幼而无父曰孤，此四者，天下之穷民而无告者，文王发政施仁，必先斯四者，诗云，哿矣富人，哀此茕独！②

周代行政，自文王始，文王之设施，如井田制度轻关税与民共享山泽之利等等，皆为孟子所极端追慕者，于怀念过去之余，更深

---

① 《梁惠王》篇。
② 同上。

慨现在：

> 今也不然，师行而粮食，饥者弗食，劳者弗息，睊睊胥谗，民乃作慝，方命虐民，饮食若流，流连荒亡，为诸侯忧。①

极力描写战国时代人君之暴行，不知施行善政，以苏民困，所行者为虐民之道，而非富民之方，致有如斯之结果。总观孟子生平，其所攻击之人君，若梁惠王、齐宣王辈，其故只在仅知利己，不解富民，然徒拟办法，不言实益，恐若辈之怀疑踌躇，不肯将此项政策实行，故既述富民政策之重要，复为言施行此策之结果，简单言之，则"君行仁政，斯民亲其上，死其长矣"②。所谓仁政者，即包括产业井田租税各问题，国君如能行此，则民视长上如腹心，否则直自召灭亡耳。

行富国政策，不但可使本国强盛，且可以王天下，得民心后，四境之内，一人可治矣。故其告梁惠王语曰：

> 天下仕者，皆欲立于王之朝，耕者皆欲耕于王之野，商贾皆欲藏于王之市，行旅皆欲出于王之涂，天下之欲疾其君者，皆欲赴愬于王……。③

缘战国时人君争城嗜杀，几于无处不然，设有讲求富民养民者，则人民当然趋之若鹜矣。

孟子之富民政策凡六大端，即恒产、重农、井田、薄敛、荒政、劳民是也。

---

① 《梁惠王》篇。
② 同上。
③ 同上。

(二) 恒产

孟子以为富民政策之第一步，在使人民有一定之产业，人民有恒产后，不致流离失所，有冻馁之忧，然后国君始能行仁政。《尽心》篇所谓："易其田畴，民可使富"，朱熹集注，易，治也，人民既当治田，当然须先有恒产，故书中竭力言恒产之重要：

> 无恒产而有恒心者，惟士为能，若民则无恒产，因无恒心，苟无恒心，放辟邪侈，无不为已。①

盖常人若无恒产，必将铤而走险，以干法纪，与其治罪于后，不若养之在先，故"制民之产"，为人君决不可少之事务。恒产问题为孟子经济思想之关键，清张英曰："夫孟子以王佐之才，其言王政，一言以蔽之曰，有恒产者有恒心而已，曰五亩之宅百亩之田而已，曰富岁子弟多赖而已，孟子实落处，不过此条。"②孟子经济思想所包括者，当然不仅此一条，但此问题在其学说中占有极重要之位置，盖无疑义。

至于如何足以"制民之产"？则孟子颇有详尽之计划：

> 五亩之宅，树之以桑，五十者可以衣帛矣，鸡豚狗彘之畜，无失其时，七十者可以食肉矣。百亩之田，勿夺其时，八口之家，可以无饥矣，谨庠序之教，申之以孝弟之义，颁白者不负戴于道路矣，七十者衣帛食肉，黎民不饥不寒，然后不王者，未之有也。③

我国在昔经济组织简单，所谓产业者，当然指不动产而言，昔

---

① 此节凡两见《梁惠王》及《滕文公》篇。
② 见《恒产琐言》篇、《笃素堂集》。
③ 《梁惠王》篇。

时学者多承认蚕桑为恒产之最普通者,《史记》"齐鲁千亩桑,其人与千户侯等",可知当时产业之性质。

孟子之所述者,实即文王之政,曾经一度实行者,非理想也。故在《尽心》篇中,颂文王之设施云:

> 五亩之宅,树墙下以桑,匹妇蚕之,则老者足以衣帛矣,五母鸡二母彘,无失其时,老者足以无失肉矣。百亩之田,匹夫耕之,八口之家,足以无饥矣。

其所云云,实系文王之经济制度,粤东陈兰甫谓文王于畜牧森林,皆注意及之,使不特能自生,且能养其老,文王不但尽个人之孝,且能知大孝,故孟子称之,更可知孟子亦认经济政策须与孝道并重也,其下文更详论云:

> 所谓西伯善养老者,制其田里,教之树畜,导其妻子,使养其老,五十非帛不暖,七十非肉不饱,不暖不饱,谓之冻馁,文王之民,无冻馁之老者,此之谓也。

国民既人人具有恒产之后,政府亦当施行监督之责,如于农时不违,则谷不可胜食,农时者,即春夏秋三时也,数罟不入洿池,则鱼鳖不可胜食,实即淮南子"鱼不长尺不得取"之意,斧斤以时入山林,则材木不可胜用,此森林之律,桓宽《盐铁论·通有》章曾引此语,谷及余物皆充足,则人民养生,可以无憾,孟子以为此乃行王道之根基。

孟子之经济思想,多见于《梁惠王》及《滕文公》篇,而有关恒产之言论,大半在《梁惠王》篇中,尤以不违农时,与五亩之宅二节,为最重要云。

（三）重农

孟子之所谓恒产者，既系指农地而言，则渠当然重农，以为欲求国内食足，则必使耕织之人多，而冀谷帛出产之增加，执政者之本分，即在劝农业，教耕织，如是则地无旷土，国无游民。故曰："圣人治天下，使有菽粟如水火，菽粟如水火，而民焉有不仁者乎！"① 盖重农则菽粟作，耕织之人众而谷帛之所出自多，民乃兴于仁，所谓先富后教是也。

孟子之陈策于滕文公，欲以滕为模范之国，故首言民事之不可或缓，民事，即农业也。且云："诗云，昼尔于茅，宵尔索绹，亟其乘屋，其始播百谷。"② 孟子论农，甚有历史的眼光，其述三王盛时情形，更曰："天子适诸侯曰巡狩，诸侯朝于天子曰述职，春省耕而补不足，秋省敛而助不给，入其疆，土地辟田，野治"③，盖天子巡狩入诸国之境，首先即须察看其土地田野，视其农事之振作与否，而定其赏罚。

（四）井田

孟子对于井田问题，贡献极多，不能不详论之，此点宜分二层研究：一，孟子所定井田之办法，换词言之，孟子本人对此问题之主张也；二，由孟子所言关于井田各点，以观察该制度之历史，质言之，即孟子对于井田历史上之贡献也。第二层极重要，当另在第三节中论之，以清眉目。

孟子论井田各点，多见《滕文公》篇，下列各语，悉出该章，滕为小国，故孟子以井田之说进，盖亦深知井田制度只能应用于人

---

① 《尽心》篇。
② 《滕文公》篇。
③ 《告子》篇。

口少疆域小之地如滕国者，他处此制不能适用也。至井田制度之优点，则能使人民有一定之产业，勤其工作，而不致怠惰，社会上强弱相侵之情形，乃无由发生。

滕文公使毕战问井地，孟子答之曰：

> 夫仁政必自经界始，经界不正，井地不钧。谷禄不平，是故暴君污吏，必慢其经界，经界既正，分田制禄，可坐而定也。

朱注，经界谓治地分田，经画其沟涂封植之界也，盖采用井田制，亩数不可乱，重在界限之划分，经界正则井地可均，纳税无轻重及不均之弊，在上者亦不能横敛，盖赋税有定额也。至于历代采用之制度，则"夏后氏五十而贡，殷人七十而助，周人百亩而彻"，孟子赞成助法，故借龙子名而云：

> 治地莫善于助，莫不善于贡，贡者校数岁之中以为常。乐岁粒米狼戾，多取之而不为虐，则寡取之。凶年粪其田而不足，则必取盈焉。为民父母，使民盼盼然，将终岁勤动，不得以养其父母，又称贷而益之，使老稚转乎沟壑，恶在其为民父母也。

春秋战国时用夏之贡法，民无以自养，故孟子以此法为不善。孟子又主张官员应于常禄之外，得若干田地，故曰："卿以下必有圭田，圭田五十亩，余夫二十五亩"，盖亦一种酬报也。

孟子文中，尚有一可注意之点，附志于此，即"称贷而益之"一语是，再参阅齐晏婴述陈氏专齐事有"以家量贷而以公量收之"[①]，则可知借贷付息一事，在春秋战国时，已甚通行矣。

---

① 《左传》句。

（五）薄敛

儒家多主薄敛,攻击聚敛之君臣,孟子于此,尤为注意,反复言此,不厌其详。薄敛理论,以减轻人民担负说为基础,当然具有至理,然吾人须知此种主张,只能适用于政务简单,采用专制政体之国家,若现代国家政务繁多,百事待举,是否须敛轻税,当视本国国情而定,此说不能恒久适用也。孟子述过去之历史,谓诸侯"掊克在位"[1]天子须声讨之,《诗》曰："曾是掊克",乃厚敛之意,孟子以后,用此二字者益众矣。

其提倡薄敛之词,如云："省刑罚,薄税敛"[2],认此二者为仁政,薄敛可使民有余时。又曰："贤君必恭俭,礼下,取于民有制"[3],谓取于民宜有节制,"阳货曰,为富不仁矣,为仁不富矣"[4],即指富君而言,皆以薄敛之说,陈于战国时国君之前也。又曰："今之事君者皆曰,我能为君辟土地,充府库,今之所谓良臣,古之所谓民贼也,君不乡道,不志于仁,而求富之,是富桀也"[5],所谓充府库者,乃暴君聚敛之结果,实指桀纣及战国时多数国君而言,"君不行仁政而富之,皆弃于孔子者也"[6]则皆直接传播孔子之薄敛学说,而奉为正宗者也。

然薄敛不仅可以减少人民之痛苦,增加君臣私人道德上之位置,更可使人民之富有,盖孟子之富民政策,内容虽至复杂,要以井田与薄敛为最重要,故渠有"易其田畴,薄其税敛,民可使富也"[7]等

---

[1] 《告子》篇。
[2] 《梁惠王》篇。
[3] 《滕文公》篇。
[4] 同上。
[5] 《告子》篇。
[6] 《离娄》篇。
[7] 《尽心》篇。

语，上句指井田，下语乃孟子之财政理论，其目标在余民力，使其财用日足，所云民可使富，可知孟子实循孔子之说，注重富民，而斥富臣与富君之事也。

其议论较为详尽之处，则在《公孙丑》章中：

> 市廛而不征，法而不廛，则天下之商，皆悦而愿藏于其市矣。

集注，廛，市宅也，张南轩曰："或赋其市地之廛，而不征其货，或治之以市官之法，而不赋其廛"，盖逐末者多，则廛以抑之，少者不必廛也，孟子反对征商，故有是言，如能实行，则天下之商，自乐于营业矣。

> 关，讥而不征，则天下之旅，皆说而愿出于其路矣。

关者，实即关卡，讥，察也，察异服异言之人，而不征商贾之税，关与卡既无所阻，则商人运货便，货物流通遂易，若重征之，则商人休业而货停滞，失却"货通"之旨，故孟子反对之。

> 耕者助而不税，则天下之农，皆悦而愿耕于其野矣。

此不特为主张薄敛之理由，兼亦为孟子重农之证据，谓政府当使农民出力以助耕公田，不得税其私田。

> 廛，无夫里之布，则天下之民，皆悦而愿为之氓矣。

按《周礼》，宅不毛者有里布，朱注云："宅不种桑麻者罚之，使出一里二十五家之布，民无常业者罚之，使出一夫百亩之税，一家力役之征也"，战国时代有廛而又有布，变为一种重复税（double taxation），宜孟子之反对也。

上所云云，系就平时人民（subjects）之职业上立论，可知孟子主张薄敛宜普遍（universal），不宜只限于社会上某一特殊阶级，亦所以避去经济上之不平等也。至在战争时，政府之赋役，可分为三种：一布缕之征，二粟米之征，三力役之征，①此三种赋役，决不能同时并用，盖"用其二而民有殍，用其三而父子离，故君子用其一而缓其二"，依然不脱儒家本色也。

大抵国君厚敛之原因，不只为其贪求无厌之故，有时因缺乏预算，不知量入为出，平时任意糜费，毫无节制，一旦府库竭，乃不得不求之于民。故孟子提出预算办法，以促成实现薄敛之举，考我国古时预算，重在与去岁及今年比较，作一比例以定本岁用度之标准，《礼》云："酌三十年之通，制国用"，孟子亦曰"校数岁之中以为常"②，皆能从大处着眼也。

（六）荒政

战国时代之人民，不特时受腐败政治之压迫，且常感荒岁之痛苦，梁惠王自谓尽心于民事，而孟子警告之，一则曰："狗彘食人食而不知检，涂有饿莩而不知发"③，再则曰："庖有肥肉，厩有肥马，民有饥色，野有饿莩"④，三则曰："父母冻饿，兄弟妻子离散"⑤，其描写战国时代国君之不解荒政，沉痛之至，国民穷困之原因虽多，而国君之失政，未始非重要之原由也。虽然，梁惠王对于荒政上设施，并非毫无所知，观其告孟子之语云：

---

① 《尽心》篇。
② 《滕文公》篇。
③ 《梁惠王》篇。
④ 同上。
⑤ 同上。

寡人之于国也，尽心焉耳矣，河内凶，则移其民于河东，移其粟于河内，河东凶亦然。①

此即救荒办法之一，焦循《孟子·正义》云："凶谓荒年，移民之壮者，就食于河东，移河东之粟，以赈河内之老稚也。亦然、则移河东之壮者于河内，而移河内之粟于河东也。"盖荒年移人民赴他处以就食，老弱之不能迁者，则移粟以就之。此法重在拯救，惟移民就粟，人民不免遭受迁徙流离之苦，非仁者之用心，故孟子讥之。又梁惠王只行此事，遽望本国人民之增加，当然办不到，欲求人民之增加多于邻国，除荒政外，且当举行他种富民政策，如恒产井田薄敛等等，方有效果。当时为人君者，以本国人口之众庶为好现象，与欧洲重商主义（mercantilism）盛行时，政海名侪若柯尔勃（Colbert），专制国君若路易十四（Louis XIV），其眼光盖一致也。

凶荒之造成，虽有天然原因，然亦由于人力，苟不能预防在先，则事后抵制，亦可减少其蔓延性，梁惠王虽偶行荒政，然时时推诿于天命，不肯尽力，不但不设法阻止凶岁之发生，事发且以为与己无干，孟子所谓"非我也岁也"，推诿之语，乃出之于人君之口，无怪孟子之不满也。

孟子深知凶岁人民为生计所迫，易于犯上作乱，故曰："富岁子弟多赖，凶岁子弟多暴，非天之降才尔殊也，其所以陷溺其心者然也"②，其注意于荒政，于此可见一斑。孟子因富人之沉于安乐，逸居无教，故贫富阶级距离过远之情形，亦不赞成，其所提倡之恒产井田等制度，皆为贯彻其平素均富之主张也。

关于救荒之办法，孟子定出二种，其一为治标的，即每逢凶岁时，

---

① 《梁惠王》篇。
② 《告子》篇。

国君当散财放赈也。其告邹穆公之言曰：

> 凶年饥岁，君之民老弱转乎沟壑，壮者散而之四方者，几千人矣；而君之仓廪实，府库充，有司莫以告，是上慢而残下也。曾子曰，戒之戒之，出乎尔者，反乎尔者也，夫民今而后得反之也，君无尤焉。①

至于散财之详细方法，并未明言，此仅其大纲耳。

其二曰治本的，当然须自农业一面着手，与本节内所述各点，俱有关系，如教梁惠王于农时以外，即进之以洿池山林诸大政，重农兼亦备荒也，一国人数众多，宜仿效文王之政，先注意鳏寡孤独四种人民。

（七）劳民

孟子既不赞成厚敛，自不主劳民过甚，然亦深恶社会中之尸位素餐者，尤反对一般不耕而食之士，按《说文》云："士者，事也"，在理士人本为生产者（producer），惟战国时士皆素餐，坐食农工商之出产物，诚不公之甚也。然则士之态度当如何？孟子释之曰："君子居是国也，其君用之，则安富尊荣，其子弟从之，则孝弟忠信，不素餐兮，孰大于是"②，则孟子亦非尽袒护"劳心工作者"（intellectual laborer）可知，此点可与《国语》《敬姜》《论劳逸》篇，互相发明。

至政府之遣民工作，当以不夺民时为标准，此意屡见孟子书中，毋庸赘述。

---

① 《梁惠王》篇。
② 《尽心》篇。

第四节　由孟子书中所得之井田历史

孟子以兴井田为富民政策之一端，说已见前，本篇当专述孟子对于该问题历史上的贡献。井田历史，由来甚久，变迁亦多，然搜集我国经济思想史者，不能将此问题弃而不顾，即考据方面，亦宜注意，盖我国圣哲，孟子而外，如荀子、管子、李悝、商鞅、司马迁、董仲舒、胡培翚诸人，其经济思想多与井田问题有密切之关系，即近时盛传之平均地权说，于此亦不无关系。况经济史与经济思想史之关系，既甚密切，故我人不能如甘乃光君所云："有许多人曾发生和讨论过井田有无问题，这是一种制度的研究，是学者应有的事，但在孟子的学说上讲，则此制有无，不发生什么大影响。因为纵然此制并不存在，我们也可当他作他的理想看，故我们不走入打考据官司一条路"，盖孟子书中所定计划，当然为其经济思想之一部分，又乌可不注意及之哉。

梁任公谓我国儒家对于生计问题之贡献，孟子论井田能"发为条理"①黎世蘅亦谓"孟子七篇……实为考证之关键"，又云"吾人居今日而欲谈古代土地分配之制，当先征诸孟子"②，确系实情也。

孟子书中，有关井田之文字，自以下列数语为要：

> 夏后氏五十而贡，殷人七十而助，周人百亩而彻，其实皆什一也，彻者，彻也，助者，藉也。③

以上寥寥数语，引起后来学者绝大之争执，若赵邠卿、郑玄、朱熹、蔡清、崔东壁、张南轩、顾亭林、黄梨洲、戴东原、罗罗山诸人，

---

① 见所著《先秦政治思想史》。
② 均见梁氏所著之《中国古代公产制度考》。
③ 《滕文公》篇。

殆无不自有其见解。研究此点，须将孟子原文，分开讨论，先就字面解之，则五十七十云云，皆指个人分配后所得之数，就朝代言，夏采贡法，殷采助法，周采彻法，三法不同之处，论之如下：

（甲）贡　贡法谓人民开垦土地，政府于平均数年之收成，敛以一定之税额。此其弊在其税率无伸缩能力（inelastic），无论凶年丰岁，其额并不变更，故孟子评此制云：

> 治地莫善于助，莫不善于贡，贡者校数岁之中以为常，乐岁粒米狼戾，多取之而不为虐，则寡取之，凶年粪其田而不足，则必取盈焉。

贡法所盛行之时代，当然为战国（否则孟子当无批评），其原始殊无由考查，后之研究孟子者，亦惟言该法所行之时代，郝敬《孟子说》解云："及周衰，彻法坏，而取民以贡，如孟子所云者，非夏后氏之旧矣。"[①] 即叙述我国历代经济制度最详之《文献通考》一书，亦不能言其详，故夏时曾行此制与否，亦不得知。至其税率，十取其一，似较助为轻，然立为一定标准，以乐岁之数而必取盈于荒年，至称贷而益之，国民负担之重可知，宜孟子以此法为不善也。

（乙）助　助法谓将土地区分为井字形，中间一区为公田，所谓"助有公田"之谓也，余田分配于八家，孟子所述者"请野九一而助，……方里而井，井九百亩，其中为公田，八家私百亩，同养公田"，孟子自释之曰"藉"，赵岐《孟子注》，藉，借也，盖谓借民力而耕公田之意。此制之能否有效，须视人民之愿否奉公而定，周时民心淳厚，执政者措置有方，故能上下合作也。

孟子之所以赞成助者，因政府所敛之税，不及私田，而政府与人民所得，常有一定之比例，所谓九一制也。

---

① 见该书卷五。

孟子更引《小雅》之诗，以证明周代采用助法：

《诗》云，雨我公田，遂及我私，惟助我有公田，由此观之，虽周亦助也。

田有公私之分，实助法也。至周代以前，此制何时创始？则杜佑谓肇自黄帝，马端临引苏洵文，谓此制创自唐虞，细观他种史书，殊乏实证，二人之说，恐不足征信，惟确知孟子时代，助法废去已久，可断言也。

（丙）彻　彻者为十分之一的税，孟子曰："周人百亩而彻"，《周礼》："巡野视稼，以年之上下出敛法"，盖谓政府授一夫以百亩，逐年核计其收获之总数，而敛其什一也。《论语·颜渊》篇中云：

哀公问于有若曰，年饥，用不足，如之何？有若对曰，盍彻乎？曰，二，吾犹不足，如之何其彻也。

什一税原为我国古代最普通之税率，自较什二税为轻，周时实行此制，《诗·公刘》篇有"彻田为粮"句，则彻法或已行于公刘时代欤，郑玄、何楷、朱熹诸氏皆主是说也。

至于授田之数目，则周代一夫百亩，此百亩之田，及所谓"五亩之宅"者，皆为恒产，孟子之理想制度也。书中引用"百亩"及"五亩"二名词处，不胜枚举，荀子亦尝云："不富无以养民情，不教无以理民性，故家五亩宅，百亩田，务其业而勿夺其时，所以富之也。"

孟子之所谓一夫，非谓一人，乃指一家庭而言，孙诒让曰："夫家之名，起于一夫一妇也"，则夫字所包括者，非仅一人可知，成人而外，年幼者受田二十五亩，即孟子之所谓余夫也。

至于井田制度之利益，则先儒论者甚多，要以唐之杜佑，清之胡培翚，论之最详，杜佑之说，乃推衍汉儒之论而成，其言曰：

> 昔黄帝始经土设井，以塞争端，立步制亩，以防不足，使八家为井，井开四道而分八宅，凿井于中，一则不泄地气，二则无费一家，三则同风俗，四则齐巧拙，五则通财货，六则存亡更守，七则出入相同，八则嫁娶相媒，九则无有相贷，十则疾病相救。①

胡氏所举，较杜佑叙述者，稍有出入：

> 井田之法有数善焉，一曰可以养民，……一曰可以教民，……一曰可以卫民身，……一曰可以厚民俗，……凡此皆井田之法之善也。②

总之，井田制有一明显之优点，为设立一种互助乡村，人民互相联络，收合作之效也。故孟子曰：

> 死徒无出乡，乡田同井，出入相友，守望相助，疾病相扶持，则百姓亲睦。

粤西陈柱尊氏谓此制："下而士农工商，上而公卿大夫，受田各有法，受禄各有异，于极有阶级之中，富有极平均之意焉，……除在官者食禄之外，周盖实行均地主义，衰多益寡，称物平施，无甚富甚贫之殊，无彼此兼并之事。"③ 此点最为重要，井田制度尚有一利益，即能屏除社会上贫富悬殊之情形，不致有豪强兼并之风发生，井田制自有其限制及缺点，然自此制之废除，孟子所谓"守望相助疾病相扶持"等情形，亦皆荡然无存矣。

---

① 《通典》卷三。
② 见所著《研六室文集·井田》篇。
③ 《中国学术讨论集》第一集《论井田制度》篇。

第五节　商人地位问题

先秦思想家，无贬商者，前已言之屡矣。按商业之起原，由于交换，如甲有多余之物件与乙所有多余之物件交易，其目的在通有无，如交易得当，则双方皆能获益，所谓各得其所是也。孟子之所谓："以其所有，易其所无"，即指此言，然贸易必须已有余物（surplus），然后方能与他人交换，无贸易则货物将积而无用，孟子言："子不通功易事，以羡补不足，"① 即系阐发此意。交易之事起而有商业，德国历史学派巨子休穆勒（G. Schmoller），步休（C. Bücher）论此点最详，吴贯因氏亦尝谓："孟子言，古之为市者，以其所有易其所无，古代商业之状况，尽于此语矣"②，商业与交易，原无所分别也。我人生产货物，虽亦由于己身之消耗，而主要目标，则在交易，用作本人消耗（personal consumption）仅一小部分。洪荒时代，人民田猎所得，只供己用，故无商业可言，孟子深知此义，故曰："如必自为而后用之，是率天下而路也"③，是自足政策，亦为儒家所不许也。

"天下之商,皆悦而愿藏于王之市"句，凡两见，一见于《梁惠王》，一见于《公孙丑》篇，孟子以此为五政之一，固亦知兴商对于王道之重要也。渠以天下之商藏于己国之市为好现象，则孟子之不以闭关政策为然者，灼然可见，此等处吾人虽不能便谓孟子提倡自由贸易（free trade）反对保护政策（protection），然至少可知孟子认商业本身为一种有利益的事业。

然则用何方法，可以扶助本国商人，招致他国商贾？孟子则直

---

① 《滕文公》篇。
② 见所著之《中国经济进化史论》，《大中华杂志》第一卷第五期。
③ 《滕文公》篇。

捷了当云："市，廛而不征，法而不廛，则天下之商皆悦而愿藏于其市矣；关讥，而不征，则天下之旅皆悦而愿出于其路矣。"①按廛者所以抑商，恐商人以市为利薮，侵及他人利益，故有此举，然其结果足以使商人在社会之地位低落，故以少用为是。征商一事，周代时虽已有之，但其目的在惩罚贪商，与汉时之抑商，性质迥异，书中已述及之。②至凶荒之时，则将关门之征，完全取消，管子曰："征于关者不征于市，征于市者不征于关"，又曰："关市讥而不征，廛而不税"③，皆非轻商之思想家所肯言也。

孟子言论，最引人注意，而又类似轻商论调者，厥为《公孙丑》篇中一段如下：

古之为市也，以其所有，易其所无者，有司者治之耳。有贱丈夫焉，必求垄断而登之，以左右望而罔市利，人皆以为贱，故从而征之，征商，自此贱丈夫始矣。

余以为此数语，初无轻商之意义，其包括之意义，不外二点：（甲）箴一般贪利之官吏，利欲熏心，其行动与一般市侩，并无不同，罗罗山云："据守要津，以图国家天下之利"，即指此辈而言，是上语特为人臣而发，并非对商人而言。（乙）不过言古代曾有"征商"一事，因有"垄断"及"以左右望而罔市利"之贱丈夫，故不特不借此法以惩之，非对于一般商人，尽系如此也。马端临氏解释上点最为确当，马氏云：

……《集注》，治之，谓治其争讼；垄断，垄之断之

---

① 《公孙丑》篇。
② 参见本书论《周礼》章。
③ 《小匡》篇。

而高也；左右望者，欲得此而又取彼也；罔利，罔罗而取之也；从而征之，谓人恶其专利，故就征其税，后世缘此，遂征商人也。按如孟子之说，可以见古今关市征敛之本意，盖恶其逐末专利而有以抑之，初非利其货也。①

商人中之独占操纵，只图私利，不顾大众利害者，孟子目之为贱丈夫。商业有利，不能完全无弊，无论古今中外，胥不能免，如在美国有反托辣斯法律（Anti-Trust Law）之施行，吾人岂得目美政府为轻商，而赞成或叙述此类法律之人，又何尝存反对商业之心哉！

孟子岂特并不轻商，且主保商，其言曰：

古之为关也，将以御暴；今之为关也，将以为暴。②

关为关卡，周代有之，用以御暴乱，防弊窦，战国时，人君恃之为征商之具，其结果足以使货物停滞，商业衰颓，孟子深不以政府之敛重税于商人为然，故为是语。"戴盈之曰：什一去关市之征，今兹未能，请轻之以待来年，然后已，何如？"孟子径答之曰："如知其非义，斯速已矣，何待来年？"其急于去关市之征如此，以其侵及商人之利益也。

孟子于商业之重要，并未详言，于提倡商业之方法，亦不曾提及，但其主张保商，并未看轻商人在社会上之地位，其态度固与其他上古时代思想家同也。

---

① 《文献通考》卷十四。
② 《尽心》篇。

第六节　生产要素与工艺

孟子之分工理论,甚为精审,在先秦思想家中,墨子而外,殆无有能过之者。孟子甚崇拜精神劳动,尝云:

> 于此有人焉,入则孝,出则悌,守先王之道,以待后之学者而不得食于子。子何尊梓匠轮舆而轻为仁义者哉?曰,梓匠轮舆,其志将以求食也。君子之为道也,其志亦将以求食与?曰,子何以其志为哉?其有功于子,可食而食之矣,且子食志乎?食功乎?曰食志。曰,有人于此,毁瓦画墁,其志将以求食也,则子食之乎?曰,否。曰,然则子非食志也,食功也。①

其重视精神劳动,溢于言表,又彼之言论,稍带有贵族的色彩,盖持此说以破许行、陈相学说者,故反对君民并耕。分工的社会组织,孟子认为社会进步及发展之征象,彼所谓"通功易事以羡补不足",即分工之利益也。

按分工(division of labor)一名词,原有二种意义:一,职业的分工,如医生律师会计师诸业,各人就其性之所近,担任一种,以其服务贡献于社会。二,工作的分工,即将一种工作分为无数部分,由各人分任之,如亚丹·斯密斯(Adam Smith)所举造针一事,即其例也。孟子所发挥之分工精义,乃属第一种,未涉第二种也。《滕文公》篇记孟子驳诘许行学说云:

> ……孟子曰,许子必种粟而后食乎?曰,然,许子必织布而后衣乎?曰,否,许子衣褐,许子冠乎?曰冠,曰

---

① 《滕文公》篇。

奚冠？曰，冠素，曰自织之与？曰否，以粟易之，曰许子奚为不自织？曰害于耕，曰许子以釜甑爨？以铁耕乎？曰然，自为之钦？曰否，以粟易之。以粟易械器者，不为厉陶冶，陶冶亦以械器易粟者，岂为厉农夫哉！且许子何不为陶冶舍，皆取诸其宫中而用之，何为纷纷然与百工交易，何许子之不惮烦？曰，百工之事，固不可耕且为也，然则治天下独可耕且为与？有大人之事，有小人之事，且一人之身，而百工之所为备，如必自为而后用之，是率天下而路也。

其意盖谓一人只能作一业，耕田者无妨于为甑釜者，亦无碍于耕田者；人生必需品，乃赖无数工人分别制造而成，若每件必须自行制造，势必尽躯天下人日日奔走于道路，决无此理。孟子又曰：

……或劳心，或劳力，劳心者治人，劳力者治于人；治于人者食人，治人者食于人，天下之通义也。[1]

此即孟子之分工学说，亦即《国语》所谓"君子劳心小人劳力"之意也。所谓工作者，不仅指劳力之事，即精神劳动亦包括其中，君子指少数人而言，小人指大多数平民而言，其区别盖在劳心与劳力之别也。

窃以为中国孔孟之经济思想，与西洋经济思想史中之希腊哲学家所言，最为神似。姑以分工一层论之，孟子曰："无君子莫治野人，无野人莫养君子"[2]，而亚里士多德亦以为人类有智愚贤不肖之分，其应作奴隶者为奴隶，乃正当自然（natural），以君子而充奴隶为不

---

[1] 《滕文公》篇。
[2] 同上。

自然（unnatural），①孟子又曰："人有不为也，而后可以有为"②，柏拉图（Plato）亦尝云：

> We must infer that all things are produced more plentifully and easily and of a better quality when one man does one thing which is natural to him and does it at the right time and leaves other things.

上见柏氏所著《共和国》卷二第三七〇页（Republic, Book Ⅱ, Jowett's Edition），又不特分工一事，即他种经济学说，相同处亦不少，以柏拉图拟孔子，以亚里士多德拟孟子，颇觉其切当也。

第七节　孟子哲学与方法

简括言之，孟子学说，可以富与教二字，包括一切。其经济理论，已详言之，其论教育之处，亦不少，如云："善政民畏之，善教民爱之"③，又曰："谨庠序之教，申之以孝悌之义"④，多与教育问题有关，附志于此，以见孟子并不以为只用富民政策，便可使国家强盛也。

彼之经济学说，处处以国民为主体，以大利为前提，盖其时暴君奢侈，租税烦重，加以战争频仍，致人民有流离之苦，故孟子定

---

① 参阅屈拉佛（A. A. Trever）所著之《希腊经济思想史》（A History of Greek Economic Thought）第九八页。
② 《离娄》篇。
③ 《尽心》篇。
④ 《梁惠王》篇。

出一种经济政策，专以治理当时病源为目的，其所发挥之议论，实以归纳方法（inductive method）为根据，以其处处有事实为凭也。

孟子学说之影响甚深，后之王充辈，虽加以抨击，殊不足以摇动其在学术界之位置。今之研究中国经济思想历史者，大众讨论所及，除孔子外，当以研究孟子者为最多，惟孟子经济思想除论井田外，其余如论商业，不及管子荀子，论分工不及墨子，缺点不少，张效敏君谓中国古代之经济思想，以孟子的为最精详，[①]虽不免言之过甚，要亦足见孟子贡献之重要也。

---

① 参阅《孟子的经济学说》，《留美学生季报》第十二卷第三号。

第四章　荀子之消耗论及经济政策

第一节　传略及著述

荀子名况，字卿，或称孙况，赵人。年少于孟子约四十，亦曾周游列国，年五十至齐，又入秦赵，最后至楚，春申君任之为兰陵令，后即殁于该处。据太史公《荀卿列传》，荀子在齐襄王时最为老师，仅能知其所处年代，较孟子略迟，不能确知生卒年月也。其弟子中之最著者，为李斯、韩非二人。儒家代表，自孟子以降，即数荀子，并称为儒家二大弟子。其时代背景，较孟子时尤恶，人心险诈，战乱频仍，荀子理论，不无受其影响。其经济思想与墨家思想较，颇多出入，即与孔孟较，间亦有不同处，盖其思想已近法家言矣。

《荀子》一书，其体裁已倾向于近代著作一方面，全书分为三十二篇，其经济思想，多散见于《富国》《王制》《王霸》《儒效》诸篇，此外如《大略》《正论》等篇，亦有不少关于经济事物之材料，至其消耗理论，皆在《荣辱》《性恶》二篇中言之。

近世经济学，大抵可分消耗、生产、分配、交换及财政五大部分，我国古代思想家论及交换一项者较少，于消耗论中之欲望问题，讨论者独多，荀子对此问题，有极详尽之讨论，实为渠之主要贡献。此外则其富民政策，亦有审慎研究之价值，其中如分工薄敛阶级观念各点，为世人所忽略者，亦于此章详述云。

第二节　社会之起源

欲明了荀子之欲望论，须先研究其论社会起源之说，此问题盖系荀子经济思想之起点，而与其他所讨论之各点，有密切关系者。荀子以为人与禽兽草木之分，在能合群与不能合群之别，人类合群以后，则力量足，足以制服自然界，观其在《王制》篇中所云：

> 水火有气而无生，草木有生而无知，禽兽有知而无义，人有生有气，亦且有义，故最为天下贵也。力不若牛，走不若马，而牛马为何，用也？曰人能群而彼不能群也。人何以能群？曰分，分何以能行？曰义，故义以分则和，和则一，一则多力，多力则强，强则胜物。

然人类合群以后，尚有一层绝大危险，即争夺一事是。盖荀子以为人性本恶，"人之性恶，其善者伪也"①，且无人不有欲望，但货物稀少，不能举世人之欲望皆满足之，因此遂有争夺情形发生，故合群之外，尚须明分；明分者，使富贵贫贱长幼，各安其分，作其业务，以获得相当之报酬也。

> 万物同宇而异体，无宜而有用为人，数也。人伦并处，同求而异道，同欲而异知，生也。皆有可也，知愚同；所可异也，知愚分。势同而知异，行私而无祸，纵欲而不穷，则民心奋而不可说也。……离居不相待则穷，群而无分则争，穷者患也，争者祸也，救患除祸，莫若明分使群矣。②

荀子盖谓社会之纷扰，只因人类争求满足其欲望，以致种种罪

---

① 《性恶》篇。
② 《富国》篇。

恶,随之而生。欲言改造社会,弭止世乱,强国富民,无论何种设施,胥与人类欲望相连,欲望一物之重要既如此,故荀子对此问题,特有极详尽之讨论。

第三节　欲望论

荀子之欲望论,既较他家为精,我人不妨将此问题,分作数点讨论:

一欲望之重要　荀子不但根本承认欲望本身之存在,并详述其对于人生之重要,欲望与生俱来,无人不有之,故曰:"人生而有欲。"①欲望之种类极多,其最简单而重要者如下:(甲)口之于味,食欲有刍豢,人情之常也,(乙)衣之于身,文绣人之所好,(丙)声之于耳,(丁)色之于目,(戊)嗅之于鼻,(己)行路须有舆马。其言曰:

夫人之情,目欲綦色,耳欲綦声,口欲綦味,鼻欲綦臭,心欲綦佚,此五綦者,人情之所必不可免者也。②

人之情,食欲有刍豢,衣欲有文绣,行欲有舆马,又欲夫余财蓄积之富也,然而穷年累世不知足,是人之情也。③

上列六种,为欲望本体,然满足欲望之工具,厥为财货,营求财富一事,较为复杂,此种分类法,不甚完全,自不为我人所取,且在荀子以前,老子亦曾将欲望,分为(一)色,(二)音,(三)味,

---

① 《礼论》篇。
② 《王霸》篇。
③ 《荣辱》篇。

（四）驰骋田猎，（五）财货，似较胜一筹也。

欲望一物，既为人情之所不能免，又为向外扩张的，其重要直与义理相等，故荀子尝云："理义之悦我心，犹刍豢之悦我口。"①彼主张我人对于欲望，须抱有一定之态度，无论为遏制或利导，总须有一办法，决不可听其自然，置之不顾。因人之欲多，故在上者得以定出赏罚之标准。墨家中有宋钘子其人者，以为人之情欲寡，荀子斥之曰：

> 然则亦以人之情，目不欲綦色，耳不欲綦声，口不欲綦味，鼻不欲綦臭，形不欲綦佚，此五綦者，亦以人之情为不欲乎？曰人之情欲是矣。曰若是，则说必不行矣，以人之情为欲此五綦而不欲多，是犹人之情为欲富贵不欲货也，好美而恶西施也。②

> 古之人……以人之情为欲多而不寡，故赏以富厚而罚以杀损也，是百王之所同也。……今子宋子以人之情，为欲寡而不欲多，然则先王以人之所不欲者赏，以人之所欲者罚耶？乱莫大焉！③

荀子之所以反对子宋子之言论者，在证明"人类每每设法以满足其欲望"一语之确实，人类有不知足一种天性，我人对于欲望，不必定加遏制，且亦不能办到，应加以相当之重视，不可忽略焉。

二欲望之祸害　荀子虽教人重视欲望，而于欲望所能产生之祸害，未尝不曾顾到；彼以为种种欲望，如耳目声色之好，虽均甚简单，俱足以产生极大之流弊：

---

① 《性恶》篇。
② 《正论》篇。
③ 同上。

> 今人之性，生而有好利焉，顺是故争夺生而辞让亡焉。生而有疾恶焉，顺是故残贼生而忠信亡焉。生而有耳目之欲有好声色焉，顺是故淫乱生而礼义文理亡焉。①

欲望所以能产生如是之罪恶，全由于不能节制之故，故荀子以为纵欲二字，系人生之大害：

> 天下害生纵欲，欲恶同物，欲多而物寡，寡则必争矣。②

盖人类欲望多而世间货物少，以有限之物供无餍之求，其不起争执，酿成天下之大乱也几希！昔慎子曰："一兔走，百人追之，积兔于市，过而不顾，非不欲兔，分定不可争也。"③亦犹此意也。故荀子又曰：

> 欲而不得则不能无求，求而无度量分界，则不能不争，争则乱，乱则穷。④

荀子虽主性恶之说，但其对于欲望之态度，则主张满足，附以限制，此其与老子绝欲之说，大不相同。试以其理论次序之先后言之，则当如下排列：（一）人性恶，（二）因性恶，故其欲望日渐扩张，设法以求其满足，（三）如无人力以限制之，则必起争端，为世乱之由。观其《性恶》篇原文自明。

> 夫薄愿厚，恶愿美，狭愿广，贫愿富，贱愿贵，苟无

---

① 《性恶》篇。
② 《富国》篇。
③ 今本阙据马氏意林引。
④ 同上。

之中者,必求于外;故富而不愿财,贵而不愿势,苟有之中者,必不及于外。用此观之,人之欲为善者,为性恶也。

我人所宜注意之处,即为荀子并不因主张性恶而采老子之绝欲说,惟其因人性恶而非善,故欲望虽不必完全遏制,亦不当听其为无量的发展。《性恶》篇又云:

> 从人之性,顺人之情,必出于争夺,合于犯分乱理而归于暴,故必将有师法之化,礼义之道,然后出于辞让,合于文理,而归于治。用此观之,然则人之性恶明矣,其善者伪也。

可知荀子以为欲望之为害,全因缺乏节制所致,欲望实有限制之必要;但亦不必废绝,我人能加以适当之限制,则物质方面享受甚多,欲望之祸害,无由发生,反可为我人所利用矣。荀子书中所云:如"君子乐得其道,小人乐得其欲,以道制欲,则乐而不乱……"①,"凡语治而待寡欲者,无以节欲而困于多欲者也"②,"心之所可中理,则欲虽多奚伤于治"③,皆在阐发此理也。

三节制欲望之方法　荀子既一再申言欲望之重要及其不可不节制之理由,我人所亟欲知悉者,为究用何种工具以防阻其流弊?荀子谓惟"礼"能使人限制其本人之欲望,不致与他人冲突。礼者,养之之谓,荀子自下一定义云:

> 礼者,养也,刍豢稻粱五味调香,所以养口,椒兰芬苾,所以养鼻也,雕琢刻镂黼黻之章,所以养目也,钟鼓管声

---

① 《乐论》篇。
② 《正名》篇。
③ 同上。

琴瑟竽笙，所以养耳也，疏房檖䫉越席床第几筵，所以养体也。故礼者，养也。①

彼之所谓礼，实即礼义，用以节欲者，为圣人所定，乃立教之本，系人为的，故与孟子所谓天赋者有别。有礼以后，个人乃不能本其利己之心，专以满足本人欲望为事，了无限制也。试绘图如下，以解释礼与欲望之关系：

```
         货物及其他一切货物上设施
                ↑
                |      ↑礼
         礼←————+
                |
                ↓
            个人之欲望
```

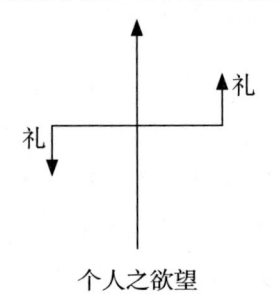

试观其原文所云，礼之功效为：

  礼者，断长续短，损有余，益不足；达爱敬之文，而滋成行义之美者也。②
  论养人之欲，给人之求，使欲必不能穷乎物，物必不屈于欲，两者相持而长，是礼之所由起也。③

可知礼之为物，实处于物质与欲望之间，其功效一方面使个人不能尽量满足其本人之欲望，同时更能使人类欲望有较适宜之满足，

---

① 《礼论》篇。
② 同上。
③ 同上。

调剂其间，使双方不致失其均平（equilibrium），致产生种种罪恶。

礼不但为消极的，且为积极的，固能节制欲望，亦能保障他人，使其满足本人之欲望较易。例如某甲贫无立锥之地，为求满足其欲望起见，意欲抢劫某乙，然卒为礼所限制，不愿实行，是某甲于货物不能接近，其欲望亦无由满足也。自某乙一方面而言之，正赖有礼之保障，其产业得不被侵犯，按照荀子之主张言之，则某甲之不法举动，因世间财富太少之故，使人人所得之财富丰，则即使社会上无"礼"之一物，亦决不能发生争乱之情形也。

第四节　富国政策

荀子之经济思想，处处皆以国民为主体，彼所主张之一切经济设施，皆以增加人民幸福为前提，其富国政策，实为代政府划策之一种条陈。荀子为儒家重要份子，故其讨论之中心点，亦与孔孟同，孔子以为民富则政府亦富，其"百姓足，君孰与不足；百姓不足，君孰与足"一语，后世奉为圭臬，荀子之经济政策，亦以下列四字为基础：

王者富民 [①]

可知言经济改善，首重民生，乃儒家思想之一重要特点。

持荀子理论与孟子学说相较，更属近似，试观下列二段原文可知：

民为贵，社稷次之，君为轻。[②]

---

① 《王制》篇。
② 《孟子》。

> 天之生民，非为君也；天之立君，以为民也。故古者列地建国，非以贵诸侯而已；列官职，差爵禄，非以尊大夫而已。①

其思想既有重民一种情形，则其关于民生问题上之主张，当然极有研究之价值；若细加解析，则荀子之富民政策，实包括有下列各项之重要设施：

（甲）阶级之分。荀子之所谓礼者，亦含有"明分"一义，盖谓政府当将人民之阶级，严为划分，使人人各安其业，各发展其材能。能如是则各人能将其欲望满足至适当程度，社会既不致有争执现象，则政府举办各事亦易，此系调剂欲望之一种手段，亦荀子所认为极重要之一点也。

> 富有天下，是人情之所同欲也，然而从人之欲则势不能容，物不能赡也。故先王案为之制礼，使有贵贱之等，长幼之差，知愚能不能之分，皆使人载其事而各得其宜，然后使悫禄多少厚薄之分。②

今试举例以说明之，设某工厂有工人若干，其中半数曾受工业上之专门训练，其余仅能胜任粗拙之工作，若雇主不为之划分等级，一律付以同样之工资，于理岂得谓平！依荀子言，当严加区别，按级付资，以免争执，若皆付以极高之工资，则雇主损失，未免过巨，所谓"物不能赡"是也。

> 两贵之不能相争，两贱之不能相使，是天数也。位齐

---

① 《大略》篇。
② 《荣辱》篇。

而欲恶同，物不能赡则必争，争则乱，乱则穷矣。①

分阶级之大利，在弭止人群之争执，隶属于何级，则应作之事为何？酬报应有若干？皆有一定，无谓之争执，俱可免除矣。

荀子不但主张男女有长卑之别，且依社会上职业之异同，划分为农士工商等数级，故《王制》篇云："君君臣臣，父父子子，兄兄弟弟，一也；农农士士，工工商商，一也。"彼谓贫富亦系二种阶级，在《礼论》篇中曾有："贵贱有等，长幼有序，贫富轻重，皆有称者焉"之词。其在《富国》篇中，更主张政府应规定贫富之弁服，彼盖以为阶级上之划定，不但不与合群一义，无所冲突，反能使合群力较坚；彼之分工理论，亦由此演绎而来。

（乙）须分工专业。自经济方面言之，实行阶级制度之办法为分工，使人民自择其专精之一项业务担任之，工作分配既毕，则社会上自有无数阶级成立，隶属于某一阶级后，则当安其本分，不应见异思迁，另作他事，盖工作切忌分心也。

> 好稼者众矣，而后稷独传者，壹也；好乐者众矣，而夔独传者，壹也，……自古及今，未尝有两而能精者也。②

此处之"壹"，即专任一种工作之意；此处之"两"，即同时作多种工作之意。

然则何以必须分工？我人何以不能任意择业？荀子答此问题，举理由凡二：一为各人均有擅长之点，不可强作己所不擅之事务：

> 相高下，视硗肥，序五种，君子不如农人。通财货，相美恶，辩贵贱，君子不如商人。设规矩，陈绳墨，便备用，

---

① 《王制》篇。
② 《解蔽》篇。

君子不如工人。①

二为各人之经济不同：

> 人积耨耕而为农夫，积斫削而为工匠，积贩货而为商贾，……积靡使然也。②

职是之故，工乃不可不分；工不分或分而兼作他事，则不能精。

所宜注意者，则荀子在《王霸》篇所言，颇近"一工作划分为数部分"之分工真理，合于近世经济学原理，惜浅尝即止，乏精深之研究，荀子分工理论，究尚逊墨子一筹也。

（丙）重农。孔孟皆主重农，荀子亦有同样主张，其论调与孟子如出一辙，所不同者，则为井田制度一层，不曾述及耳。重农方面，荀子主张政府对于国中农业，加以积极的提倡，如草木六畜加以保护，划分四时，导民工作，皆是也。其言曰：

> 故养长时则六畜育，杀生时则草木殖……圣王之制也。草木荣华繁殖之时，则斧斤不入山林，不夭其生，不绝其长也。鼋鼍鱼鳖鳅鳝孕别之时，罔罟毒药不入泽，不夭其生，不绝其长也。春耕夏耘，秋收冬藏，四者不失时，故五谷不绝而百姓有余食也。污池渊沼川泽，谨其时节，故鱼鳖优多而百姓有余用也。斩伐养长，不失其时，故山林不尽，而百姓有余材也。③

此与孟子对梁惠王语，完全无二致，惟在同篇中，彼代政府拟

---

① 《儒效》篇。
② 同上。
③ 《王制》篇。

定一职务分配表，为孟子所无，兹将该表胪列如下：

政府官员提倡农业之职务 ┌ 一司空之事——修堤坊，通沟浍，行水潦，安水藏，以时决塞，岁虽岁败水旱，使民有所耕艾。
　　　　　　　　　　　├ 二治田之事——相高下，视肥墝，序五种，省农功，谨富藏，以时慎备，使农夫朴力而寡能。
　　　　　　　　　　　├ 三虞师之事——修火宪，养山林，薮泽草木鱼鳖。百索以时禁发，使国家足用，而财物不缺。
　　　　　　　　　　　└ 四乡师之事——顺州里，定廛宅，养六畜，开树艺，劝教化，趋孝悌，以时敬修，使百姓顺命，安乐处乡。

其分配颇见适当，然我人须知此亦非荀子所首倡，《周礼》中早有此项记载，而周公旦之理想，且曾见诸实行也。

（丁）兴商。荀子在《富国》篇中，论国贫之原因，"工商众"为其中之一，似颇有轻商之意，实则此处荀子乃在发挥儒家"生之者众，食之者寡，为之者疾，用之者舒"，数语。简单言之，盖谓国人皆当致力于生产事业，政府宜知节俭，更不夺民时之意，倘若国中生产事业，只有工商二界，而缺农业界，足致国家贫弱，并非谓工商业愈发达，足使国家愈贫弱也。况书中他处更详言商业之利益，可知荀子并不轻视商业也。

荀子不但重商，且能洞悉自由贸易之利益，书中有一段极警策之言论如下：

北海则有走马吠犬焉，然而中国得而蓄使之。南海则有羽翮齿革曾青丹干焉，然而中国得而财之。东海有紫紶鱼盐焉，然而中国得而衣食之。西海则有皮革文旄焉，然而中国得而用之。故泽人足乎木，山人足乎鱼，农夫不斲削不陶冶而足械用，工贾不耕田而足菽粟。故虎豹为猛矣，然君子剥而用之。故天之所覆，地之所载，莫不尽其美，致其用,上以饰贤良,下以养百姓。而安乐之,是之谓大神。①

此极言商业对于国家之紧要,已近法家论调,而为孔孟所未曾提及者。缘荀子时代,已较二人为晚,其时经济组织渐趋复杂,商业效用,亦较往昔为显著,时代既异,宜其理论之不同也。

商业者,不过为交换之变相,欲他处供给我以货物,非有物与之交换不可,荀子盖主张国人宜尽量利用自然界,以求其出产品之增加,再以此项出产品与他处交易。昔西洋重商派创始者意大利西拉氏(Serra)尝著有:《如何使缺乏矿产之国家富有金银》一书,其用意与荀子实相同。又古人称商业曰货殖,称商品曰货财,或货贿,荀子云:"……务本事,积财物,而勿忘栖迟薛越也,是使群臣百姓,皆以制度行则财积,国家按自富矣"②,此处之所谓本事,当指农业言,财物即商品也,我国思想家每以食货二者并提,此即其例,荀子主张国民之积财,此层主张,亦与英国重商主义之原理同。

荀子论薄敛,对于商业阶级,尤主轻税(详见下文),彼又主张商贾应诚实无诈,所谓"敦悫无诈"③是也,凡此种种,足以代表荀子对于商业及商人之态度。

(戊)开发国家利源。荀子既深信兴商须开发国家利源,故书中所举办法特多,彼之富国政策,实以下语为全篇之主脑:

用国者得百姓之力者富。④

此语意义,为利用人民之力量,以与自然界抵抗,使国家臻富强之境也。彼所主张之"薄敛""分工"等各项设施,在在以"增

---

① 《王制》篇。
② 《王制》篇。
③ 《王霸》篇。
④ 同上。

加人民力量"为目标，近世西洋经济家之所谓"利用劳力说"（Utilization of Human Power）是也，荀子谓用民力开发利源，以不悖乎下列二种原则为限：

一、实业须由国民自办，政府仅居扶助督责之地位，切忌与人民争利。

政府振兴实业，以与人民争利，为儒家所深戒，荀子言之尤见详尽。所谓"以政裕民"之办法如下：

> 量地而立国，计利而畜民，度分而授事，使民必胜事，事必出利，利足以生民，皆使衣食百用，出入相掩，必时藏余，谓之称数。故自天子通于庶人，事无大小多少，由是推之，故曰朝无幸位，民无幸生，此之谓也……夫是之谓以政裕民。①

可知荀子思想依然不脱儒家"因民之所利而利之"之口吻，其对于与民争利之国君及政府，则大声疾呼，痛斥其非：

> 从士以上，皆羞利而不与民争业，乐分施而耻积臧，然故民不困财……上好羞（羞贫）则民暗饰矣，上好富则民死利矣，二者，乱之衢也。②

或有生疑问，倘国中实业全由人民经营，则人民虽富，政府将致贫乏，则奈何？荀子则谓人民富，政府亦随之而富，如人民贫则政府亦随之而贫，故富国须先从富民做起，其言曰：

> 下贫则上贫，下富则上富，故田野县鄙者，财之本也，

---

① 《富国》篇。
② 《大略》篇。

垣窌仓廪者，财之末也。……潢然使天下必有余，而上不忧不足，如是则上下俱富。①

王先谦《集解》云："垣，作墙四周以藏谷也，窌，窖也，掘地藏谷也。"可知垣窌仓廪，乃指政府牟利而言，系末而非本。《富国》篇此段，如易以他词，即孔子所云："百姓足，君孰与不足，百姓不足，君孰与足"之意，儒家所奉为金科玉律者也。

二、但有时人民或不能举办，或办而乏成效，则政府有扶助之必要。

荀子既深信"上好利则国贫"②一理，并非谓政府对于国民之工商业，完全不加顾问，取极端之放任政策，故其在《富国》篇中更有下列数语：

……百姓时和，货业得聚者，货之源也。等赋府库者，货之流也。故明主必谨养其和，节其流，开其源，而时斟酌焉。③

乃知荀子亦认开利源为政府之本分，但其目的在扶助人民，不以赢利为目标也。

（己）节用。荀子所用之语"开源节流"四字，国人沿用已数千年，开源自指开发利源而言，节流乃节俭之意，荀子主张政府当节俭，此为消极的富国法，且可免却厚敛一弊，其言曰：

强本节用，则天不能贫……本荒而用侈，则天不能使

---

① 《富国》篇。
② 同上。
③ 同上。

之富。①

不知节用裕民则民贫，民贫则田瘠以秽，田瘠以秽则出实不半，上虽好取侵夺，犹将获寡也。②

又不但政府方面如此，于个人何独不然，惟俭约可以免穷困：

人之情，食欲有刍豢，……是人之情也。今人之生也，方知蓄鸡狗猪彘，又蓄牛羊，然而食不敢有酒肉；余刀布，有囷窌，然而衣不敢有丝帛；约者有筐箧之藏，然而行不敢有舆马，是何也？非不欲也，几不长虑顾后，而恐无以继之故也。……今夫偷生浅知之属，曾此而不知也，粮食太侈，不顾其后，俄则屈安穷矣，是其所以不免于冻饿，操瓢囊为沟壑中瘠者也。况夫先王之道，仁义之统，诗书礼乐之分乎，彼固天下之大虑也，将为天下生民之属，长虑顾后而保万世也。③

盖个人之财力，无论若何充足，用度如不加节制，将终有竭蹶之一日也。

我国先秦思想家，几于一致主俭，主节用，然其中亦颇多出入，如荀子与墨子俱主节用，荀子反对墨子节用论云："我以墨子之节用也，则使天下贫……故墨术诚行，则天下尚俭而弥贫，……"④盖墨子之节用论，完全从物质上立论，以利用问题为中心，而荀子认人和为尤要，以为有礼后，人类欲望方能节制，达节用之目的，不言礼而专言俭，反致国家贫弱。质言之，二人节用论之异点，在重

---

① 《天论》篇。
② 《富国》篇。
③ 《荣辱》篇。
④ 《富国》篇。

礼与不重礼之分也。

又我人研究中国经济思想，不能专就一点上着眼，遽谓某某二人经济思想主张相同，为同一派别云云，要知只论此一点，双方主张或系一致，不知其他各方面，二人主张，或大相径庭也。今即以荀子之节用论为例，荀子尝云：

> 恭俭者，偋五兵也。虽有戈矛之利，不如恭俭之利也。①
> 其百吏肃然，莫不恭俭敦敬忠信而不楛，古之吏也。②

与老子所云：

> 我有三宝，持而宝之……二曰俭。③

如出自一人之口，我人宁能谓二人之经济思想，出自同一宗派乎！

（庚）轻税。儒家对于掊克聚敛之臣，最所深恶痛绝，孔孟曾子诸人之言论，前已详述之，荀子言论之激烈，正不亚于孔孟也。试观下文，可以知之：

> 修礼者王，为政者强，取民者安，聚敛者亡，故王者富民，霸者富士，仅存之国富大夫，亡国富筐箧，实府库，府库已实而百姓贫，是之谓上溢而下漏，入不可以守，出不可以战，则倾覆灭亡可待而至也。故我聚之以亡，敌得之以强，聚敛者召寇肥敌，亡国危身之道也，故明君不蹈也。④

---

① 《荣辱》篇。
② 《强国》篇。
③ 《道德经》第六十七章。
④ 《王制》篇。

以厚敛为亡国之征，何其言之沉痛也！

此处之"上溢而下漏"句，与《富国》篇中之"下贫则上贫，下富则上富"语，其义皆袭自《周易》损益二卦，财政不在聚敛而在散财，开源节流，以政裕民，方为正当办法，"蓄积并聚之于仓廪"[1]决非要务，惟"下臣事君以货"也。[2]

"轻田野之税，平关市之征"，此二语在荀子书中，所见不知凡几，其例如：

> 关市讥而不征，质律禁止而不偏，则商贾莫不敦悫而无诈矣。[3]

轻税后可使国中商贾诚实无诈，盖赋税重则人民不能不趋于狡诈巧避之一途，所苦者秉性忠实之国民耳，〔美国近年来之产业税（property tax）亦一殷鉴〕然则王者之政维何？曰：

> 田野什一，关市讥而不征，山林泽梁，以时禁发而不税。[4]

但在荀子之世，为人君者，惟以厚敛为事：

> 今之世则不然，厚刀布之敛，以夺之财，重田野之税，以夺之食，苛关市之征，以难其事。[5]

宜荀子之感慨万端，为人民作不平之鸣矣。

---

[1] 《王制》篇。
[2] 《大略》篇。
[3] 《王霸》篇。
[4] 《王制》篇。
[5] 《富国》篇。

（辛）经济与教育。我国儒家主先富后教之说，以为经济问题在教育问题之先，尤以孟子之说最为透彻，荀子之唯物观念亦极深，如云：

> 不富无以养民情，不教无以理民性，故家五亩宅，百亩田，务其业而勿夺其时，所以富之也。立大学，设庠序，修六体，明十教，所以道之也。诗云，饮之食之，教之诲之，王道具矣。①

盖好利为人心之所同，人民之衣食不给，则政教失其用，刑戮失其效，故执政者之第一步，当给与人民以产业，然因人心本恶，对于物质之满足，易起争执，故不能不施以教育，此与《论语·子路》篇中记冉有问："既富矣，又何加焉？曰教之"，《孟子·梁惠王》章"五亩之宅"一段，用意实完全相同也。

古代思想家中之具有经济眼光者，未必皆如孟荀之注重教育，如商子之所谓"民不贵学则愚，愚则无外交，无外交则民勉农而不偷，……则国安不殆。"②以愚民政策为上，非正论也。

第五节　荀子经济思想之价值

荀子在中国学术界之地位，虽受多人诽谤，但其经济思想自有其不磨之价值在。孔孟经济理论不多，有数处且略而不详，而荀子能放胆言之，补充不少，孔孟经济思想之精华，在富民政策，荀子秉守前训，一仍其旧，其论消耗及商业，则多为前人所未发者。

---

① 《大略》篇。
② 《垦令》篇。

例如孔孟于利字，有二种解释，对于国家之大利，并不讳言，以其态度之不甚显明，乃为后世腐儒断章截句，加以无数之附会，真意全失。及荀子出，直言利字之不必讳言，一方面又斥人之专务小利者为非，其言真能洞中肯要，而能了解孔孟之经济思想者也。独怪后之腐儒，崇儒家言，而于荀子书则不屑一顾，贻误后世学者，殆非浅鲜也。

荀子以为利乃人之所喜，毋庸讳言，苟有人宁取贫贱而舍富贵，矫揉造作，是为"诈伪"，谓之"奸人"，① 又曰：

> 义与利者，人之所两有也，虽尧舜不能去民之欲利。②

求利不但为人情之常，且为民德之一种：

> 以从俗为善，以财货为宝，以养生为己至道，是民德也。③

彼且以为君子与小人之分别，不在其"求利"与"不求利"之分别。乃在其求利之方法上，有所不同：

> ……好利恶害，是君子小人之所同也，若其所以求之之道则异矣。④

小人之求利，损害他人，有悖乎礼，君子之求利盖自大处着眼，荀子书中所论富民之各种政策，皆君子求利之方法也。

君子与小人之分，不但求利方法迥异，利获得后，君子能愈加

---

① 《不苟》篇。
② 《大略》篇。
③ 《儒效》篇。
④ 《荣辱》篇。

修德，孟子之所谓"虽富贵何加焉"，即指是辈而言。但小人得利后，则愈趋下流，有如下述者：

> 为事利争货财无辞让，果敢而振猛，贪而戾，悻悻然唯利之见，是贾盗之勇也。①

综上观之，荀子经济学理，颇能详孔孟之所略，其学说乃以孔孟学说为根据，而加以发挥者也。

荀子之经济思想以重民二字为基础，前文已详述，兹不赘，此其与西洋各国之经济学说，并无不合，例如在财政学中"利益说"（benefit theory），今已日就衰落，而"能力论"（ability theory）乃风行一时，谓非西方经济学家重民之证据乎。

近世崇墨贬儒者，辄谓墨子能了解劳工之真意义，而儒家则惟知谈空泛之仁义，于世无补云云：实则荀子固竭力主张用人力以利用自然界，以贯彻其富民政策者也。荀子之富民政策，如重农兴商等等，皆根据于"人定胜天"之说，谓荀子论劳工不及墨子之详尽则可，谓为轻视劳工一要素，非确言也。今引《荀子·天论》篇原文一段如下，以终此章：

> 大天而思之，孰与物畜而制之？从天而颂之，孰与制天命而用之？望时而待之，孰与应时而使之？因物而多之，孰与骋能而化之？思物而物之，孰与理物而勿失之也？愿于物之所以生，孰与有物之所以成？故错人而思天，则失万物之情。

---

① 《荣辱》篇。

第五章　儒家经济思想总评

儒家对于经济方面之言论，已逐一论述，其思想处处不脱中庸之色彩，是为儒家经济学说之大特色。均富则为彼辈主张之最后经济目标，不但可以代表彼等之目的，即数千年来中国历代之经济政策，亦无一不本此目标而行。上古时代采用之井田制度，商鞅之废除井田，① 以及汉后之名田限田均田等政策，无一非志在贯彻均富之主张，均富固为儒家所竭力提倡，然墨家法家农家等，其思想皆具有此种精神，荀子所谓"不足非天下之公患"，乃为儒家之重要信条，彼等所虑者，特为分配之"不均"耳，故分配问题，实为儒家所最注重者。

儒家虽以分配问题为重，然于消耗生产交易与财政问题亦皆论及。消耗问题，孔子、曾子、孟子、荀子，皆有论列，其中推荀子之议论，最为详细周密，儒家对于欲望，主张加以相当之限制，同时于欲望之重要与其满足之必要，亦认之。儒家之消耗论，可名之曰"节欲说"，所以有别于道家之绝欲说② 与纵欲说③ 也。儒家主节用，主俭，但不趋于极端。

关于生产问题，儒家于农、商、工三业，均所注重，惟所研究者，关于农业者较多，重商重工之议论，多用见《中庸》《孟子》《荀子》

---

① 亦系均富办法，参阅第六编论商鞅章。
② 老子。
③ 杨朱。

各书中，对于生产之工具，颇重视"人""土""财"三者，曾子特别提出，可为代表，当时学者，均希望本国人口之加多，不仅墨家法家为然，儒家亦系如此，孔子所云"庶哉"，以及孟子所对答梁惠王之论调，皆其例证。然儒家对于生产问题，究不若对于分配方面之注重。

交易方面，比较的讨论为少，如孟子所言"子不通功易事以羡补不足，则农有余粟，女有余布"云云，仅言交易之必需耳。关于贸易上详细之研究，盖阙如也。但荀子之商业理论，虽较法家所言为简略，然极有精彩，儒家对于货币学说之贡献，最为浅薄，实为缺憾。

儒家对于财政理论，最有贡献，学说之影响亦最大。儒家之财政学说，具有二大特点：一曰放任主义，此在任何儒家著述中，可寻出其主张之痕迹，"藏富于民"四字，为儒家之天经地义，官办营业，目之为与民争利，但求足民，不求聚财，儒家虽亦重理财，但如法家之干涉手段，则斥之为专务财用。二曰薄敛，孔曾孟荀皆主之，态度极为明显，儒家主足民，以为国民之生计解决，则财政不成问题，此项主张，影响亦深。

至于讨论经济事物之材料，比较的以荀子为最多，孟子次之，孔子、曾子又次之，子思为最少。荀子之富国政策，各方均顾到，所言亦较有系统。刘君秉麟之评论："孔子、墨子之言，均从消极方面讲，若荀子则以节用裕民，与富国并谈，其意义似乎更广"[①]，尤能得公正之旨。

儒家经济思想，自有其特长，其学说足使后世之暴君污吏稍敛其迹，不无成效。其思想上之流弊，皆缘于后世学者，将儒家学说，袭其枝节，曲解附会，不特将思想之本来面目，完全失去，且产生种种弊端焉。（如不谈利字轻商之类。）

---

① 武汉大学《社会科学研究》第一卷第一号《古代财政研究》篇。

[第四编] 道家

第一章　老子与中国经济思想

第一节　老子经济思想之影响

我人研究过去政治家及思想家之学说，知在中国古代典籍中实藏有不少精到之经济理论，然数千年来，我国经济思想奄奄无生气，直至今日犹不能自成为一种科学。此种消沉现象，实由于无数原因造成，简单言之，以下述二端最为重要：

（一）事实方面，我国经济发展之程序至迟缓，工业在今日，仍处幼稚时代中，大部分之经济生活，不脱工艺时代之色彩。至农业我国虽号称以农立国，实则衰落已久，谈不到发达二字，商业更毋庸深论，商界中人，历来多墨守成规，无所发展，在上者更复尽力压迫，阻其发展，汉武帝且有"市井子孙不得为官吏"之令，商业屡受此种打击，乃一蹶而不可复振，思想与制度原有至密切之关系，历来我国之经济组织既简单如此，自不能有精密之经济思想产生，此其主因也。

（二）思想方面所生之影响尤大，今日论我国经济思想历史者，多抨击儒家孔孟二人，几成为众矢之的，其实二人于欲望商业各问题，其议论多趋向于积极及建设一方面，中国经济理论进步之迟缓，与孔孟之思想，关系甚浅。以愚见所及，则此责宜由道家任之，就经济思想方面言之，该派之绝欲主张排斥工艺论调，此一类消极之思想，数千年来，深入人心，实为中国经济思想发展上之大障碍。老庄诸子，皆为我国经济思想史上之罪人,道家经济思想,虽无价值,仍须研究,即此之故。

第二节　老子之传略著述及其所用之方法

老子系春秋时代楚苦县厉乡曲仁里人,姓李名耳,聃者其字也。据史记所载,曾作周之柱下史,及周衰乃引去,著《道德经》五千余言,传诸后世,其生死年月不明,要之系隐君子,以修道德为能,故后之太史公为作列传,称其以"自隐无名为务"云。

老子之著述甚简洁,明李于鳞氏评之,谓:"文字少而意义多",其佳点在此,其弊端亦在此。其佳处在思想有线索及系统,文字一气呵成,前后遥遥相呼应,矛盾之处,殊不多见;其弊端在缺乏事实上之证据,所有理论,不设丝毫之限制(qualification)与例外,殊为危险,凡此种种,皆为使用演绎方法者所共有,初不止老子一人为然也。

第三节　老子经济思想之哲学根据

老子之经济思想,带有消极厌世理想嫉俗等色彩,盖无一不与经济思想进步发展之途径,背道而驰,其经济思想有其哲学为基础,犹西儒孟德斯鸠(Montesquieu)、洛克(Locke)诸人之经济理论,殆无不自有哲学为根据也。

老子经济思想之哲学根据凡四:(甲)静寂态度,(乙)自然主义,(丙)唯心观念,(丁)绝对眼光。

(甲)静寂态度(quietism)老子哲学,以无为为主,认所谓道者，为宇宙根源，能包含万物，更信仰以柔克刚之说，谓静能成功，争则失败，书中引水为喻，其言曰：

> 上善若水，水善利万物而不争，处众人之所恶，故几于道。居善地，心善渊，与善仁，言善信，正善治，事善能，动善时，夫不争，故无尤。（八章）

其譬喻甚确切，老子盖鉴于当世之诸侯跋扈，王权渐衰，战祸不息，民无宁日，遂发此论，以图矫正人心风俗。然此种静寂态度，小之驱个人入于清静无为之境，造成若干社会之蠹，大之养成国民一种苟且状况，使社会入于一停顿之状态中。西洋思想家，远若亚丹·斯密斯（Adam Smith）近若休穆勒（G.Schmoeller）之流，著书立说，无非教人进取，劝人取抵抗奋斗之态度，而老子乃不认人类有创造能力，教人保守，"不敢为天下先"，其态度之得失为何如！

今再引老子原文数段以释其本人之哲学：

> 江海所以能为百谷王者，以其善下之，故能为百谷王。是以圣人欲上民，必以言下之。欲先民，必以身后之。是以圣人处上而民不重处前而民不害，是以天下乐推而不厌，以其不争，故天下莫能与之争。（六十六章）

末二句更见于第二十二章中，以其意之未尽也，更在七十六章云：

> ……坚强者死之徒，柔弱者生之徒；是以兵强则灭，木强则折，强大处下，柔弱处上。

此章用意，在警戒世之穷兵黩武者，显而易见。然其结果后世之兵祸，未尝因之而减少，避强趋弱之说，反为国人所乐闻，经济学在改善人类间彼此之关系，亦使人类增加其支配自然界之能力，此其与老子之哲学起点，先已不相容纳矣。

（乙）自然主义（naturalism）老子愤世嫉俗，于当时政治之黑暗腐败，固表示不满，即儒家所倡之一切仁义礼智，亦皆一律抨击，认社会现象为无意识的，欲求脱离此种痛苦，惟以返乎璞真为归入于自然之状态，故曰：

> 夫物芸芸，各须归其根，归根曰静，是谓复命，复命曰常，知常曰明，不知常亡作凶。（十六章）

此种论调，与希腊淡泊主义派（stoics）议论绝似，该派学者，尝倡论谓具有上等智慧之人，宜服从自然律，此为获得幸福之唯一方法。然其说不若老子之激烈，老子且根本主张推翻道德，以为奸伪之风若是其盛者，因作恶小人借此礼法为护身符，以济其奸，故道德法律一切，不但无益于世，且足以戕害人群之纯朴性，此"大道废，有仁义，慧知出，有大伪"（十八章）一语之所由来也。其说与西儒卢骚（J.J.Rousseau）之言，若合符节。

然则究用何种方法，可使人民归于自然乎？老子之意，则谓只须取消政府之阻挠力，则人类自能返乎自然之状态中，故云：

> 民莫之令而自均。（三十二章）
> 人法地，地法天，天法道，道法自然。（二十五章）
> 我无为而民自化，我好静而民自正，我无事而民自朴。（五十七章）

彼盖以为治国者宜"不为"，任何政府皆不当"为"，否则大乱随之。此其原因，盖"天之道损有余而补不足，人之道则不然，损不足以奉有余"（七十七章），故我人当循自然律，一切以无为为主，"……为之于未有，治之于未乱……以辅万物之自然，而不

敢为。"（六十四章）

老子之以为恢复自然状况全在无为，此说与其静寂主义相联络，渠以为人类本在"辅万物之自然"，切忌有为，论富世之乱源，其不能返复自然之原因，皆因在上者有为之故。故曰：

> 天之神器，不可为也，不可执也，为者败之，执者失之。（二十九章）

若强为之，必致生乱：

> 民之难治，以其上之有为。（七十五章）
> 其政闷闷，其民淳淳，其政察察，其民缺缺。（五十六章）

奚侗云："以闷闷为政，则天下浑其心而民德醇醇"，换词言之，若以无为为治，则天下自然能治，此说与自然律不能分离也。

（丙）唯心观念（idealism）老子系一唯心论者，其哲学偏向于柔的一方面，其宇宙论以道为主体，道系无为，导人入于自然境界，引人向精神生活走去，而抛却物质上之享受。渠于物质文明，排斥不遗余力，观其一方面劝人"见素抱朴，少私寡欲"（十九章），一方面又竭力攻击世之拥有资产者，且以之比为盗竽，可见其态度之一班矣。如云：

> 服文采，带利剑，厌饮食，财货有余，是谓盗竽！（五十三章）

又云：

> 五色令人目盲，五音令人耳聋，五味令人口爽，驰骋田猎令人心发狂，难得之货令人行妨。（十二章）

彼以物质文明之害处，暴露于天下，而示人以脱离痛苦之新途径，老子经济思想之任何部分，皆不脱此特点。按物质文明诚能酿成不少流弊及罪恶，若老子所云，或属有激而发，其说亦自有其立足之点，后之袭其说者，变本加厉，视经济事物为不屑研究，以物质上进步为背乎先儒之至理，流毒所及，致造成一贫困之国家，艰窘之社会，处此等情形之下，而欲希冀中国经济思想之突飞猛进，经济组织之精密完善，不亦惧乎！

（丁）绝对眼光（absolutism）老子之哲学为绝对的而非相对的，渠之所谓"道"，系属抽象性质，道之为物，"玄之又玄，众妙之门"（一章），并无形质，历万世而无变化，不因时间地点或世事之变更，而遂失其丝毫之效力，假定本人言论，为天下至理，无物可以更动或牵制之，如云：

道，冲而用之，渊兮似万物之宗。（四章）

夫道既为万物之宗，则无论人事变迁至如何地步，道必可对症发药，治愈当世之大病，天道决不能更改，有所迁就也。

天道恢恢，疏而不失。（七十三章）
天之道，其犹张弓与。高者抑之，下者举之，有余者损之。（七十七章）

此一类论调，书中尚多，皆证明人道宜遵天道，其心目中绝无相对观念存在之余地，近世社会科学家，喜论经济现象变化之法则，盖与老子之眼光恰相反也。

第四节　老子经济思想之内容

老子之经济思想,全以此四大哲学根据为出发点,其议论甚简单,但极透彻。于人类欲望,则主张完全禁绝。于个人生活则崇俭斥奢。以官吏过多,为当世之乱源。认工艺发展,为人民浮华之根由。

老子之欲望理论,为极端的绝欲(即去欲)主义,近世西洋经济学家,详言欲望之重要,主张任其发展,同时更研究满足欲望之各项方法,此种态度与绝欲主义背道而驰,自不待论;即言儒家之节欲主张,以为"背道"与"非义"之欲望,宜加禁绝,其余合理者任其扩张,荀子且谓欲望为人情之所不能免,此说亦与老子议论不同。老子盖以为欲望非良物,直宜根本铲除,完全遏制其发生,此层若不能办到,则我人永不能返乎自然。故儒家仅曰:

> 君子食无求饱,居无求安,可谓好学也已。①
>
> 饭蔬食饮水,曲肱而枕之,乐亦在其中矣;不义而富且贵,于我如浮云。②
>
> 养心莫善于寡欲。其为人也寡欲,虽有不存焉者寡矣。其为人也多欲,虽有存焉者寡矣。③
>
> 口之于味也,有同嗜焉;耳之于声也,有同听焉;目之于色也,有同美焉。……故理义之悦我心,犹刍豢之悦我口。④

老子则直言欲望之害,谓皆当在摒除之列:

---

① 《论语》。
② 《论语》。
③ 《孟子》。
④ 同上。

五色令人目盲，五音令人耳聋，五味令人口爽，驰骋田猎令人心发狂，难得之货令人行妨。（十二章）

夫目之于色，音之于耳，以及车马声色之好，为人生最简单之欲望，我国多数先哲，初未加以反对，例如孟子只谓如能与民同乐，国君亦不妨满足其私人之欲望。良以欲望为人类所共有，有则不能不设法以满足之，"如何满足欲望？"为我人研究经济学之动机，亦为近世物质文明进步之来由，老子所云，近于因噎废食，汉代黄老学盛行，中国经济思想史受一大打击，何莫非此阶之厉也。

老子既慎重申述欲望之害，更论遏制欲望之办法，以"知足"二字为制欲之利器：

知足者富。（三十三章）

知足不辱，知止不殆。（四十四章）

圣人欲不欲，不贵难得之货。（六十四章）

不贵难得之货，使民不为盗。（三章）

罪莫大于可欲，祸莫大于不知足，咎莫大于欲得，故知足之足常足矣。（四十六章）

名与身，孰亲？身与货，孰多？得与亡，孰病？是故甚爱必大费，多藏必厚亡，知足不辱，知止不殆，可以长久。（四十四章）

此外书中可引证之处，正复不少，彼盖以谓知足可绝欲，绝欲可使人归于自然，达到"无为而治"之境界；故个人方面，端在"无欲以观其妙"（一章），政府之责任为助民绝欲，其言曰：

不见可欲，使民心不乱。是以圣人之治，虚其心，实其腹，弱其志，强其骨，常使民无知无欲。（三章）

关于欲望一层，道家思想与儒家思想，表面上若相同，而内容则大有程度上之差别，儒家所主者为节欲主张，以限制不良欲望之生长为提倡，道家所主者为绝欲主张，其所异于后来之儒家者，在不加分别欲望之善恶，而欲一概推翻之。二者比较，当然以儒家学说，较为完美，而后人之评论，大都不以孔孟欲望说为然，不知其祸首固属老子也。其实老子之理想国，如果实现，我人势必返为三皇以上石斧革衣茹毛饮血之民，然在此种原始社会中，各种最简单之欲望，仍不能完全废绝，则老子之绝欲主张，终不过为一种不能达到之理想而已。

次论老子对于奢俭之言论，彼极端主张俭朴，故云："圣人去甚去奢去泰"（二十九章），又曰："治人事天莫若啬，夫唯啬，是谓早服。"（五十九章）上章系指物质上之享受而言，下章则涉及精神与智识方面。又曰：

> 我有三宝，持而宝之，一曰慈，二曰俭，三曰不敢为天下先。（六十七章）

此为全书之主脑，为至重要之一部分，我人所宜注意者，为老子之主张极端节俭，儒家之所云："与其奢也宁俭"，"如有周公之才之美，使骄且吝，其余不足观也已"①，此一种适中之论调，远较道家之思想为和平，不如老子思想之趋于极端，此二派学说之又一异点也。

按俭字可作两种解释：（甲）我人平时节用，以现在消耗，展期作为将来消耗，储蓄其所节省者，作为生产上之用途，能免却无数浪费，不致损伤国民经济能力，此种节俭，我人不但不加反对，

---

① 均见《论语》。

且当尽力提倡。（乙）第二种即孔子之所谓吝，专惜小费，昧于大体，即俗所谓守财虏者，不免流入于鄙吝一途，于其本人无丝毫利益，于社会方面，反缺少一部分资本，此种举动实足以阻碍国民生产事业之进步，祸害甚深。老子之论俭，只寥寥三数语，固未尝详言俭之性质，然老子既重"无为而治""返乎自然""见素抱朴少私寡欲"，则其所谓俭者，乃属消极的，而非建设的，必不能作第一种解释也。可知老子之所谓俭，近于西文中之 misery 一字，若作 economy 解，失之远矣。

第三点曰世乱之由。老子谓倘若政府官吏人数过多，或人少而薪巨，俸禄大，则人民之担负过重，国家将益难治，故云：

> 天下有道，却走马以粪，天下无道，戎马生于郊。
> （四十六章）
> 民之饥，以其上食税者之多，是以饥。（七十五章）

老子此言，颇中肯要，盖损下益上之情形，往往足以驱人民入于贫困之一途，此数语移诸路易十四时代之法兰西，形容该时情形，亦觉其确切不移，一字不必易也。

第四点曰工艺问题。老子既以物质文明之进步，为造成罪恶之原因，其对于国内工商各业，当然力加反对，不愿在上者之有所提倡，试观其五十七章所云：

> 以正治国，以奇用兵，以无事取天下，吾何以知其然哉！以此天下多忌讳而民弥贫，民多利器，国家滋昏；人多伎巧，奇物滋起，法令滋彰，盗贼多有。故圣人云：我无为而民自化，我好静而民自正，我无事而民自富，我无欲而民自朴。

此章中流弊最深者，厥为"奇物滋起"及"我无事而民自富"二语。老子心目中之所谓"奇物"，自系指一切物质上之设施而言，后世儒者，见有人论及本国之工业，即摭拾老子陈说，斥为"奇技淫巧"；偶见西洋各国工业上有所新发明，则目之为"夷狄奇物"。更以为政府对于工业，尽可不必提倡振兴，任其自然，而人民自能富有，此种谬见，数千年来，深入人心，牢不可破，直至清季尚为一部分儒者所奉为金科玉律，《道德经》一书，诚非工艺专著，然事实往往为思想所左右，此类论调，实为我国历代工业进步之一重大障碍，学者不可不察也。

第五节　总评

老子经济思想，一以朴真为本，教人返乎自然，此种议论，在西洋经济思想史中，实亦数见不鲜。在昔罗马之哲学家，愤世嫉俗，亦尝著书立说，掊击本人所处之社会环境，而于人民之奢靡纵欲，尤为痛心疾首，主张恢复昔日简单之生活，彼等唯一之口号，为"回复自然"一语，与老子学说，皆为时代背景之出产物也。迨十八世纪初，法国重农派经济家，倡自然哲学，谓万物宜就其自然，故彼等倡有放任主义，反对政府干涉国民之工商业，此其结论，与老子所得者似同实异。双方学说尚有一绝大不同之处，重农派经济家，虽信仰自然律，而于土地利息租税等经济制度之重要，认识甚明，不惟不加排斥，且有极详尽之批评与提议，故在当时法国，颇不乏精审之经济学说，开后来亚丹·斯密斯思想之先河，老子之眼光仅向过去及后方观察，从消极及厌世一层着眼，学说流传至今，未能引人完全跳出物质环境之范围，反导人入于保守停顿之状态中，此种言论之影响，与重农派思想之效果相较，盖适得其反也。

何以言老子眼光之只及过去，不涉将来？倾向消极而不及建设？盖彼理想中之境界，并非为一组织周密之社会，文化丰盛之国家，乃为一太古纯朴之社会，生活简单之国家如下述者：

> 小国寡民，使民有什伯之器物而不用，使民重死而不远徙。虽有舟舆，无所乘之，虽有甲兵，无所陈之。使人复结绳而用之，甘其食，美其服，安其居，乐其俗；邻国相望，鸡犬之音相闻，民至老死不相往来。（八十章）

此理想之潜伏势力殊伟，后来之经济思想家，受老子影响，眼光为过去事实所蔽，论经济事物，一切惟古是尚，有深远创造之眼光者殊尠，经济思想进步之迟缓，此亦一重要原因，事实之可以为证者，多至不胜枚举，例如：

（一）近数百年来，中国之思想家多重农业，研究工商二种事业者比较的为少，即历朝诏旨，亦多以重农为尚，清代康熙、雍正、乾隆各朝，尤谆谆以农业为提倡，每论国本，惟知重农。其故则因农业在中国发达较工商业为早，中国经济史之初期，即专与农业为缘，先入为主，国人乃群移其眼光于农业矣，此国人重过去忽现在之一例也。

（二）今日工厂内之童工制度，流弊甚深，人所共知。以童工与成年工人比较，则童工之工资较低，其工作之效率较小，成年之工人工资较高，工作之效率较大；一般雇主，宁可贪现在之小利，雇用童工，至于将来由于效率之低微，因而影响及于出产品，就长时期而言，招收童工，是否合算，不遑顾及也。再就工人每日工作之时间言之，在中国劳工阶级，每日作工时间，平均皆在十二三小时左右，或竟过之，雇主之心理，以为工人作工时间愈长，则出产品数量愈多，获利亦愈厚，不知时间过长，工作效率递减，疲倦情形（fatique），势所不免，以长时期而论，反不若将时间减少使效率加大，其结果较为合算，此国人重现在忽将来之另一例也。

（三）中国之利息率，远较欧美各国为高，闻在北方下等社会，向人借贷五十元，月须付利息四元，在山西农民借款，有按年利五分行息者，上海金融紧张时，银拆暗盘，且有涨至一两五钱者，他处利息率，或竟更高于此，其害何可胜言。此种现象，固由于资本缺乏之所致，然其主要原因，实由于国人重现在忽将来之所致，在中国资本之现在的利用，较将来的利用为大，在目前需要资本甚急，而不顾未来，致产生此项现象，[①]此国人重现在忽将来之又一例也。

总之，以过去与现在较，则国人重过去而忽现在，以现在与将来较，则国人重现在而忽将来，盖食老子消极学说之赐也。若罗马经济思想，诚与老子学说趋向相同，然经重商重农等主义盛行，其理论已不能得世人之信仰，至老子之学说，虽为儒法诸家所不容，顾未能鞭辟入里，将其思想之关于经济一部分者，指出其谬误所在，以校正世人之经济眼光，谬说相传，历久不察，谓非中国经济思想史之不幸，其可得哉！

[①] 利息率与时间之关系，读者可参阅巴维克所著之《资本正论》一书（Böhm Bawerk, *Positive Theory of Capital*）。

第二章　列子与中国经济思想

　　列子名御寇，郑人，列其姓也。居郑国四十年，人无识者，初师壶丘子林，又师老商氏及伯高子，其学说一以道家为宗，虚静无为，求合于道，今所传有《列子》二卷，计《天瑞》《黄帝》《周穆王》《仲尼》《汤问》《力命》《杨朱》《说符》八篇，书中杂有杨朱、庄子等人思想，或为后人所窜入者欤？此书系属伪书，非完全出自一人手笔，自无疑义。列子生平事实，都不可考，亦不见于《史记》，书中经济思想不多，惟该书系道家重要著述之一，我人当注意其所主张之人生观对于经济活动究能产生有何等之影响？按列子之人生观念，在中国社会甚盛行，颇能代表一般人之态度，故我人于列子亦不能置而不谈。

　　列子之人生观，共有三点：一曰重自然而贱人为，二曰信宿命而轻生死，三曰安贫贱而恶嗜欲。

　　列子学说，一本老子无为之教，信仰自然律，以为一涉人工，便损其自然之朴，动莫如静，取与皆所不必。其《天瑞》篇曰："非其名也，莫如静，莫如虚，静也虚也，得其居矣，取也与也，失其所矣。"此一极端的无为论调也。以其信仰自然定律，遂亦深信天然事物之万能，故其学说乃带有重农色彩，《天瑞》篇中更记列子之言：谓"天有时，地有利，吾盗天地之时利，云雨之滂润，山泽之产育，以生吾禾，殖吾稼，筑吾垣，建吾舍，陆盗禽兽，水盗鱼鳖，亡非盗也。"盖以为人类利用自然财富，苟顺乎自然，胸中一无私念，处处能知足，则无伤乎道德，盗不盗，不必辨也。列子对于一般采用自然界产物者，并不反对，于若辈利用自然势力之手艺生产，则极不赞成，宋人有以玉为楮叶者，可以乱真，列子评之，谓"圣人恃道化而不恃智巧"[1]，可见列子认自然界为生产要素，于工艺则在摒斥之列。[2]

宿命观念，在列子书中，尤见浓厚，以为生死有定，生未必乐，死未必悲，死于是者，或生于彼，今之死，或愈于昔之生。[3]故吾人理想之生活，当一切安乎天命，如北宫子之"衣其短褐，有狐貉之温，进其茙菽，有稻粱之味，庇其蓬室，若广厦之荫，乘其荜辂，若文轩之饰，终身逌然，不知荣辱之在彼在我"[4]。世间以苦乐荣辱，故营营扰扰，皆系不知安命，不能达观之人。列子以为世间苦乐，全为心境所造成，《周穆王》篇寓言，谓穆王遇幻人，引及其幻人之宫，构以金银，络以珠玉，耳目所观听，鼻口所纳尝，悉非人间所有，寤后，恍然自失者三月，乃悟故居与幻宫，皆非真物，觉其苦乐有别者，皆心之惑。在《力命》篇中，详述宿命之说，而论生死之无别，"生生死死，非物非我，皆命也"，吾人对于运命之态度，则当"默之成之，平之宁之，将之迎之"。

夫列子既深信"长乎性，成乎命"[5]之说矣，其于人生之嗜欲当然不主满足，而视贫贱一现象为不足忧，犹之荀子主人定胜天之说，故虽倡礼以节欲，同时亦承认欲望之重要与其不能不满足之理由也。列子书中，一则曰："贫者，士之常也，死者，人之终也。处常得终，当何忧哉。"[6]再则曰："死生自命也，贫穷自时也，怨夭折者，不

---

[1] 《说符》篇。
[2] 按此点可与《庄子·天地》篇论机械一段参阅，最可表出道家对于工艺之态度。
[3] 《天瑞》篇。
[4] 《力命》篇。
[5] 《黄帝》篇。
[6] 《天瑞》篇。

知命者也，怨贫穷者，不知时者也。"① 三则曰："农赴时商趋利，工追术，仕逐势，势使然也。然农有水旱，商有得失，工有成败，仕有遇否，命使然也。"② 是列子更以为社会上各阶级之活动，其能否获有良好之结果，全以天命为断，摒除嗜欲，不怨贫穷，取不抵抗态度，一切成败，付诸运命，列子之处世态度如此。

《列子》书中，数数述其理想的社会以写其寄托，《黄帝》篇中大意，黄帝即位在开始之十五年内，务以满足一己之欲望为能，然结果毫无所得，次十五年，乃为百姓出力，依然空劳心志，黄帝至是乃心灰意懒，于政事不复顾问；一日，昼夜寝，梦游华胥国，寤而恍然自觉，悔昔日之非，其后十八年，天下遂大治。至所谓华胥国者："其国无帅长，自然而已。其民无嗜欲，自无而已。不知乐生，不知恶死，故无夭殇。不知亲己，不知疏物，故无爱憎。不知背逆，不知向顺，故无利害。"此外《汤问》篇中，又记大禹治水之际，迷途而入终北国，此国："土地和，亡札厉，人性婉而从物，不竞不争，柔心而弱骨，不骄不忌，长幼侪居，不君不臣，男女杂游，不媒不聘，缘水而居，不耕不稼，土地温适，不织不衣，百年而死。"二则虽不必实有其事，特列子之主张，为（一）循自然律，（二）听天命，（三）去嗜欲，则固显而易见者也。又《列子》书中所叙述之理想社会，与老庄所描写之理想国家，其组织与人民生活，根本上实系一致，并无不同，诚有足以耐人寻味者。我侪比较三人所提出之理想的境界，藉是亦可以推知道家学说之梗概矣。

列子人生观念之三点，既如上述，其流弊所及，实足以阻碍中国经济组织之进步。间接的即为中国经济思想发达之一重大障碍也。列子与其他道家经济思想，殆有一类似之点，一言以蔽之曰，断绝

---

① 《力命》篇。
② 同上。

人类创造之途径，使社会永无进步而已。

今试研究其人生观之第一点，重自然而贱人为，其势必驱全体人类，悉受自然界之支配，而不能谋本身之进步。社会之经济基础凡三，即农业工业与商业是，工商二业，悉属人为，农业半属天然的，半属人为的，列子所称许之农业活动，仅属采用自然界之供给品，若谓利用资本与人工，以作大规模的农业发展，亦系与自然界抵抗，决非列子所能赞同。自道家重视自然界势力过甚，引起后世对于工商二业之漠视，仅知服从，不解创造，思想之流毒深矣。

今再研究其人生观之第二点，信宿命而轻生死，其势必养成社会人士之一种随遇而安，不事奋斗之恶习惯。俗谚曰，听天由命，又曰靠天吃饭，识者虽深知此种心理之非是，实则正为列子、庄子一流人物所倡者。经济建设，重在革新，重在改进，十九世纪德意志国竭尽政治家及学者之心血，始将关税制度统一，英吉利国由经典派经济家竭力之宣传，始将数百年来之保护关税，一旦改革，苟一国上下，尽奉宿命论为天经地义，则社会间一切事物，殆皆将陷于绝境，更有何经济改革之可言乎！

今更研究其人生观之第三点，安贫贱而恶嗜欲，其势必使社会成一经济自足之局面，生事之所需者，仰给于本人或求之本地，不必努力于生产，更无庸有交易。又国家财富之创造，半固由于为社会人民造幸福一观念所造成，半则由于私人为满足欲望起见，精研其达到此项目的之方法，一国经济，乃蒸蒸日上，日见发达矣。经济自足，在数千年前，或尚能办到，一旦海禁开后，与外人竞争，几乎其不为刀俎下之鱼肉也。噫，甚矣道家学说之误人也。

要之，吾人所主张者，为人定胜天之说，为积极之人生观，吾人主张人类当与经济环境抵抗，深信个人具有创造能力以制伏自然界，是为经济组织发展之要因，亦为经济思想进步之原动力。持此标准以评列子之学说，书中主张之价值，殆微乎其微也。

第三章　杨朱之消耗论

一　杨朱小传

杨子名朱，或云字子居，卫人，或云乃老子之徒，或云后于墨子，今世莫能详。要之，渠之思想，系承受道家学说者。遗书不存，我人研究其经济理论，只能于列子、庄子、孟子、韩非诸人著作中，搜得一二零碎材料，就中《列子》书内之《杨朱》篇，陈述尤详，又孟子抨击杨朱之词有云："杨朱、墨翟之言盈天下，天下之言，不归于杨，则归于墨"①，然则杨朱与孟子，当为同一时代之思想家也。今从上列各书中，集其经济思想如下。

二　为我

孟子曰，杨氏为我，是无君也。又曰，杨子取为我，拔一毛而利天下不为也。为我主义，固杨朱理论之特点也。此说渊源，实出自老子。盖老子有清静无为之说，以此说扩张之，便成一狭窄的利己快乐主义也。杨朱之言曰：

>有生之最灵者，人也。人者，爪牙不足以供守卫，肌肤不足以自捍御，趋走不足以逃利害，无毛羽以御寒暑，

---

①　《滕文公》篇。

> 必将资物以为养性，任智而不恃力，故智之所贵，存我为贵，身之所贱，侵物为贱。
>
> 虽全其身，不可有其身，虽不去物，不可有其物，有其物，有其身，是横私天下之身，横私天下之物。……公天下之身，公天下之物，其唯至人矣。①

彼盖以为个人在自然界中之位置极微小，故最好能与世无争，此种独善其身的态度，自老子之无为思想脱胎而来，质言之，彼盖受道家颓唐理论之影响，故卒不能产生健全之经济思想，扩张后即为"一毛不拔"之观念，孟子之所排斥者也。此种极端的利己观念，数千年来贻祸中国社会，实非浅鲜，诚如杨端六君所谓：

> 中国受了杨朱学说的毒，……到今日为我的思想，尤其发挥无遗憾了。简单的说，中国差不多只有私经济，公经济的观念非常幼稚！②

杨朱经济思想流弊之深，可想见矣。

但杨朱同时更谓"侵物为贱"，换词言之，即未尝主张损他人以利己身，其意盖谓个人应取之态度，为求己身之快乐，不损己一毫以利天下，但亦不必在世求利。总之，须将本身超出于社会之外，以达其"与世无关"之旨，故于商业，亦所反对，以其求货也。昔子贡以善货殖闻，与王者埒富，杨朱评之曰："原宪窭于鲁，子贡殖于卫，原宪之窭损生，子贡之殖累生；然则窭亦不可，殖亦不可，其可焉在，曰可在乐生，可在逸身，故善乐生，者不窭，善逸身者不殖。"③其反对经济活动，谓其束缚自由，说亦奇矣。

---

① 均见《列子·杨朱》篇。
② 《从经济上观察中国社会政治》，《现代评论》六卷一四九期。
③ 《杨朱》篇。

三 乐生

杨朱之人生观，盖趋向于消极的，彼以为世间之富贵荣华，皆属幻境，人生有命，不宜自苦，况生命至短，其结局终不免于一死，故宜乘早将本人之欲望，尽量满足，以求其生活上之快乐为主。职是之故，人之身心形骸，皆可放任以终其天年，不当为法律财富等所拘束。其言曰：

> 生命之不得休息，为四事故，一为寿，二为名，三为位，四为货，有此四者，畏鬼畏人，畏威畏刑……不贪富，何羡货。①

观此可知杨朱实反对人类之费神劳力，以求寿名位货四者，然则我人何以不必亟亟以求富贵？则因世间一切制度俱属空虚的，人且不免于一死故也：

> 万物所异者生也，所同者死也，生有贤愚贵贱，是所异也，死有臭腐消灭，是所同也。……十年亦死，百年亦死。②

杨朱虽反对好"货"，不以人类之求富贵为然，但以为居味服色各项欲望须尽己能力之所及，设法以满足之，在有涯之人生中，寻求快乐，其言论如下：

> 百年寿之大齐，得百年者千无一焉，设有一者，孩提以逮昏耄，几居其半矣，夜眠之所弭，昼觉之所遗，又几居其半矣，痛疾哀苦，亡失忧惧，又几居其半矣。量十数

---

① 《杨朱》篇。
② 同上。

年之中，真然而自得，亡介然之虑者，亦亡一时之中尔。则人之生也奚为哉？为美厚尔，为声色尔。①

又曰：

丰服美屋，厚味姣色，有此四者，何求于外。

彼之经济思想，与老子理论之出发点虽相同，其结果二人对于欲望之态度则大异，各趋极端，一主绝欲，主张摒除一切走马声色之好，一主纵欲，劝人以纵情恣欲为是。以科学的眼光衡之，二者皆不免流于偏激之一途，俱不得谓之为健全的经济思想。试列比较表如下，以示二人欲望说之不同：

老子——（一）不满意于当时社会状况，（二）认一切制度有推翻之必要，（三）重返自然状态，（四）结局，人类欲望数目渐减少，内容较简单。

杨朱——（一）不满意于当时社会状况，（二）认一切制度皆空幻，（三）抱乐天观念，使己身能自由，不受世上任何牵制，（四）结局，愈欲满足其欲望，则其欲望种类逐渐增加扩大。

杨朱之所称颂者，历史上人物，如公孙朝公孙穆以兄为国相，得逞其欲，如桀与纣，纵欲于长夜，皆采用乐生主义，以放纵欲望为能事之人也。其纵欲论可以"从心而动，不违自然。从性而游，不逆万物"。数言概括一切，《杨朱》篇中下列一段，最足以代表彼对于欲望之态度，且为上述四警句之注解也：

恣耳之所欲听，恣目之所欲视，恣鼻之所欲向，恣口之所欲言，恣体之所欲安，恣意之所欲行。夫耳之所欲闻

---

① 《杨朱》篇。

者音声,而不得听,谓之阏聪;目之所欲见者美色,而不得视,谓之阏明;鼻之欲向者椒兰,而不得嗅,谓之阏颤;口之所欲道者是非,而不得言,谓之阏智;体之所欲安者美厚,而不得从,谓之阏适;意之所欲为者放逸,而不得行,谓之阏往。

我人试持此与老子所言者一比较之:

> 五色令人目盲,五音令人耳聋,五味令人口爽,驰骋田猎令人心发狂,难得之货令人行妨。①

双方之经济思想,乃如针锋相对,各异其趣,虽皆标道家之名,其理论之内容,实大相径庭。不同之处,即在绝欲与纵欲上一区别,老子之绝欲说,固属矫枉过正,然杨朱纵欲之说,何以异于信陵君之以醇酒妇人自杀?绝欲之说,足以遏止经济活动之发生,而纵欲之论,非至破坏已有之经济组织不止,二人理论要皆足以证明道家经济思想之浅薄而已。

四　思想上之缺憾

杨朱之经济思想,颇多矛盾之处,盖求富贵与满足欲望二事,乃并行不悖者。二者既不能分离,次序亦不能颠倒,惟具有财富之人,方能将其欲望满足,杨子既谓人生短促,不当求财货以自苦,同时更以为关于体之所安者,如丰服、美屋、厚味、姣色各欲望,亟须满足,贫穷者果有力以致丰服美屋耶?此犹劝人之阅书而禁止其用目,谬妄孰甚,矛盾一。

---

① 《道德经》第十二章。

杨朱主张个人当超轶乎社会之外，以为凡事须先顾本人利害，不问其他，殊不知我人欲满足本人之欲望，非与他人合群不可，未有能脱离社会而欲望得以满足者。西方大哲如亚里士多德亦尝谓个人单独生存，不能满足欲望，故设立家庭制度，再逐渐扩大，最后乃有国家出现。诚如杨朱之独善其身，人人不利天下，则父母子女之关系，亦可断绝，更有何满足欲望之足云，此犹劝人之讲学，而禁止其向听众发言，宁有是理，矛盾二。

　　杨朱之所恃为号召者，尚有"侵物为贱"一语，易他词言之，即"悉天下奉一身不取"，彼固不愿损本人之一毫以利天下，亦不欲他人损一毫以利己，但又倡"资物以为养"之说，夫不侵物何以能养己？欲赖物以自养，非即侵物耶？此犹劝人之作科学实验，而禁止其入实习室，可谓不智，矛盾三。

　　此种学说所产生之恶影响极大，盖纵欲与绝欲，矫枉过正，流弊相等。史乘所载如六朝之竹林七贤一流人物，好酒玩琴，蔑视习俗，为社会上添无数之寄生虫，实杨朱学说之流毒也。

第四章　庄子之人生观与经济思想

第一节　庄子小传

庄子宋国蒙县人,名周,据史传所载,彼曾一度为漆园吏与梁惠王、齐宣王为同时,并称其"为学无所不窥",著书立说,传老子之学。楚威王闻其名,厚币聘之,许以为相,庄周笑谓使者云:"千金重利也,卿相尊位也,子犹不见郊祭之牺牛乎,养食之数岁,衣以文绣,以入太庙,当是之时,虽欲为狐豚,岂可得乎!子亟去,无污我,我宁游戏于污渎之中以自快,无为有国者所羁,终身不仕,以快吾志焉。"观此则知其人必愤世嫉邪,徜徉自适,于世俗之货殖牟利者,固不赞同,即讲求富国救民之政策,亦不为彼所许可也。

《汉志》《庄子》五十三篇,晋郭象删定,存者三十三篇,计《内篇》七,《外篇》十五,《杂篇》十一,内中惟《内篇》七篇,为后来学者认为庄子所自著,余者乃系其徒所附益云。

第二节　庄子经济思想之渊源

庄子之经济思想,乃一本于老子,如于五官欲则主淡恬,于名利欲则主忘却,于一切文物制度,则不愿多所论列,于治人阶级,极端反对,于物质文明,则竭力排斥,凡此种种,无一不与老子同其论调,此类思想所生之结果,当然亦趋一致。道家之有庄子,犹儒家之有孟子，昔焦竑尝云："夫老之有庄，犹孔之有孟也，老子与孔子同时，庄子又与孟子同时"，其言甚确切。

所宜注意者，则老子之经济思想，虽倾向于理想一方面，但犹涉及社会之改进问题，于当时经济组织之缺点，亦尚道其一二。庄子则竟主张出世，于一切社会制度之改进，皆觉厌忌，此种韬晦态度，甚非所宜，而我国社会事业之不能发达，学术之不能进步，实未始不由于此。

第三节　庄子之人生观

道家与我国经济思想史之关系，全重在其人生观所产生之恶影响，故我人对于庄子之人生观，不能忽略。兹分三点以说明之：

一无为与无欲　庄子袭老子之说，以无为及无欲为倡，彼以为个人在天地之间，犹小石小木之在大山，所居地位甚小，惟自然为绝对的美善，我人当以归乎自然为务，于一切欲望皆当摒除，故庄子批评当时之达人荣子、列子等人，未能臻乎至道，以其不能完全达到"无为"之境界耳。

庄子全部之学说，可以其自言之"无欲而天下足，无为而万物化"[①]二语，概括无遗，于嗜欲攻击甚力，更主张无为，无为之本体，与大块之噫气相同，噫气虽能产生无数结果，而本身则为自然之分化，为人亦系如此，理想之人生当：

　　恬淡寂漠，虚无无为。[②]

---

① 《天地》篇。
② 《刻意》篇。

亦即所谓：

> 虚静恬淡，寂寞无为。①

据庄子之说，无为与无欲，有相互的关系，无为则身性安而嗜欲少，嗜欲少则人性情淡泊，达到静的境界，卒臻无为之境，故庄子曰：

> 君子不得已而临莅天下，莫若无为，无为也而后安其性命之情。②

又曰：

> 静则无为，无为也则任事者责矣。③

此皆庄子申论欲望与无为关系之处，吾人所当注意者也。

二 生死如一　庄子之人生观为达观的。主张人生应放达不羁，以悠悠自适于无何有之乡，认生死不过为自然之化，如昼夜梦觉而已。故人有死即有生，有生即有死，生不足喜，死不必悲，《至乐》篇中，彼有寓言一则，甚有趣味：

> 庄子之楚……接髑髅枕而卧，夜半髑髅见梦曰，子之谈者似辩士，诸子所言，皆生人之累也，死则无此矣，子欲闻死之说乎？庄子曰，然，髑髅曰，死无君于上，无臣于下，亦无四时之事，从然以天地为春秋，虽南面王乐不能过也。庄子不信，曰，吾使司命复生子形，为子骨肉肌肤，反子父母妻子闾里知识，子欲之乎？髑髅深矉蹙额，曰，

---

① 《天道》篇。
② 《在宥》篇。
③ 《天道》篇。

吾安能弃南面王乐而复为人间之劳乎?

此言生死之不必动人哀乐也。

　　昔者庄周梦为蝴蝶，栩栩然蝴蝶也，自喻适志与，不知周也，俄然觉，则蘧蘧然周也，不知周之梦为蝴蝶与，蝴蝶之梦为周与！

此言浮生若梦，梦时不自知其为梦，或梦中之梦，人生既为梦境，故应达观，既不必患得患失，更不必追寻货利。

三宿命论　　庄子以为个人秉于自然而生，故当顺受一切，以求合于自然，经济上之一切创造，彼固认为多事，即其他一切促进社会之工作，庄子亦不赞成，然则理想之人生当如何？庄子以为：

　　至德者火弗能热，水弗能溺，寒暑弗能害，禽兽弗能贼，非谓其薄之也。言察乎安危，宁于祸福，谨于去就，莫之能害也。①

彼之所谓至德者，重保守而忌进取，其言论带有乐观色彩甚浓厚，盖灼然可见也。

以上三则，均为庄子人生观之主要特点，所以不惮烦再三陈述者，在人生哲学与经济思想关系之密切。作者提倡何种之人生观，即主张有何种之经济思想，吾人究研某人之议论，不可不追究某人言论之出发点，有重农派（physiocrats）之自然哲学（natural philosophy），即有该派放任主义（laissez-faire），有马克思（Marx）之唯物论（materialism），乃有马氏之劳力价值论（labor theory of value），庄子自有其人生哲学，其经济思想亦为其人生哲学所造成。

---

① 《秋水》篇。

第四节　庄子之经济思想

庄子经济思想，吾人可分作四层以研究之，此四层俱有连带关系，成一线索也。

一绝欲论　道家中，老子主绝欲之说，庄子学说，泰半以老子之主张为本，当然亦以绝欲为倡，彼等俱以为欲望反乎自然，欲为真人，先须去欲，其原因则为"嗜欲深者，其天机浅"①，欲培养天性，当竭力摒绝一切嗜欲之引诱，庄子举出损害天性之物凡五事，几全为经济欲望也。庄子所举之五事如下：

一五色乱目……使目不明
二五声乱耳……使耳不聪
三五臭薰鼻……困惾中颡　失性——皆生之害②
四五味浊口……使口厉爽
五趣舍滑心……使心飞扬

此种论调，与老子所谓"五色令人目盲"③云云，论调如出一辙。庄子更从人生观方面，畅论欲望之祸害，以为富、贵、寿、善四者，天下所尊，身安、厚味、善服、好色、音声五者，人之所乐，但尊与乐之反面，即为忧及惧，得之则尊与乐，失之即忧及惧，如能于一切嗜欲付之淡然，则忧惧亦不生矣。至于富者，"苦身疾作多，积财而不得尽用"，贵者"夜以继日，思虑善否"，尤为愚不可及云云，④庄子本此种种意见，乃谓欲望系"累德之一"⑤，而有绝欲之结论。

---

① 《大宗师》篇。
② 《天地》篇。
③ 《道德经》十二章。
④ 《至乐》篇。
⑤ 《庚桑楚》篇。

二 庄子对于物质文明之态度　庄子对于欲望满足之不赞成，既如彼矣，对于物质文明之发展，当然亦不能表同情。当庄子时代，社会上"富则人归之，归则下之，下则贵之"①，此种情形，固为庄子所不满，即种种满足人类欲望之器物及手段，亦大为庄子所反对，其言论极为激烈，《胠箧》篇云：

> 绝圣弃知，大盗乃止；摘玉毁珠，小盗不起。焚符破玺，而民朴鄙；掊斗折衡，而民不争。殚残天下之圣法，而民始可与论议。擢乱六律，铄绝竽瑟，塞瞽旷之耳，而天下始人含其聪矣。灭文章，散五采，胶离朱之目，而天下始人含其明矣。毁绝钩绳，而弃规矩，攦工倕之指，而天下始人有其巧矣。

其诅咒物质文明，与老子态度殆一致，皆视物质的建设为罪恶之源泉，考老庄所以竭力反对物质文明，殆因其引起人类欲望，戕贼自然。荀子书中，有一段解释最佳：

> 今使人生而未尝睹刍豢稻粱也，惟菽藿糟糠之为睹，则以至足为在此也。俄而粲然有秉刍豢稻粱而至者，则瞯然视之，曰此何怪也！彼臭之而无嗛于鼻，尝之而甘于口，食之而安于体，则莫不弃彼而取此矣。②

盖人具可欲而心乱，此必然之理，老庄均以为人类如欲返乎自然，不得不摒绝此项诱惑，此老子所以有"不见可欲，使心不乱"之说也。

三 庄子对于生产之意见　中国儒墨法诸家，对于资本之见解甚少，庄子则直言反对之，庄子既有"摘玉毁珠，小盗不起"之观念，

---

① 《盗跖》篇。
② 《荣辱》篇。

则对于减省人力生产要素之机械，亦大不赞成，《天地》篇载子贡尝见农夫以甕汲井水抱之而灌溉，因思其用力多而见功少，告以用日灌百畦之机械，则事省而功增，农夫斥之曰：

> 有机械者，必有机事，有机事者，必有机心……吾非不知，羞而不为也。

此未必系实事，但显然系不赞成机械之论调，更以庄子本人所言"常因自然而不益生也"①一语合观之，更足证庄子之思想，实明明认使用资本为不当也。清季陈炽氏②指出此说之谬点曰：

> 当世惑于老庄之说，动曰有机事者必有机心，自黄帝垂裳，大启文明之治，蚕桑麻纻，何一不出于织机，使天下而无机，至今日犹草衣卉服耳。③

陈氏之批评，自系确切不移之论，所可注意者，在陈氏之言，足以反证庄子学说在清季之盛行，老庄经济思想之流毒，至数千年后而未尽，生产界之落伍，岂无因哉。

四 无政府主义　庄子主张极端之放任，抨击政府，至为剧烈，其议论与其无为哲学，固并行不悖者也。《在宥》篇中专论此点，谓在昔治人阶级，专以赏罚刑戮为事，致使社会不能复归于自然，达于至德之世，其言曰：

> 闻在宥天下，不闻治天下也。④

---

① 《德充符》篇。
② 四川人光绪年间进士，其劳工学说甚精，著有《庸书》《续富国策》等书。
③ 《织作之工说》。
④ 《在宥》篇。

又曰：

自三代以下者，匈匈焉终以赏罚为事，彼何暇安其性命之情哉！①

又曰：

釿锯制焉，绳墨杀焉，椎凿决焉，天下脊脊大乱，罪在撄人心。……今世殊死者相枕也，桁杨者相推也，刑戮者相望也。②

庄子之意，以为政府一制度，与人民个性之自由相抵触，故当推翻之，使人人不失其自由，俾能各得其所。老子排斥当时之治人阶级为盗夸，庄子亦有"窃钩者诛，窃国者为诸侯"，等等愤激之辞，顾老子提倡无政府主义，所言不若庄子之详尽，庄子更以人与草木禽兽相比拟，以为草木禽兽，各有其自然状态，亦不当受外界任何之治辖，《南华经》中，举例极多，今为引二段如下：

乱天下之经，逆物之情，玄天勿成，解兽之群，而鸟皆夜鸣，灾及草木，祸及昆虫，噫，治人之过也。③

马，蹄可以践霜雪，毛可以御风寒，吃草饮水，翘足而陆，此马之真性也。虽有义台路寝，无所用之。及至伯乐曰：我善治马。烧之，剔之，刻之，雒之，连之以羁絷，编之以皂栈，马之死者十二三矣。饥之，渴之，驰之，骤之，整之，齐之，前有橛饰之患，而后有鞭策之威，而

---

① 《在宥》篇。
② 同上。
③ 同上。

马之死者已过半矣。陶者曰：我善治埴，圆者中规，方者中矩。匠人曰，我善治木，曲者中钩，直者应绳，夫埴木之性，岂欲中规矩钩绳哉？然且世世称之曰：伯乐善治马，而陶匠善治埴木。此亦治天下者之过也。①

盖人与物俱有其自然状态，有治之者，即不能保其原有之状态，无论人群草木禽兽，皆系如此，庄子此论，为老子所未曾详言者。

第五节　庄子之理想社会

庄子理想之人生修养，即可引其本人之言论代表之：

> 不知悦生，不知恶死，其出不䜣，其入不距，翛然而往，翛然而来而已矣。不忘其所始，不求其所终，受而喜之，忘而复之，是之谓不以心捐道，不以人助天，是之谓真人。②

老子有其理想的乌托邦，庄子亦有其心目中之理想国，彼之理想国，亦为一素朴无为之国家，近世之所谓物质文明，彼固不屑赞一词也：

> 彼民有常性，织而衣，耕而食，是谓同德，一而不党，名曰天放。故至德之世，其行填填，其视颠颠。当此时也，山无蹊隧，泽无舟梁，万物群生，连属其乡，禽兽成群，草木遂长。是故禽兽可系羁而游，乌鹊之巢，可攀援而窥。夫至德之世,同与禽兽居,族与万物并,恶乎知君子小人哉？

---

① 《马蹄》篇。
② 《大宗师》篇。

同乎无知，其德不离，同乎无欲，是谓素朴，而民性得矣。①

又曰：

南越有邑焉，名为建德之国，其民愚而朴，少私而寡欲。知作而不知藏，与而不求其报，不知义之所适，不知礼之所将。猖狂妄行，乃蹈乎大方，其生可乐，其死可葬。②

庄子之心目中，以为理想社会经济生活简单，物质文明消灭至最低限度，与自然界相接近，人民愚朴，欲望减少，必须此种社会，方可称为"至德之世""建德之国"。吾人试将上引之原文，与老子所述之理想国相比较，并无不同，二人皆主张人类生活当重返乎自然状态也。换言之，彼等所主张之理想社会，乃为退化的而非进步的，庄子学说之流弊，足使人民深远创造之眼光，无由产生，其祸害与老子思想等也。且假定庄子所云，一旦实现，则人类与禽兽，更无丝毫区别，又何足取哉。

---

① 《马蹄》篇。
② 《山木》篇。

第五章　道家经济思想总评

道家经济学说，无论其为老、庄、杨、列，一言以蔽之曰，消极的言论而已。其思想处处不离颓废色彩，又其对于社会及政府，往往反对抨击不遗余力，吾人不妨称之曰"非政府的""非社会的"学派焉。今人往往以儒道二家并称，又往往以近年来中国经济之不进步，归咎于此二派学说之流行。实则儒道二派学说之影响虽相等，其内容迥乎不同，绝不能相提并论，盖孔、孟、荀诸儒之说，俱为积极的，不但认政府为必要，且极重视人群之同类意识心，而荀子对于社会组织之性质，以及个人对于社会之关系，讨论尤为切实缜密，岂能与道家主张如庄子出世等学说，同时并论哉。

道家经济思想，有无为哲学作基础，故提倡放任主义，儒家之主张放任，亦显而易见，然如道家中之老子、庄子，乃以返乎自然为号召，其所主张者，乃为绝对的放任主义。孔孟虽不赞成干涉主义，然深信"因民之所利而利之"一信条，所谓均富、井田、重农、兴商诸设施，无一不赖政府之力量，可知儒家所提倡者，乃属相对的放任主义，亦即有限制的放任主义，所以有别于无限制的无为，如老子所谓"民莫之令而自均"是也。

道家对于各种经济问题之主张，虽在同一派中，而各人意见纷驰，并不一致，就中惟庄子经济思想与老子主张接近，此外若列子，若杨朱，其议论俱与老庄不类，即以欲望问题而言，老庄皆主绝欲而杨朱异军突起，乃以纵欲为号召，过犹不及，盖两失之也。能得其中者，厥惟儒家节欲之学说，道家之绝欲说，对于欲望之重要与其功效，不免过于轻视，一旦实行，人类势必至灭绝而后止，此说盖能言而不能行也，其纵欲论对于欲望之流弊与其祸害，未免忽略，矫枉过甚，亦非经济学说正宗。

生产问题在中国经济思想史中，讨论者本不若研究消耗一事者之众，至道家对于生产所发挥之议论，与其名为建设的，毋宁名为破坏的，与其称之为鼓励生产的言论，不若称之为反生产的论调。细按彼宗所言，皆似不能中鹄，盖于物质文明，攻击甚力，而于工艺则一致排斥，老子称之曰，"奇技淫巧"，庄子称之曰"有机心"，列子则讥之谓仅恃"智巧"。老子《道德经》中，固乏重商言论，亦无重农之语，《列子》书中，偶有一鳞一爪，论及农业，然亦寥寥可数，吾侪称道家不重生产，非臆说也。

在中国上古经济思想史内有关交易问题之研究，比较的本属不多，而在道家尤绝口置之不论。财政理论异常缺乏，惟关于无政府主义之资料，则在《道德经》《南华经》二书中，材料颇不少，可藉观时代意识之一斑焉。其有偶然论及财政者，皆以租税一事为非，反对税制，亦所以掊击政府也。

就经济思想之量而言，以老子、庄子所言为较多，杨朱次之，列子经济思想最少，按我人就建设方面判评道家学说，胥属有害而无利，但我人研究其主张，苟加以解析，知其根本上症结之所由在，更可藉是以发现中国经济思想及制度不能有充分发达之原因，则此项研究，亦非无益于人国也。

[第五编]
墨家

第一章　墨子之经济思想

第一节　墨子小传

墨子姓墨名翟,或谓鲁人,曾为宋大夫,生于孔子末年,大约与儒家之子思为同一时代之人。后之太史公、班固、抱朴子皆云:"墨子为孔子时人,或在其后。"《韩非子·显学》篇云:"世之显学,儒墨也。"于此可知中国先秦思想界中,墨家思想,实与儒家主张分庭抗礼,倡说主兼爱,倡俭约,非声乐,其经济思想,实亦趋向于消极的一方面,与道家较,则言论性质迥乎不同。

墨子书,旧传有七十二篇,今所存者只五十三篇而已。就中如《兼爱》篇、《节用》篇、《非乐》篇等,俱极重要。其所用方法,演绎与归纳,兼而有之,就其经济思想本身言,上下贯彻,甚有系统,(其真正价值,当于下节详言之,)有时所言,太简略,不免有脱略不全之病耳。如书中下半部材料,即与经济无关也。

第二节　墨子理论之真精神

数千年来,我国儒者,多崇儒贬墨,墨子学说,汉后研究者尤少,直至最近十余年中,国中学者因论及实利主义,乃于数千年来国人不经意之墨翟,推崇备至。梁任公君曰:

今之匹夫匹妇，曷尝崇《墨子》书，曷尝知有墨子其人者，然而不知不识之中，其精神乃与墨子深相悬契。其在他国，岂曰无之，然在彼则为畸行，在我则为庸德，此庸德非他，乃墨翟禽滑孟胜田襄子诸圣哲溅百余年之心力，以萌其种于我先民之心识中，积久而成为国民性之一要素焉。我族能继继绳绳，与天地长久，未始不赖是也。①

所言虽未免过甚，要亦足以代表近人对于墨子思想之态度。梁氏更曰：

墨子之经济思想，与今世最新之主义多吻合。②

则又误认墨子之经济思想与马克思学说有关，更误以为马克思之唯物史观，为欧美最新之学说矣！

李锡周氏批评墨子之经济思想，称其学能"增加生产以利民生"，所言较近情理。惜李君谓孔子专讲纲常礼教，孟子讳言利字，皆属失言，殆未从孔孟思想之关于经济一部分者注意也。③

余以为儒、墨、道、法、农、兵及名家之经济理论，就中除道家思想根本谬误，名家、兵家理论忽略经济皆不足深论外，其余各学派于经济思想俱有相当之贡献，彼此可互补其不足，弃短取长，可组织成一有系统之学说，为创造今日中国新经济思想之借镜。我人所宜注意者，为各派思想之异同，至所倡理论本身，自有其优点及劣点，一时固难强分轩轾也。

平心论之，墨子之经济思想，实亦自有其独到之处，其所倡理论，

---

① 见所著《墨子学案》自序。
② 同上。
③ 李氏论墨子经济思想文见《燕大月刊》第一卷第二期及第三期中。

具有一种颠扑不破之精神,为中国经济思想史上,放一异彩,盖墨子之经济思想乃:

(一)含有人定胜天之色彩　道家儒家,皆信有命,墨子深信实利主义,"交相利""爱利万民",故不信天命之说。按信命则其理论必趋消极,此在儒家尚不甚显著,若道家中之庄子、列子一流人物,则变本加厉,信天命为万能,故其议论教人自然,无积极建设的计划,其流毒足以使人自暴自弃,奄奄无生气。墨子深信人力可以胜天,社会经济制度可赖人力以促进改善之,此种精神,确为墨子经济思想之大特点,其于《非命》篇一章,申论一国王公、大人、农夫、妇人,皆当勤劳,深以当时社会人士深信天命为忧。其言曰:

> 今天下之士君子中,实欲天下之富而恶其贫,欲天下之治而恶其乱,执有命者之言,不可不非,此天下之大害也。

又引例甚多,如世在桀纣则乱,在汤武则治,可知无所谓运命也:

> 命富则富,命贫则贫,命众则众,命寡则寡,命治则治,命乱则乱,命寿则寿,命夭则夭,命虽强劲,何益也?以上说王公大人,以下驱百姓之从事,故执有命者不仁。[1]

> 昔者禹汤文武,方为政乎天下之时,曰:必使饥者得食,寒者得衣,劳者得息,乱者得治,遂得光誉令闻于天下,夫岂可以为命哉,故以为其力也。今贤良之人,尊贤而好道术,故上得其王公大人之赏,下得其万民之誉,遂得光誉令闻于天下,亦岂以为其命哉,又以为力也。[2]

---

[1] 《非命》篇上。
[2] 《非命》篇下。

盖经济思想，最忌杂有天命之说，西洋罗马哲学家，对于经济思想之贡献，远逊希腊哲人，则因其理论带有天命观念太深之故。墨子能洞见此点，自属不凡。美经济思想史家韩纳（L. H. Haney）讥东方思想家，囿于天命之说，不知我国古代思想家中，固有例外在也。墨子之劳力说，即自非命说扩充而来，彼以为我人倘能否认天命之说，乃能利用劳力，勤劳始能有所创造，达国富民强之境，明了此点，方足与言墨子之劳力说。

（二）富有实用的精神　墨子之经济思想，为写实的（realistic），俱能付诸实行，书中绝无空言泛论，与汉学家之讲学空疏，盖适行相反。如墨子主节用及劳动，故以"裘褐为衣，以跂蹻为服，日夜不休，以自苦为极"①，《贵义》篇中，阐发此义，最为详明：

　　子墨子曰：言足以迁行者常之，不足以迁行者勿常，不足以迁行而常之，是荡口也。

又曰：

　　今天下之君子之名仁也，虽禹汤无以易之，兼仁与不仁，而使天下之君子取焉，不能知也。故我曰，天下之君子不知仁者，非以其名也，亦以其取也。

彼盖以为人之不能行，则与未知无异，故彼之经济理论，无一不能实行。墨子本人不但为一实行家，其各种经济主张，诸如所讨论之节俭、节葬、非乐、分工以及解决人口题之方法等等，其所拟定之办法，俱系浅显而易行，惜当时亦未尝付诸实行，殊为可惜。此种理论，较诸柏拉图理想国之虚无飘渺，徒凭空想者，殊有上下

---

① 《庄子·天下》篇。

床之别也。① 夫经济思想之唯一功效，即在解决实际问题，亚丹·斯密斯之自由交换说，即代英国当局对于国际贸易上之一种划策，李士特之保护论，志在解决德国之关税纠纷，俱能实行，空泛无当之思想，非我人所取，此经济史统计学等知识，所以重要也。

（三）阐发"利"字意义最详　儒家并不讳言利字，所攻击者，乃为私利小利，此点上文已详细述及。墨子之不可及处，在其申论"利"之意义，最为透彻，即孟子亦称之为"摩顶放踵，利天下而为之"，墨子书中论利处极多，不胜枚举，此种精神，为建设一健全经济思想之张本，盖经济学系专门研究"利"字之一种学问，若不讲利，则经济学何由发达？惜墨家至汉后衰落，否则中国经济思想之进步，决不致若是之迟缓也，墨子信仰实利主义，其论利字，如云：

> 兼相爱，交相利。②
> 爱利万民。③
> 利人者，人亦从而利之。④
> 天必欲人之相爱相利。⑤

其例至多，不胜枚举，但彼之所谓利，决非儒家所排斥之小利，损人利己之行为，亦为墨子所反对，观其《节用》篇中所谓："忠信相连，又示之以利，是以终身不厌，"《大取》篇中所谓"杀己以存天下，是杀己以利天下"，可知彼之所谓利者，仍须有道德以辅之，以利于他人者为标准。墨子主交利，同时更主兼爱，质言之，

---

① 柏拉图至主张一国人口政府应规定一数目以为测量标准。
② 《兼爱》篇中下。
③ 《尚贤》篇下。
④ 《兼爱》篇中。
⑤ 《法仪》篇。

彼之所谓利，乃指"不独利己，抑且利人"之行动，所谓："有余力以相劳，有余财以相分"，是已。① 此其与杨朱之"拔一毛而利天下不为"，乃背道而驰，与儒家对于利之态度，则显然相同也。

（四）倡有不少新理论　墨子之经济理论，中有大部分为昔人所未曾详细讨论者。彼之长处，在能发人之所未发，如分工说，孔孟虽皆道及，顾不及墨子解析之精到。如节俭，孔子仅以俭与奢相比较，语焉勿详，老子以之为三宝，亦未详言其所以，而墨子则更进一步，以"不加民利"一层原由，解释舍奢取俭之故。论人口孔子仅曰"庶哉"，人口何以多多益善？增加人口，究有何种方法？则略而不论，墨子则倡有不少新理论，皆为前人所未道及者。他若劳工精义，亦为重要贡献。此等处，后人贬墨尊儒者，皆未注意，且不能有更精密之研究继其后，可惜孰甚，发挥原有思潮，增补新学理，是墨子思想之又一特色也。

要而言之，谓墨子经济思想之完善无疵，在周秦诸子中，推独步，此语吾人绝对加以否认。若专自上列之特点言之，则彼之贡献，自有不磨之价值在，与儒法二家取径不同，学者不可不注意也。

第三节　墨子经济思想究以何种观念为基础

墨子经济思想之基本观念为何？此层人言各殊，梁任公君之言曰：

> 墨学所标纲领，虽有十条，其实只从一个根本观念出

---

① 《尚同》篇上。

来，就是兼爱。①

但"兼爱"一层，不能完全作为墨子经济理论之根基，岭南甘乃光君评之曰：

> 梁氏说墨子之根本观念是兼爱，我说墨子的在"交利"，他的经济思想之根本观念，亦在交利，"非攻""节用""节葬""非乐"倒底做什么？不过这就是交利的途径。②

其实兼爱与交利二者相连，此为墨子思想之出发点，而为经济思想之基本观念，若专从经济理论一方面言之，墨子实以节用论为中心，盖墨子以为经济活动之当否，须以是否"加于民利"为标准。其"节葬""非乐"诸说，渊源皆出自节用论，墨子理论与法家思想不同之处，亦在此点也。

第四节　墨子经济思想之解剖

墨子之经济思想，略较道家为多，消耗与生产二项而外，更论及交易，惟分配论则不足以言贡献二字。或举墨子所谓："有余力以相劳，有余财以相分"③一语，系分配精义，实则分配一名词，在经济学中有二种意义；一为生产要素之分配（distribution among factors of production），一为个人所得之分配（distribution of personal incomes）墨子所谓有余力余财相分，全系道德问题，与此二种经济

---

① 《墨子学案》第一五页。
② 见《先秦经济思想史》第四二页。
③ 《尚同》篇上。

意义,均无关系。墨子实无分配学说,故今只从消耗与生产、交易三端,以解剖墨子之经济思想。

(甲)消耗论

(一)欲望　墨子之经济思想,以"节用"为基本观念,此点前已述及,中西哲人主俭者,同时必主张节制欲望之发展,但将欲望分作等级详细研究者,甚不多觏。墨子论欲望,有一特点,即分类别是也,彼将欲望分作二种:(一)维持生活,无害他人之欲望,(二)伤害他人财力之欲望,墨子对于后者,虽竭力反对,而对于前者,主张满足。彼以为饮食起居等私人重要欲望,不妨满足,于劳力无益或目的不在维持生活之欲望,非遏制不可。以墨子之欲望论与儒家之欲望论相较,则双方俱主节欲,而墨家所论,较为透彻明了,以言道家,则老子之绝欲主张,杨子之提倡纵欲,远逊墨子理论矣。

墨子论欲望,颇有历史的眼光,其论古人造宫室、制饮食等等,用意皆在满足欲望,此种生活上必需之欲望,颇简单,墨子详言其重要,如云:

> 古者圣王制为饮食之法,曰,足以充虚继气,强股肱,耳目聪明则止,不极五味之调,芬香之和,不致远国珍怪异物。……
>
> 古者人之始生,未有宫室之时,因陵邱堀穴而处焉;圣王虑之,以为堀穴,日冬可以辟风寒,逮夏下润湿上熏烝,恐伤民之气,于是作为宫室……定以为男女之别则止。①

又曰:

---

① 均见《节用》篇中。

> 古之民未知为宫室时，就阜而居，穴而处下，润湿伤民，故圣王作为宫室。……
>
> 古之民未知为衣服时，衣皮带茭，冬则不轻而温，夏则不轻而清，圣王以为不中人之情，故作诲妇人，治丝麻布绢，以为民衣。……
>
> 古之民未知为饮食时，素食而分处，故圣人作诲，男耕稼树艺，以为民食。①

在上引各段原文中其末必附有重要之解释数语，如论衣食，则曰："圣人为衣服，适身体和肌肤而足矣，非荣耳目而观愚民也。"论宫室，则曰："谨此则止，费财劳力，不加利者不为也。"可知墨子对于饮食居住等养身之欲望，主张满足之，其产生恶影响者，遏制之。此种思想，为其时代之出产物无疑，观其下文可知：

> 仁者之为天下度也，非为其目之所美，耳之所乐，口之所甘，身体之所安，以此亏夺民衣食之财，仁者非为也。②

若顺其语气言之，更可接二句云："苟非亏夺民衣食之财，虽仁者为之"，即无反对之必要也。其划分界限之处，只在"伤害他人"与"不伤害他人"之别耳。

其论服饰，更云：

> 当今之主，其为衣服则与此异矣，冬则轻暖，夏则轻清，皆已具矣；必厚作敛于百姓，暴夺民衣食之财，以为锦绣文采靡曼之衣。……此非云益暖之情也，单财劳力，毕归于无用也。以此观之，其为衣服，非为身体，皆为观好，

---

① 均见《辞过》篇。
② 《非乐》篇。

是以民淫僻而难治，其君奢侈而难谏也。①

此处之"暴夺人衣食之财"，更见于《节用》篇，墨子曰："不知节用者，暴夺人衣食之财"，墨子之欲望论，与其节用论遥相呼应，容详述。彼于孳孳求利之徒，亦所反对，故曰："非无足财也，我无足心也。"②

（二）节用　墨子主张节用，以为凡物足以敷用便足，切忌多求。其言曰：

圣人为政一国，一国可倍也；大之为政天下，天下可倍也。其倍之，非外取地也；因其国家，去其无用之费，足以倍之。圣王为政，其发令兴事，使民用财也，无不加用而为者。是故用财不费，民德不劳。……有去大人之好聚珠玉鸟兽犬马，以益衣裳宫室甲盾舟车之数于数倍乎？若则不难。③

彼之意，盖谓饮食起居，求其适可为止，不宜奢华，逾此一定之标准，即为"诸加费而不加利于民"，为我人所极应排斥者。

古者圣王制为节用之法曰，凡天下群百工……陶冶梓匠，使各从事其所能。曰：凡足以奉给民用则止；诸加费不加于民利者，圣王勿为。④

圣王作为宫室……足以别男女之礼，仅此则止，费神劳力不加利者，不为也。……是以天下之民可得而治，财

---

① 《辞过》篇。
② 《亲土》篇。
③ 《节用》篇上。
④ 《节用》篇上。

用可得而足,当今之主,其为宫室,与此异也,必厚作敛于百姓,暴夺民衣食之财。……是以其财不足以待凶饥,赈孤寡,故国贫而难治也。君实天下之治,而恶其乱也,当为宫室,不可不节。①

按"无不加利而为者"与"不加于民利"同意,谓其用度并无结果,并无利益也。

墨子所举奢华之流弊,计有二端:(甲)国家有凶荒,人事有变迁,苟平日奢华,不知储蓄,则一旦变故发生,势必难乎为继,"先民以时生财,固本而用财则财用足,故虽上世之圣王,岂能使五谷常收而旱水不至哉!其力时急而自养俭也"②。使平时能准备,则临时不致失措,欲有准备,则平时须节俭。(乙)奢华可使人丧失其志气,趋入于淫佚一途,不能自拔,古之桀纣,即其例也。"衣服饮食舟车蓄私,皆不可不积,此五者,圣人之所俭节也,小人之所淫佚也,俭节则昌,淫佚则亡。"③

(三)节葬　墨子既主张节用,以免除贫乏情形及减少贫富阶级悬殊现象,故力主薄葬,持论谓厚葬久丧则财用不足,于民无利,其结果必致产生有三大弊端:(一)国家必贫,(二)人民必寡,(三)刑政必乱,④盖葬礼之厚者,王公大人三年不得听政,士民三年不能执业,农不能耕稼树艺,工不能修舟车器皿,妇人不能纺绩织纴。苟葬者为王公天子,所费更巨,因而间接增加人民之负担,为害之大,何可胜言。况人生前犹当节用,死后何必再加以无谓之耗费,"衣食者,

---

① 《辞过》篇。
② 《七患》篇。
③ 《辞过》篇。
④ 《节葬》篇下。

人之生利也，然且犹尚有节；葬埋，人之死利也，夫何独无节？"①墨子所叙述当时社会之厚葬情形，盖深致其感慨也：

> 执厚葬久丧者言，以为事乎国家，此存乎王公大臣有丧者。曰：棺椁必重，葬埋必厚，衣衾必多，文绣必繁，邱陇必巨，存乎正夫贱人死者，殆竭家室乎？诸侯死者，虚府库，然后金玉珠玑北乎身，纶组节约车马藏乎圹，又何必多为屋幕鼎鼓，几梴壶滥，戈剑旄齿革，寝而埋之。②

墨子以为此种厚葬办法，于生者有害，于死者无益，故目为非仁非义之举，"若人厚葬久丧，实不可以富贫众寡定危治乱乎，则非仁也，非义也"③，本人特提倡一种理想的办法如下：

> 桐棺三寸，足以朽体，衣衾三领，足以覆恶。及其葬也，下毋及泉，上毋通臭，垄若参耕之亩，则止矣。死者既已葬矣，生者必无久丧，而疾而从事，人为其所能，以交相利也。④

其实儒家中如孔子，亦以丧葬偏乎虚礼为非。庄子主以尸饲乌鸢，未免矫枉过正，墨子所云，尚不失为中庸之道耳。

（四）非乐 非乐亦为墨子思想之重要部分，彼以为"乐非所以治天下也"⑤。其述及音乐本身之价值，乃评为："上考之不中圣王之事，下度之不中万民之利"⑥，在其书中，列举若干过去之事实

---

① 《节葬》篇下。
② 同上。
③ 同上。
④ 同上。
⑤ 《三辩》篇。
⑥ 《非乐》篇上。

以为证,谓强敌来侵或暴寇为患,纵有佳妙之音乐,有何用处?故彼之结论,认音乐之弊害多于利益,是以毅然排斥之。自表面观之,似乎"墨子反对音乐"一语可以包括一切,实则大谬不然,我人研究墨子之非乐论,最重要者在认明"墨子并不主张完全废弃"一语,切不可误会墨子对于音乐制度之本身,主张推翻。其说之渊源,仍出自"节用论",不能遽断为"墨子反对娱乐"也。墨子所反对之音乐,共有三种:(一)伤民财之乐,(二)夺人民时间之乐,(三)损害人民生产事业之乐,墨子所反对之音乐,为具有此三种害处之乐,但音乐并非尽有此三大弊病者,故余以为墨子所谓"不足治天下"等语,乃系有激而发,非反对音乐本身。标题"非乐"二字,宜作"非有害之乐"解释,方能与墨子之全部经济思想,贯串一致。

为此之故,墨子特指出"大钟鸣鼓琴瑟竽笙之声",以之与"刻镂文章之色,犓豢煎炙之味,高台厚榭邃野之居",相提并论,皆指其产生害处之数种嗜欲言之。口味、宫室本身,墨子亦知其重要(已见前文),但上述数种,以其有害,故特别表出之,此义正可解释墨子对于音乐之态度,今人乃谓墨子"反对一切美术",此言实有商榷之余地。

何谓伤民财之音乐?盖有数种音乐,其乐器所费极大,如墨子所举大钟鸣鼓等等,其费用不能不由人民担负之。有时雇用乐人,使其美颜色衣服以取悦于观者,此乐人一阶级,直系社会之蠹。此种音乐盛行后,其结果必致劳民伤财,大悖乎节用之原理也。"故也将必厚措敛乎万民,以为大钟鸣鼓琴瑟竽笙之音。"[1] 又曰:"……今王公大人,惟毋为乐亏夺民衣食之财,以拊乐如此多也,是故子墨子曰,为乐非也。"[2]

---

[1] 《非乐》篇上。
[2] 同上。

何谓耗夺人民时间之音乐？盖奏乐不加节制，将失其陶冶性情一利益，而生出耗费时光一弊端。人民沉迷于音乐上之时间加多后，则其作事之时间，自必减少，故墨子之"其乐愈繁，其治愈寡"[1]，自属至理名言。《非乐》篇中论此点最详：

> 钟犹是延鼎也，弗撞击将何乐得焉哉？将必击撞之，惟勿撞击将必不使老与迟者，老与迟者，耳目不能聪明，股肱不毕强，声不和调，眉不转朴，使丈夫为之，废耕稼树艺之时，使妇人为之，废纺绩维织之事。……今大钟琴瑟鸣鼓竽笙之声，既已具矣，大人锈然奏而独听之，将何乐得焉哉？与君子听之，废君子听治，与贱人听之，废贱人从事。[2]

执政者及人民好乐，乃至废其正业，此种漫无限制之消费，当然害多利少，无怪墨子之竭力反对也。

何谓损害人民生产之乐？我人工作，首重己身之劳力，"赖其力则生，不赖其力则不生"[3]。墨子对于生产要素中，劳工一端，至为重视，彼以为人须分工，[4] 始能尽量利用其劳工，音乐之有害者，足以使人分心，不能专作一项工作，其损害人民生产，流弊极大。按墨子之分工理论，见于《非乐》篇中极多，可知墨子实承认音乐之为害者，足以以减少人民分工之效率也。

论非乐一点，儒家与墨子之态度相同，孔子时，郑齐淫乐，已入朝廷，故孔子非之。抑又有进者，孟子对齐宣王语曰："独乐乐，

---

[1] 《三辩》篇。
[2] 《非乐》篇上。
[3] 同上。
[4] 详见下文。

与众乐乐",而墨子所反对者,为音乐中之劳民伤财者,皆以国民为重,盖似相反而实相成者也。

(乙)生产论

(一)劳工 墨子论生产,最重劳工(labor),彼盖力辟天命之说,而以勤劳之说代之,称人之不事工作,或工作而怠惰者为"罢而不肖"[①],甚至以禽兽与人类相比。其言如下:

> 人固与禽兽麋鹿蜚鸟贞虫异者也。今之禽兽麋鹿蜚鸟贞虫,因其羽毛以为衣裘,因其蹄蚤以为裤屦,因其水草以为饮食,故唯使雄不耕稼树艺,雌亦不纺绩织纴,衣食之财固已具矣。今人与此异者也。赖其力者生,不赖其力者不生,君子不强听治,即刑政乱;贱人不强从事,即财用不足。[②]

以为人类与禽兽不同,禽兽可以无需劳动,人类不肯劳动,则天下乱而财用不足,其视劳工之重要,可谓至矣。

以墨子之劳力说与先秦其他思想家较,则与列子所倡之天命说,恰形相反,夏禹之治洪水,一极费劳工之事也,墨子极称许之,庄子更附以记载:谓"使后世之墨者,多以裘褐为衣,以跂𫏋为服,日夜不休,以自苦为极,曰,不能如此,非禹之道也,不足谓墨"[③],盖墨子承认工作为人类应尽之义务,无可推诿者也。

墨子之注重劳工,在上文论墨子经济思想特点时,已略有论及,今再引其原文一段,以见其提倡劳工之精神,借见"劳工神圣"一语,

---

① 《非命》篇中。
② 《非乐》篇上。
③ 《庄子·天下》篇。

实为我国先哲之旧说,非二十世纪之产物也:

> 今也王公大臣之所以早朝晏退,听狱治政,终朝均分而不敢怠倦者,何也?曰,彼以为强必治,不强必乱,强必宁,不强必危,故不敢怠倦。今也卿大夫之所以竭股肱之力,殚其思虑之知,内治官府,外敛关市山林泽梁之利以实官府,而不敢怠倦者,何也?彼以为强必贵,不强必贱,强必荣,不强必辱,故不敢怠倦。今也农夫之所以早出暮入,强乎耕稼树艺,多聚升粟,而不敢怠倦者,何也?曰,彼以为强必富,不强必贫,强必饱,不强必饥,故不敢怠倦。今也妇人夙兴夜寐,强乎纺织绩绖,多治麻丝葛绪,捆布縿,而不敢怠倦者,何也?曰,彼以为强必富,不强必贫,强必暖,不强必寒,故不敢怠倦。今虽毋在乎王公大人蒉,若信有命而致行之,则必怠乎听狱治政矣,卿大夫必怠乎治官府矣,农夫必怠乎耕稼树艺矣,妇人必怠乎纺织绩纴矣……我以为天下必乱矣……我以为天下之财,将必不足矣。①

要之,政府不肯勤劳,则政治乱,人民不肯勤劳,则出产少,此种原理,诚属简单,等于西人口头禅 Go to Work 一语,然健全完善之经济理论,亦由此而产生,不容忽视也。

(二)分工 分工原理,在我国发明极早,近人皆推孟子理论为最详,实则墨子之分工论,其解析之精微,远在孟子之上,我人对于墨子经济思想之其他各部分,觉犹有令人不能满意处,惟分工论乃绝无缺点也。

---

① 《非命》篇下。

墨子云："各从事其所能"[1]，又曰："各因其力所能至而从事焉"[2]。《非命》篇中，述王公大人之"听狱治政"，卿大夫之"殚其思虑，内治官府，外敛关市山林泽梁之利"，此劳心之事也。农夫之"耕稼树艺"，妇人之"纺绩织纴"，则皆劳力之事。又如《非乐》篇中详言王公大人等之执政，此专就个人能力上之不同，分出"治人"及"被治于人"之两种阶级也。

分工有时亦依地理而分。如：

> 荆有云梦，犀兕麋鹿满之，江汉之鱼鳖鼋鼍，为天下富，宋所为无，雉兔狐狸也。[3]

盖某地自有其特殊之出产物，人民亦以其出产品之不同，各择一业以为生也。

上述分工原理，已足当精到二字，但以上所述者，仍为"分职业"之分工，而非"一工作划分成数部分"之分工；墨子经济思想之可贵，在不但能如柏拉图之注意分业，在能了解分工一名词之真意义，如亚丹·斯密斯所云者。墨子云：

> 譬若筑墙然，能筑者筑，能实壤者实壤，能欣者欣，然后墙成也。为义犹是也，能谈辩者谈辩，能说书者说书，能从事者从事，然后义成也。[4]

此种理论，谓造一墙须分若干部分，由各人分任之，足证墨子对于分工一问题，能较他人所言，更进一层，非仅主张各人择一专

---

[1] 《节用》篇中。
[2] 《公孟》篇。
[3] 《公输》篇。
[4] 《耕种》篇。

业而已,墨子深信欲采用分工制度,工人须受有相当之训练,以增加本人之能力:

> 吴虑为子墨子曰,义耳义耳,焉用言之哉!子墨子曰,藉设天下不知耕,教人耕与不教人耕而独耕者,其功孰多?吴虑曰,教人耕者其功多。[1]

知分工论中之分业,甚平常,能知分工一名词之狭义,且能注意及于工人之训练方面,我人不能不佩其识见之卓越也。

兹为下一断语曰:"我国周秦思想家中,对于分工问题,有澈底精密之研究者,当推墨子为第一人。"

(三)人口　儒家于人口主众多,孔子以庶民为好现象。孟子认无后为不孝,墨子经济思想,虽另属一派,然于一国人口,亦主增多,拟以西洋经济思想史中之重商派经济家(mercantilsts)差堪近似焉。

墨子曰:"欲民之众而恶其寡"[2],"天下之王公大人,皆欲其国家之富也,人民之众也,刑法之治也"[3],又曰:"人民寡,则从事乎众。"[4] 墨子经济思想之所以值得表扬者,在能陈述理由,且讲求实际办法,故能有不少新理论也。

增加人口之方法,墨子举出早婚一法,比较的亦以此点讨论最详。其言曰:

> 孰为难倍?唯人为难倍。然人有可倍也。昔者圣王为法曰:丈夫年二十,毋敢不处家;女子年十五,毋敢不事人,此圣王之法也。圣王既没,民次矣,其欲早处家者,

---

[1] 《鲁问》篇。
[2] 《辞过》篇。
[3] 《四贤》篇。
[4] 《节葬》篇。

> 有所二十年处家，其欲晚处家者，有所四十年处家，以其早与其晚相践，后圣王之法十年，若纯三年而字，子可以生二三人矣，此不惟使民早处家而可以倍与！①

此盖谓女子十五而嫁，其生育率当为每三年得一子，其所定之增加率，远出马尔塞斯所定者之上。

增加人口方法，犹不独早婚一端已也，墨子且以为夫妇宜相处有时，此亦为彼反对战争之一原因：

> 大人惟毋兴师以攻伐邻国，久者终年，速者数月，男女久不相见，此所以寡人之道也。②

至人民之直接死于战争者，当然极多，"兴师以攻伐邻国"，其结果竟至"粮食辍绝而不继，百姓死者不可胜数"③，则战事之不可不弭止也明矣。

除早婚及战争二端足以减少一国之人口数目外，蓄妾则拘女寡夫多而人民少，墨子以为"内无拘女，外无寡夫，则天下之民众，故蓄私不可不节"④。政府方面，则不可有聚敛之举，盖劳民伤财，亦足致人民冻饿而死也。

疾病亦足致人民之死亡，减少国家人口，墨子之主张薄葬，与其人口理论亦有关系，盖厚葬足以使生者"面目陷隁，颜色黧黑，耳目不聪明，手足不劲强"，故疾病死者，不可胜数；薄葬则礼简而人无疾病，且亦无天子杀殉之事，纵不因此即增加其生育率，然其死亡率确可减少也。

---

① 《节用》篇上。
② 同上。
③ 《辞过》篇。
④ 《辞过》篇。

（四）非攻　墨子反对战争最力，书中申论此点之处极多。如云：

> 视人之室若其室，谁窃？视人之身若其身，谁贼？视人之家若其家，谁乱？视人之国若其国，谁攻？①
>
> 天必欲人之相爱相利，而不欲人之相恶相贼也。②

彼且举出例证甚多，禹汤文王不喜战事而昌，桀纣以善于侵人而亡，盖战事不仅减少一国之人口，其在国内生产方面，亦将受一大打击：

> 大国之攻小国，譬犹童子之为马。童子之为马，足用而劳。今大国之攻小国，攻者，农夫不得耕，妇人不得织，以守为事。攻人者，亦农夫不得耕，妇人不得织，以攻为事。③
>
> 今师徒唯毋兴起，冬行恐寒，夏行恐暑，此不可以冬夏为者也。春则废民耕稼树艺，秋则废民获敛，今唯毋废一时，则百姓饥寒冻馁而死者，不可胜数。④

可知墨子之非攻，一因减少人口，一因使人民之生产事业停顿，二者皆经济方面之理由也。

（五）重农　墨子书中，并无论及商业之处，然于农业则极端注意，盖亦一重农之思想家也。彼以为凶荒之年，足以驱人民入于恶境。故云："岁善则民仁且良，时年岁凶，则民吝且恶。"⑤彼又

---

① 《兼爱》篇上。
② 《法仪》篇。
③ 《耕柱》篇。
④ 《非攻》篇中。
⑤ 《七患》篇。

认缺乏五谷,为国家七大患害之一,缺乏则"君无所养,民无所食"①。此种议论,与儒家"足食"之意相符合,《说苑》中更记其与禽滑厘之言曰:

> "……今当凶年,有欲予子随侯之珠者……又欲予子之钟粟者。得珠者不得粟,得粟者不得珠,子将何择?"禽滑厘曰:"吾取粟耳,可以救穷。"墨子曰:"诚然。"

观此则墨子之重食,尤重于货,至在实际上之设施,墨子主张开辟荒地,以收山林泽梁之利,同时再劝民勤于农务,增加各项农业出产品。故曰:

> 今万乘之国家数于千,不胜而入广衍,数于万,不胜于辟。②
>
> 贤者之长官也,夜寝夙兴,收敛关市山林泽梁之利,以利官府,是以官府实而财不散。贤者之治邑也,蚤出莫入,耕稼树艺,聚菽粟,是以菽粟多而民足乎食。③

我人研究墨子之重农主张,尤须注意《非攻》篇减少人口,亦为墨子反对战争之一原由。人口少之影响,则农业不振是也。

(丙) 交易

(一) 交通　墨子既承认人类之欲望,系属与时俱进,而生产方面彼更提倡分工,然则交易固属不能免之事业,墨子于交通机关之设备,书中颇有述及,如:

---

① 《七患》篇。
② 《非攻》篇。
③ 《尚贤》篇。

联车为服重致远，乘之则安，引之则利，安以不伤人，利以速至，此车之利也。古者圣王为大川广谷之不可济，于是制为舟车，则虽上者三公诸侯至，舟车不易，津人不饰，此舟之利也。①

又曰：

古之民未知为舟车时，重任不移，远道不至，故圣王作为舟车，以便民之事。其为舟车也，全固轻利，可以任重致远，其用财少而为利多，是以民乐而利之，法令不急而行，民不劳而上足用，故民归之。②

是墨子固认舟车之有益于人类，一在便利，二在费财少。此种言论，皆根据于其实利主义之上，其识见颇多可取，较之老子所谓："致治之世，邻国相望，鸡犬之声相闻……虽有舟车，无所用之，民至老死不相往来"，鄙弃物质文明之论调，显然有优劣之判矣。交通原为国家命脉，中国自黄帝命邑夷作车，引重致远，共鼓造舟，以济不通，又造指南车以示四方，舟车乃作，交通为之大便。惟在上古时代思想家，论及此问题者尚不多，道家不必论矣，即儒家除后来之荀子外，余人亦不提及，墨子此论虽简要，亦有注意之价值焉。

墨子不但讨论舟车之利益，且主张交通事业应由政府举办。其言曰：

若圣王之为舟车也，则我勿敢非也。古者亦尝厚措敛乎万民以为舟车，既已成矣，曰，吾将恶许用之？曰，舟

---

① 《辞过》篇。
② 《辞过》篇。

用之水，车用之陆，君子息其足矣，小人息其肩背焉，故万民出财费以予之，不敢以为感恨者，何也？以其反中民之利也。①

盖从历史上观之，为人君者，往往因办交通事业而趋于厚敛一途，然因振兴交通，利益极大，人民当求忍苦于一时，以享久永之便利。至于政府方面，亦当体恤人民苦处，舟车当为国民而作，勿专务奢靡，使人民造舟车以供人君之享乐，以致"女子废其纺织而修文采……男子离其耕稼而修刻镂"②。墨子理想之适中方法，则政府举办交通事务，当以"用财不废，民德不劳"为标准，大人之"珠玉鸟兽犬马"，当取之以益舟车之数，③如是则能免厚敛，而人民亦能得交通便利之实益也。

（二）货币　交易发达，则不能不有货币以为交换之媒介，货币更可为万物价值之测量标准。中国货币之历史，虽甚古远，但在上古时代，除法家外，精审之货币学说甚少。墨子关于货币一问题，仅有记载，而无具体之意见。如：云"厚为皮币，亟遍礼四邻诸侯。"④"外有以为皮币，与四邻诸侯交接。"⑤"外有以为环璧珠玉，以聘挠四邻。"⑥皆其例也。虽然，墨子经济思想之主要部分，原不在此，无足异也。

---

① 《非乐》篇上。
② 《辞过》篇。
③ 《节用》篇上。
④ 《鲁问》篇。
⑤ 《尚贤》篇中。
⑥ 《天志》篇中。

第五节　墨子经济思想之批评

综上观之，余以为墨子之经济思想，与儒家较，内容虽多出入，而目的则同，一言以蔽之曰均富而已。儒家主张社会贫富阶级之距离，不宜相差太远，孔子之"不患寡而患不均"一语，可为代表一般人之思想，孟子所称誉之井田制度，亦因其能实行均富也。墨子经济思想之基本观念为节用，故反对厚葬与音乐，以二事为"亏夺人民衣食之财"，即奢华也。以衣服论，能适身体和肌肤已足，锦绣文采靡曼之衣，实属无用。[①]其《尚贤》篇云："何为而得富贵而辟贫贱？莫若为贤，为贤之道将奈何？曰，有力者疾以助人；有道者劝以教人；若此则饥者得食，寒者得衣，乱者得治。"《修身》篇云："据财不能以分人者，不足与友。"《尚同》篇云："有余财以相分"，此三篇所云，纯自道德上立论，救济贫民之意，与经济学中之分配论无关，然皆足以证明墨子之理想的经济组织，其贫富二阶级，必非相去悬殊者也。

又岂独儒墨二家之经济思想如此，即中国历代经济政策，亦以均富为主，井田制度及商鞅之开阡陌，不过为实行均产之一种方法而已。墨子经济政策之最后结果，不但与儒家一致，且与我国历代之经济设施，亦有同一之趋向。

墨子经济思想之优点，已见第二节与上节所论，其缺点亦甚多，述之如下：

（一）忘却个人有自私自利及好胜等本性也。

墨子主张交相利，又反对战事，且主张节葬，又以奢华为不当，凡事不加于民利勿为，彼实完全不知个人有其本能（instinct），有其占有的冲动（possessive impulse），一完全之经济思想，不当专自

[①]　《辞过》篇。

消极的排斥某种制度，更当察其起因，立出限制，或救济之方法。如有害之音乐，人皆知其不当，然用何物以替代之，则不曾提及。战争诚为经济建设之大敌，然何由而起，彼则不遑顾及，荀子评墨子为："蔽于实而不知文"①，实系定评。

（二）批评一切事物仅能从一方面着想也。

墨子批评一切社会制度及经济事物，有时但见其利而不知其弊，或但见其弊而不见其利。换词言之，则彼之眼光，但集中于一方面而不及见其另一方面，但知有某制度后有何害处，缺乏某制度后之害处，不知也。只言废却某事有何利益，此事存在后有何利益，则不问也。于是其经济理论，乃往往流于偏激一途。如墨子主张人口之众而主早婚，仅知早婚之可以增人口，不知晚婚乃有不少之利益，而早婚亦有不少弊窦在也。

（三）忽略人类经济活动及经济制度效用之一切限制也。

按经济学理，人类之经济活动与经济制度之效用，俱有一定之限制，以言人类物质之享受，乃有效用渐减律（law of diminishing utility），以言土地之生产能力，则有收效渐减率（law of diminishing returns）。总之，二者皆有限制，过此限制，则其本来情形，必有变化。墨子乃不知此理，如彼提倡劳工，一若人之工作能力，绝无限制者，殊不知过一定之限制，亦必有疲倦（fatiqne）现象发生，得不偿失也。

---

① 见《荀子·正论》篇。

第二章　宋钘子与尹文子

　　墨家诸子，若禽滑厘、耕柱子、高石子诸人，其著述均不传，若辈有何经济上之主张，后人无由得知。惟宋钘子及尹文子二人，尚有破碎不全之经济议论；宋子学说，散见于庄、孟、荀诸家书中，尹文子则有著述传世。至于专言名学，不谈经济之惠施一派，其思想自哲学家方面观之，虽极重要，自研究经济者观之，可置之于不论不谈之列。故墨家除开宗之墨翟，其经济学说吾人当特别注意外，所余仅宋钘与尹文子二人，其经济思想史料，当搜集而批评之。

　　宋钘子，宋人，系墨子之徒，时代与孟、庄二人相同，其学说乃受墨子影响，而又参以道家思想者。不外两点：（一）非战，（二）寡欲，庄子概评其学说，谓"以禁攻寝兵为外，以情欲寡浅为内"[①]，可见其学说之一斑矣。关于第一点，与经济无甚关系，吾人惟知宋子生平尝奔走天下，以弭战祸、倡和平为宗旨，以"见侮不辱"之理，劝人不争，劝各国勿战。此与墨子非攻之说有别，墨子乃专从经济方面，申论战事之害，以为战争不但足以减少人口，且使农夫不能耕，妇人不能织，换言之，生产事业停顿也；宋子乃撇开经济上损失而不谈，专从道德及心理方面，劝各国停战，此为二人学说不同处，二人虽同主非战，墨子有经济思想，宋子则并无经济思想。

　　再论宋氏欲望之说，宋钘子以为人之情欲寡，人类本心，原不欲将各种嗜好一一全满足之，是其说实与经济学中"欲望扩张"一

---

① 《天下》篇。

定律，适形相反也。荀子述其学说曰：

> 子宋子曰：人之情欲寡，而皆以己之情为欲多，是过也，故率其群徒，辨其谈说，明其譬称，将使人知情之欲寡也。①

宋子之意，以为人类天性，其欲望甚少，且亦不求满足，倘得物寡，则适如其欲，乃系乐境而非苦境。其说与墨子不同，墨子深知人类愈进化愈发达，则欲望之量与质亦日增，故经上曰："为穷知而懻于欲也"，盖谓决定人类行为之趋向，非为知识所定夺，乃为欲望所决定，同时墨子更主张无益或非必要之欲望，应行遏制，宋子则以为人类欲望，本甚稀少，并不随时增加，是二人之欲望论，主张甚有出入也。

若持宋子荀子二人欲望论比较之，吾人只须研究荀子对于宋子欲望论之批评，即可了然，荀子之评论曰：

> 然则亦以人之情，目不欲綦色，耳不欲綦声，口不欲綦味，鼻不欲綦臭，形不欲綦佚，此五綦者，亦以人之情为不欲乎？曰，人之情欲是矣，曰，若是则说必不行矣，以人之情为欲此五綦而不欲多，是犹人之情为欲富贵而不欲货也，好美而恶西施也。②

宋钘子以为人类欲望甚简单，且有止境，荀子主张性恶，谓欲望不能根本取消，如目之于色，耳之于声等等，不仅求其满足，且有扩张之情形，所谓"欲多"是也。是宋荀二人对于欲望之见解，完全相反，宋子斯言，诚其所短，荀子评其欲望论谓："蔽于欲而

---

① 《荀子·正论》篇。
② 《正论》篇。

不知得"①，非苟论也。

尹文子，《汉书·艺文志》谓彼曾游说齐宣王为墨子之徒，著书一卷，倡说欲自处于虚静，但于世间事物，则须正其区别，再归于理法之治，所谓四呈者，内有平准法，如律度权量是，用以明上下分贵贱，与管子之轻重法无干。彼之阶级观念极深，故有："大小多少，各当其分，农商工仕，不易其业"②等言，又曰："道行于世则贫贱者不贪，富贵者不骄，愚弱者不慑，智勇者不陵，定于分也"③，是谓正名。

持尹文子与老子之经济议论较，则尹文子较胜一筹，因无论如何，彼究尚知富国之重要也。彼以年饥民散为国家纷乱之由，④国家共分为六等：（一）衰，（二）亡，（三）昌，（四）强，（五）治，（六）乱，亡国为"国贫小，家富大"，强国则必有"农桑以时，仓廪充实"之现象。⑤

尹文子以为人心喜富贵而恶贫贱，此为常情，"贫则怨人，贱则怨时"，为人情之倾向，政府不可一概非之，当有所保护，则民归之，人君当与人民同劳逸，所谓"酬万民"也。

> 今万民之望人君，亦如贫贱之望富贵，其所望者，盖欲料长幼，平赋敛，视其饥寒，省其疾痛，赏不滥，使役以时，如此而已。……人君不可不酬万民，不酬万民则万民之所不愿戴，所不愿戴则君位替矣，危莫甚焉，祸莫大焉。⑥

---

① 《解蔽》篇。
② 《大道》篇上。
③ 同上。
④ 同上。
⑤ 《大道》篇下。
⑥ 同上。

言政府一方面当明阶级之分,一方面当着眼经济方面,极力保护每一阶级之利益。

尹文子经济思想之长处,在能洞见人民经济状况与国家强弱之关系,言论虽属幼稚,要亦值得表彰;短处在认定社会间工商各阶级无更换越级之可能,与管子分工说绝类。

第三章　墨家经济思想总评

墨家在中国各派思想中，其影响不若儒、道、法诸家之深，在中世时代渐行衰微，情形正与农家仿佛，故墨子重要之经济思想，若节葬、分工、人口、非战等言论，在孟子而后国人加以继续研究者极少，然在战国之际，墨子经济学说，必曾盛行，骎骎然与儒家分庭抗礼焉。孟子言杨朱、墨翟之徒盈天下，韩非子曰："世之显学，儒墨也"，《吕氏春秋·尊师》篇亦言："孔墨之徒属弥众，弟子弥丰，充满天下"，皆可为证也。自汉以降，其学几绝，《史记》亦未为墨子立传，墨学之微，概可想见。至非墨者如道家中之庄子，虽于墨家学说，颇有微词，然于墨子刻苦自励之精神则极端推崇，法家中之韩非，对于墨子，亦有评论，儒家孟荀评之最力，而《荀子·富国》篇，不特所言较他人为详尽，且着眼于墨子之经济思想，是为他人所不能及者。研究墨荀二人经济思想者，宜取《荀子》该篇读之。

儒墨二家经济学说，固有不同处，然双方学说，均含均富要义，墨子反对社会上任何阶级之暴富或奢华，此与儒家之主张，实趋一致。又墨子不主绝欲论，其所谓节用者，非摒绝嗜欲之谓，故墨子谓宫室求其足以辟润湿，圉风寒，衣服求其轻且暖，饮食求其能增气充虚，强体适腹，舟车求其能任重致远；满足欲望，求其适用，于人生必要之具，并不加以反对，其学说固亦节欲论之一种也。次言生产，墨子《耕柱》《非攻》等篇，间有重农之言论，儒家亦主兴农。惟墨子于商业不曾加以详细之讨论，此其不及孟荀之处，此外如墨子之分工说，极为精到，人口论则主增加，而于战争加以反对，而孟子之分工、非战，亦为世所共喻，是儒墨二家学说，又一相同之处也。分配论墨子无甚贡献，而其论交通则为儒家所无，亦值得注意处。若论租税，为儒家主要之贡献，墨家则付阙如。要之，我人如专就经济思想一面而论，儒墨二字学说相同之处，较相异之处为多。

墨家经济思想，与法家言论相较，则大有出入，细按之自明，胡韫玉氏尝论墨学之纲要云：

> 墨子志在救世，世之相争斗也，其故有二，一则以物力不足供所求，于是以饮食之微，致有攘夺之事。一则国家界限太明，于是以细末之故，致有兵戈之举。墨子有见于此，一以节用救之，一以兼爱救之。①

试再观法家之言论，管子虽亦主节用，但所言不多，消耗论在管子经济思想中，比较的并不重要，盖管子固注重启发利源，使物力足供所求，与墨子学说，带有消极色彩者不同，若商子、韩非诸人，于节用之说，竟不着一字。至第二点，法家主张功利主义，以富国强兵侵略他国为尚，于国家之界限，惟恐其不分明，此又与墨子兼爱之说，根本上相异者也。故墨子之经济思想，较儒家为近，而于法家学说，则针锋相对，所谓"道不同不相为谋"者是，后人仅知儒墨二家之不相容纳，实则法家之经济学说，乃真与墨家言处处背道而驰也。

墨家诸子，除墨子外，只有宋钘子、尹文子二人，略有片段之经济思想，故吾人所谓墨家经济思想者，几指墨子一人之学说而言，若儒家、法家，则壁垒森严，几人人皆有经济思想发表，不如墨家之只恃墨子一人，此则吾人于叙述墨家经济思想时，所引为抱憾者也。

---

① 《墨子学说》，《国学汇编》第一集。

［第六编］
法家

第一章　管仲之经济思想

第一节　管子传略

　　管仲为法家鼻祖，亦为中国经济思想史中之革命者，不特于经济事物上具有卓见，其政治之经纶，功垂史册，为后人所称，与前之周公旦、后之王安石互相辉映，为我国过去之经济思想史中，增无数之光荣。我人评判先秦之经济思想，觉比较的以管子理论较纯粹及较详尽，实为纯粹之经济家，而为周秦诸子中之翘楚，其思想殊有详细研究之必要也。

　　管仲传见于《史记》之《管晏传》，《国语》中所记亦多，此外则《左传》《论语》等书，皆有论及。管仲字夷吾，颍上人，相齐桓公，霸诸侯，攘夷狄，以注重经济政策收富强之效，五霸之中，齐为最盛，其富甲天下，皆管子之力也。《论语》中于管子虽有微词，如以管子为器小，然孔子亦尝云："如其仁，如其仁"，"微管仲吾其被发左衽矣"，是孔子于渠之功绩，亦深加赞许。管仲病殁于周襄王七年（西历前六四五年），生平事迹，《史记》中总括之云："桓公实怒少姬，南袭蔡，管仲因而伐楚，责包茅不入贡于周。桓公实北伐山戎，而管仲因而令燕修召公之政。于柯之会，桓公欲背曹沫之约，管仲因而信之，诸侯由是归齐。"① 又曰："齐中衰，管子修之，设轻重九府，则桓公以霸，九合诸侯，一匡天下，而管氏亦有三归，

---

① 《管晏传》。

位在陪臣，富于列国之君，是以齐富强至威宣也。"[①] 可知管子又为一大政治家，其理论皆曾施诸实行，且多成效，吾人研究其经济思想，不能不更于其政绩上着眼，以其生平事绩，足以代表其思想之趋向也。

管子理财，以轻重之术驭天下，发山海之利，而外因于天下，其盐铁政策，实开我国经济史上国家专利之先声，盐铁之利，在管子前，不为国人所重，今人所谓盐策云云者，实肇自管子也。齐之盐政，完全由官府经营，以运输国外，对于国内，则计口授盐，而敛以税，对外则用枲盐之法，以增国家岁入而并外国之利。至于铁，虽由国家经营，实赖租税，与人民分其利，当时梁赵宋魏诸国，盐一物皆赖齐之供给，齐更开矿捕鱼介，减轻租税，恤商以广招徕，行之既久，齐乃大富。总之，齐之得霸诸侯，由于国富，国富由于管仲经济思想实现之故。

第二节　《管子》书之研究

《管子》一书，流传至广，究竟是否为管仲所著？此层极为历代考据家所注意。按该书二十四卷，据《汉书·艺文志》有八十六篇，今之通行本仅有七十六篇，傅子曰："管子之书，半是后之好事者所加"，叶水心曰："《管子》非一人之笔，亦非一时之书"，黄震曰："管子书不知谁所集，乃庞杂重复，似不出一人之手"。此外如晁子止、姚守源诸人，亦有同样之论调。

从各方之观察，该书之并非全为管仲自著，盖无疑义。盖《管子》书篇幅甚多，不类在短时期内所著，考史乘所载，管仲生平掌齐国务，似不能有暇晷以成此宏大之著作，周秦诸儒，若孟、荀、墨诸人皆

---

① 《货殖列传》。

因怀才不用,始努力于著述,其处境与管子绝异也。再则书中所言,涉及管仲身后之事,如提及毛嫱西施,又曰:"吴王好剑",皆属春秋末年间事,管仲何由得知?况管仲死在桓公之前,而篇中称桓公之处甚多,凡此种种,俱足以证明《管子》乃一部伪书。结论有二(甲)乃齐桓管仲问答之词,为后人所记载者,(乙)书中材料一部分,系管仲自作,一部分乃他人所著。依(甲)之说,则管子书即系管仲之经济思想,应行研究,自不待言;若依(乙)之说,则我人能否承认管子书中所言者,代表管仲思想?此一点殊为重要。

余以为《管子》虽系伪书,然书中之经济理论,亦极有研究之价值,以其确能代表其本人之经济思想也。此书虽非管仲手著,但书中主张,多与管仲生平执政之设施相符合。书中固掺杂有道家论调,如《心术》《内业》《侈靡》《宙合》诸篇均是,然皆与经济无干,不足以妨碍我人之研究。研究昔人之经济思想,苟著述真伪发生问题时,我人须注意以下三种情形:(一)著述中之理论,与其人生平政绩事实,是否符合一致?(二)该书是否能独标真谛,成一家言?(三)书中经济思想之时代背景,与著者所处环境,是否相同?今管仲生平以盐铁之利,使齐国富强,而管子书中,亦极力叙述二者之重要。该书经济理论,极为精到,足以代表法家学说。著者之时代背景,殆与管仲相同。(《史记》本传载管仲卒后,齐国遵其政者数百年),故我人不因管子书为伪书而不研究,亦不因《管子》一书,杂有他人著作,遂将管子与管仲之经济思想,分开研究。

第三节　造成管子经济思想之要素

管子之经济思想,实为当时之时代背景所产生,与其谓经济思想之进步,毋宁谓为该时环境之出产物。此项经济思想,乃顺应该时代之需要而生。试溯其源，则有五端：

　　旧日国家政府与人民之关系，纯系道德的，今乃变为经济及政治的，一也。在昔国家之组织简单。政府之职务甚少，周公旦兴订王者之法，其时民性淳厚，社会去隆古淳穆之风未远，政府之一切设施，措置不难，盖人民与执政者之关系，纯系道德的，而法治的问题在该时殊无产生之余地。管仲时代去周公已远，国家与个人分别甚严，苟政府不能有相当之设施，将无由统治其人民，昔日欲保全社会之安宁与秩序，促进人民之幸福，驱役人民为之服务甚易，今则较难，管仲有鉴于此，故其思想全部皆认政府与人民之关系为政治及经济的，盖以为此项思想，如不能实现，政府与人民之关系，将无由维持也。

　　人口增加，以致人民之生计较前困难，二也。管仲之学说，可称救时良药，何以言之？盖管仲之经济思想，仍属一种富国政策，治国如不能将民生问题解决，则他事皆无从置办，在昔土地之供给多，国家之人民少，洎乎人口率渐增而土地乃有不敷之虞，故《管子》全书开首《牧民》篇即曰："仓廪实则知礼节，衣食足则知荣辱"，此为管仲全部经济思想之纲领。管仲时代，早孔子约百年，管子尚然，无怪孔子之主张先富后教，孟子之重视恒产矣。

　　社会上经济制度之逐渐发达，日趋进步，三也。经济制度有其变迁之痕迹，往往随时日之更变而日趋复杂，此天然之趋势也；经济制度渐复杂，则经济思想亦日趋精密，以今昔中国经济思想发达之情形观之，可知此言之不谬。周秦之际，物质文明，较前为盛，司马迁记之云："太公望封于营丘，地泻卤，人民寡，于是太公劝其女红，极技巧，通鱼盐，则人物归之，至繦而辐凑，故齐冠带履天下，海岱之间，敛袂而往朝焉。"[①] 此尚系管子前之事，足见其经

----

① 见《货殖列传》。

济事物发展之一斑。若详言之，如商业则自周初厘订商法保护商人以来，货品之多，交通之便，皆非往日可比。若财政，在周初亦早有整齐的发展，东周以降，诸侯国用之繁，为往昔所未有，政府收入，亦决不止租税一端矣。若言货币，则周初实为我国货币成立之期，太公立九府圜法于周，其后更行于齐，为后来轻重术之张本。[①]管仲所处之时代，为中国各种经济制度新旧交替之时，宜其有革新之经济理论如管子思想者产生也。

列国之经济竞争极剧烈，因而产生健全之经济思想，四也。自周室衰落，诸侯日以干戈相见，各国谋臣，咸殚心竭虑，运用其智力以求制胜，为君臣者，欲求本国之能霸强，不能不谋所以富饶之道，况国际间既不能无商业上之往来，则不能不讲求所以控制他国之方法。管仲固极端主张用商业以侵略他国者，在《轻重》篇中论列尤详。[②]况兵戎兴，则政府支出巨，同时收入之多寡，更有关于国际间地位之高下，故各国君臣争言功利，以富国为尚，处此等情形之下，良好学说，产生自易，管子之经济思想，实建于国家主义之上，其情形正与十七世纪中英吉利重商主义（mercantilism）之产生，无以异也。

由于天然之地势，齐国利源独富，故能造成管子之富国政策，五也。自周公旦后，我国思想家及掌有实权者，皆能知利用自然界以达富国之目标。列国因地势各异，故其所有之天然利源，多寡亦不等，就中以齐为最胜，管仲赖鱼盐之利以兴齐，彼之所以能对于经济思想，有重大之贡献者，因齐国之自然环境优良，耳目所及，颇能扩张其闻见，增加其智识，管子书中，有："齐有渠展之盐"

---

① 详见近人胡钧、贾士毅、张家骧诸氏之著述。
② 此点当更于下文申论之。

一语，①渠展为齐地，乃济水入海处，可作煮盐之所，盐为齐政府之专利，而管子之盐策，又为研究中国经济思想史者所艳称，设令管仲而为郑鲁之人，必不能有良好之盐政理论产生，可断言也。

第四节　唯物观念

周秦诸子中重视物质文明者，颇不少，要皆不及管仲所言之详细透彻。《管子》一书，以《牧民》篇居首，而《牧民》篇劈头即云：

> 凡有地牧民者，务在四时，守在仓廪，国多财则远者来，地辟举则民留处。仓廪实则知礼节，衣食足则知荣辱。

此唯物观念，实为管子经济思想之基础，其意盖谓仓廪求其充实，衣食求其富足，此二事达到后，方能谈得到道德问题。经济问题一日不解决，则礼节与荣辱无从讲起，为人君者，若不讲求富国富民，则社会间之奸妄淫恶必将发生，故牧民以经济建设为首要。治政在顺民心，民贫贱宜富贵之，民患贫困必致犯上作乱，"刑罚不足以畏其意，杀戮不足以服其心"②。

此为管仲经国之唯一要纲，亦为其经济理论之基本观念，认明此点，方能见管子经济思想之真面目。

管氏之所谓"仓廪实则知礼节，衣食足则知荣辱"，全书凡三见。除在《牧民》篇中申论其详外，其在《事语》及《轻重》篇中，一再援引此语，可见其唯物观念之重，后之讨论经济制度者，自司马迁起，引证管子此语者尤多。

---

① 《轻重》篇。
② 《牧民》篇。

儒者排斥私利，提倡大利，然语多含混，易于启人误会。后之墨子，能倡所欲言，语极透彻，然管子书所论，尤较墨子痛快。如云：

> 百姓无宝，以利为首，一上一下，惟利所处。利然后能通，通然后成国，利静而不化，观其所出，从而移之。①

政府与国民之关系，纯为经济的，趋利为人民之常情，政府最要之职务，在富国，在利民：

> 民之从利也，如水之走下，于四方无择也。②

所谓就利云云，初不必专限于某种阶级为然，无论士农工商，殆皆不能避免此项情形，盖

> 凡人之情，见利莫能勿就，见害莫能勿避。其商人通贾，倍道兼行，夜以续日，千里而不远者，利在前也。渔人之入海，海深万仞，就彼逆流，乘危百里，宿夜不出者，利在水也。故利之所在，虽千仞之山，无所不上，深源之下，无所不入焉。故善者势利之在，而民自美安，不推而往，不引而来，不烦不扰，而民自富。③

管子以为利字并非不应讲求，更不必强加遏制，但须审视人民之需要而引导之，则富国之目的可达，"凡所谓功者，安主上，利万民者也"④。不但人君宜重视利字，即为臣使者，亦当治其境内，使人民尽其力奉养其君主，能如是方得称为功臣。管子且以为自来

---

① 《侈靡》篇。
② 《形势解》篇。
③ 《禁藏》篇。
④ 《明法解》篇。

历史上著有功绩之君臣,于利字皆不肯讳言,故能治国:

> 神农教耕生谷以致民利,禹身决渎斩高桥以致民利,汤武征伐无道,诛杀暴乱以致民利;故明王之动作虽异,其利民同也。故曰,万事之任也,异起而同归,古今一也。①

管子之所谓利,亦即儒家所愿谈之利,故孔子云:"乾始以美利利天下",管子则曰:"与天下同利者,天下持之;擅天下之利者,天下谋之"②,二者并无区别。孟子之重井田,亦讲求大利,乃"与天下同利"。

持孔子之富民论,与管子之唯物论比较,吾人当发现二家经济思想之立足点,完全一致,盖皆以国民经济为归也。试将二人之言论并列于下,读者可比较之:

> 子适卫,冉有仆,子曰,庶矣哉!冉有曰,既庶矣,又何加焉?曰,富之,曰,既富矣,又何加焉?曰,教之。③
> 民恶贫贱,我富贵之。④
> 凡治国之道,必先富民,民富则易治也,民贫则难治也。奚以知其然也,民富则安乡重家,安乡重家则敬上畏罪,敬上畏罪则易治也;民贫则危乡轻家,危乡轻家则敢陵上犯禁,陵上犯禁则难治也。故治国常富而乱国常贫,是以善为国者,必先富民,然后治之。⑤

---

① 《形势解》篇。
② 《版法解》篇。
③ 《论语》。
④ 《管子·反古》篇。
⑤ 《治国》篇。

此其眼光何等远大，议论何等透彻，世乱之由，为彼一语道破矣。然孔子之经济思想，尚不及孟子为多，若以孟子之言论，与管仲之立论相较，则二者似出诸一人之口。昔滕文公询孟子以治国之道，孟子答以：

> 民之为道也，有恒产者有恒心，无恒产者无恒心，……放僻邪侈，无不为已。……今也制民之产，仰不足以事父母，俯不足以畜妻子，乐岁终身苦，凶年不免于死亡，此惟救死而恐不赡，奚暇治礼义哉！①

管仲在孟子先，已直言人民痛苦之隐：

> 计敌与，量上意，察国本，视民产之所有余不足，而存亡之国可知也。②
>
> 夫民必得其所欲，然后听上，听上然后政可善为也。③
>
> 夫众人者，多营于物而苦其力劳其心，故困而不赡……衣食足则侵争不生，怨怒无有，上下相亲，兵刃不用矣。④

可知经济建设之重要，儒法二家，皆承认之；人民财产之有无多少，与国家强弱贫富有密切之关系，二家亦俱承认之。但法家所言，较为显著，更为详细。我人欲将二派之经济思想相比较，须知此二派学者，于经济问题本身之重要，并无异议，其分歧处，在致富之方法及手段，双方之主张，则大有出入。

---

① 《滕文公》章。
② 《八观》篇。
③ 《五辅》篇。
④ 《禁藏》篇。

第五节　消耗论

管子之消耗论，亦以节用为本，其与儒家不同之处，在能从经济方面陈述俭之利益。持儒道墨三家之消耗论，以与管仲所云者相较，则墨家所言，实最近管子之说也。管子深不以纵欲之论为然，其言曰："人惰而侈则贫，力而俭则富"，俭何以能致富？盖侈则不能积财，足令国家贫乏，反是则富有。

> 商败而不务本货，则民偷安而不事积聚。①

按近世西洋经济学家，每谓资本之造成，由于储蓄，储蓄由于个人能减少目前消耗充作将来消耗之故。管子所言不及此说之精要，自无待言，但其用意，初无二致也。试观下文：

> 凡牧民者，以其积者食之，不可不审也。其积多者其食多，其积寡者其食寡，无积者不食。或有积而不食者则民离上，有积多而食寡者则民不力，有积寡而食多者则民多诈，有无积而民徒食则民偷幸。②

此处之"食"字当作动词解，盖谓政府应视人民之有无储蓄，以定赏罚，有积聚而上无赏，则民心离叛。人民积聚多而奖励少，则人民不愿力作。若人民无储蓄而赏之，必养成人民巧诈之心理，大非所宜，此管子对于个人消耗之论略也。

虽然，管子亦并非一意的教人俭朴，"俭则伤事，侈则伤货"③，专事节俭，则各事将皆不能举办，故曰伤事。奢侈则金贵，换词言之，

---

① 《八观》篇。
② 《权修》篇。
③ 《立政》篇。

则货贱,故曰伤货。且彼于"啬"字至为反对,正如孔子之不赞成啬也。《版法》篇曰:

> 审用财,慎施报,察称量。故用才不可以啬,用力不可以苦,用财啬则费,用力苦则劳。①

盖天下事总须酌量情形而为,消耗失当,虽其数至微,亦谓之奢;再如一般守财奴,拔一毛而利天下,所不屑为,此等人不能称之谓"俭",只能称之为"啬",一毛不拔,其流弊与奢侈等,故管子称之曰费。

管子以为个人平时之消耗,有一标准,所谓"饮食有量衣食有制"是也。《立政》篇所定标准如下:

> 能节宫室适车舆以实藏,则国必富。②
>
> 明君制宗庙足以设宾祀,不求其美;为宫室台榭,足以避燥湿寒暑,不求其大;为雕文刻镂足以辨贵贱,不求其观。故农夫不失其时,百工不失其功,商无废利,民无游日,财无砥墆,故曰俭其道乎。③
>
> 故立身于中,养有节。宫室足以避燥湿,饮食足以和血气,衣服足以适温寒,礼仪足以辨贵贱,游虞足以发观欣,棺椁足以朽骨,衣衾足以朽肉,坟墓足以道记。不作无补之功,不为无益之事,故气定而不营气情,故适身行义,俭约恭敬,其唯无福,祸亦不来矣。骄傲侈泰,离道绝理,其唯无祸,福亦不至矣。④

---

① 《版法》篇。
② 《禁藏》篇。
③ 《法法》篇。
④ 《禁藏》篇。

管子以为衣服以蔽体为准，宫室以能住为佳，不必过此适用之标准，否则便为侈泰。要之，极端之奢俭，均不为管仲所称许。(《管子·侈靡》篇专言农业之重要，主张人君贵贱食货，并无劝人侈靡之意，不能代表管子之消耗理论。）以上所云，均指个人之消耗而言，与政府财政问题无涉，二者不宜混为一谈，管子对于政府之支出亦主俭，不主啬及奢，当于后文再详言之。

第六节　重农政策

（一）农业政策何以必须讲求

管子之经济政策，包括有三大要点：（一）务天时，（二）尽地利，（三）用民力，三者相连，即称之为生产之三大途径，亦无不可，而农业与天时、地利、民力三者，关系尤切。天时谓春夏秋冬水旱寒暖等等，地利指土地之形势肥瘠而言，民力者即人民之劳力也。管子极端重农，以为此三要素达到后，农业必能发达，农业发展后，再加以本国商业之扩张，币制之改善，财政之进步等等，则国家自能富强矣。《八观》篇云："民非谷不食，谷非地不生，地非民不动，民非作力毋以致财，天下之所生，生于用力。"其于《权修》篇则云："欲为天下者，必重用其国，欲为其国者，必重用其民，欲重用其民者，必重尽其民力"，此处之所谓"重用"与"用"，即善于利用之意，谓人民劳力之可贵也。但只有民力，尚不能从事于农业生产，故管仲在《小问》篇中又云："桓公曰，请问富国奈何？管子对曰，力地而动于时，则国必富矣。"谓只有劳力，无所用之，须勤力于地利，其所动作，尤必须合于天时，方能有结果，此言地利及天时，亦极重也。

又在《七臣七主》篇中，管子举出富国之六项要务，天时及地宜二项，亦皆占重要之地位也。

管子极端重农，以为富民政策，振兴农业实为要务之一，彼以种殖与培养人材相提并论，《权修》篇中所云："一年之计，莫如树谷，十年之计，莫如树木，终身之计，莫如树人"云云，至今犹为人所乐道。又曰："一农不耕，民或为之饥，一女不织，民或为之寒"①，魏贾思勰②、明徐光启③皆津津乐道，引为知言。管子又曰：

> 一者，本也……教者，王也。④
> 地者，政之本也，朝者，义之理也，市者，货之准也。⑤
> 凡将立事，正彼天植。⑥
> 地者，万物之本也，诸生之根苑也。⑦
> 菽粟不足，末生不禁，民必有饥饿之色。⑧

称土地为本，农事为本务，且以为农业政策如不讲求，则人民将陷于饥馁之境，其视农业之重要，初不亚于儒家诸人也。

管子之经济思想，乃建立于国家主义基础之上，前已言及，彼以为经济政策可用作为侵略他国之一种利器，此项侵略的力量，大部分系属商业的。然商业乃系对外的一种政策，欲求国中内部经济实力之充足，管子以为非重农不可，农业发达后，商业之优胜亦易，

---

① 《轻重》篇。
② 《齐民要术》著者。
③ 《农政全书》著者。
④ 《五行》篇。
⑤ 《乘马》篇。
⑥ 《七去》篇。
⑦ 《水地》篇。
⑧ 《重令》篇。

故重农之目的在富国，国富然后可以向外发展，以经济侵略制他国之死命，管子之所以重视农业，此其唯一原因，此可于其本人之言论证之：

> 何谓民之经产？畜长树艺，务时殖谷，力农垦草，禁止末事者，民之经产也。……民不务经产则仓廪空虚，财用不足则国无以固守。①
>
> 夫富国必粟生于农，故先王贵之。凡为国之急者，必先禁末作文巧，末作文巧禁，则民无所游食，民无所游食则必农，民事农则田垦，田垦则粟多，粟多则国富，国富者兵强，兵强者战胜，战胜者地广。②

其重农主张以战胜他国扩张领土为最后结束，则管仲所陈述之农业政策，亦不过为达到此目的之一种方法而已。此种结束，即孟子所谓"我能为君辟土地充府库"，斥之为"民贼"。管子重农，儒家亦重农业，但儒家所希冀，只在人民生计问题之解决，所谓"乐其乐而利其利"，能达此目的已足，并无他求；而法家重农，仅为其一种起点之政策，目标较儒家为远，双方虽皆以农业政策为重，其目的实大相悬殊也。

（二）实施之方法

管子以为重农须自两方面做去，（甲）消极的，（乙）积极的，消极的禁止人民有某种之动作，积极的谓鼓励人民以从事于某项建设的工作也。请先言消极的设施。

---

① 《重令》篇。
② 《治国》篇。

管子既称农业为国家之本务，[1]则凡一切与农业相妨碍之事业，概名之曰"末事"[2]，一名"末作文巧"[3]，亦曰"末产"，末事须绝对的禁止，以其与农业之发展不相容纳也。故曰：

> 上不好本事，则末产不禁，末产不禁则民缓于时事而轻地利，轻地利而求田野之辟仓廪之实，不可得也。[4]

又管子之所谓"无用"，亦"末作"之意也：

> 明王之务，在于强本事，去无用，然后民可使富。[5]

房注云："本事谓农桑也，无用谓末作也"，禁止人民末作，为政府务农之消极办法。

何谓末事（末作，末产，无用）？此问题不能不审慎研究，否则我人将不知管仲所反对者为何物。按诸管子书中，则彼所谓末事者，乃指下列四事而言：

（一）谓一切作奸犯科之恶事，所谓"犯上作乱"者是。换词言之，即一切违背法律之事也。故曰：

> 文巧不禁，则民乃淫。[6]
> 农之子常为农，朴野而不慝。[7]

按犯罪案件之增加，原与人之失业问题，有连带之关系，若务

---

[1] 说见前。
[2] 《重令》篇。
[3] 《治国》篇。
[4] 《权修》篇。
[5] 《五辅》篇。
[6] 《牧民》篇。
[7] 《小匡》篇。

农则人人工作，自不致更有犯法之举动。故管子以为严其法律，禁止一切作奸犯科之事，可驱民务农，同时人民尽力于农业后，违犯法律之事，亦可减少也。

（二）谓各种游荡不检之行为。此不必定背法律，但个人身心不检，置正务于不顾，专事游荡，不能自食其力，其为害亦甚大也。故曰：

> 齐民食于力则作本，作本者众，农以听命，是以明君立世民之制于上，犹草木之制于时也。故民迂则流之，民流通则迂之，决之则行，塞上则止，虽有明君能决之，又能塞之。决之则君子行于礼，塞之则小人笃于农，君子行于礼，则上尊而民顺，小人笃于农，则财厚而备足，四者备体顷时而王不难矣。①

人民游荡则不务本事，本为农，文中之所谓流通，即"放荡"之意，亦即管子之所谓"末"，此"末事"一名词之第二种解释也。今用论理法以证明之：

大前提　与"本事"相反者，谓之"末事"，
小前提　人民游荡不务农业，与"本事"相反，
断　案　故游荡为"末事"。

（三）谓小人贪货财牟利之举动。人民贪小利，则自有他种维持生活之方法，不必再耕种，今欲提倡农业，只须禁止此类行为，则人民不能不务农矣。故曰：

> 今谓末作奇巧者，一日作而五日食。②

---

① 《君臣》篇。
② 《治国》篇。

盖谓专务货财者，赖有赢利以养其生，仅费短时间而所得可供五日之食，人民当然乐于避重就轻，纷纷舍"本"而求"末"，多一人作末事，则少一人作本事，故管子反对之也。

（四）谓制造一切无用之器物，如雕刻精美之器具，华丽夺目之衣裳等等皆是。此项无用之物，不但耗财，且费时间，与农业之发展，大有妨碍。故曰：

> 工事竞于刻镂，女事繁于文章，国之贫也。……工事无刻镂，女事无文章，国之富也。①
>
> 菽粟不足，末生不禁，民必有饥饿之色，而工以雕文刻镂相稚也，谓之逆。布帛不足，衣服毋度，民必有冻寒之伤，而女以美衣锦绣綦组相稚也，谓之逆。②

管仲并非反对工艺，彼所不满者为一切奢华供娱乐之工艺，此种工事，自为发展农业之大障碍，故管子竭力主张禁止"文绣染刻镂削雕琢采"③。以其更与节用之原理背谬，故管子又曰：

> 度爵而制服，量禄而用财；饮食有量，衣服有制，宫室有度。……虽有富家多资，毋其禄不敢用其财，天子服文有章，而夫人不敢以燕以飨庙。④

凡雕刻精品一流物件，皆为"末"而非"本"。

其一切玩好珍品非属于国君而属于国民者，亦为末事，即"无用"之物，管子论民贫之原因云：

---

① 《立政》篇。
② 《重令》篇。
③ 《五辅》篇。
④ 《立政》篇。

……今工以巧矣，而民不足于备用者，其悦在玩好；农以劳矣，而天下饥者，其悦在珍怪。①

能适衣服去玩好以奉本，而用必赡，力必安矣。②

此二段包括有以下二义：（甲）有用工艺，不必反对，（乙）玩好与农业，势不能并容，二点俱甚重要也。

管子以为提倡国内农业，必须将上列四事，一一禁止，此四事总名为"末事"，此层既明，其次我人当研究积极的设施矣。

至于积极的建设，管子谓此事须由政府着手办理，以兴农务，故彼以为《牧民》篇中所云："授有德则国安，务五谷则食足，养桑麻育六畜则民富"等语，当为执政者之格言。至于政府之工作，宜分作若干步骤进行如下：

（一）使人口之聚集　昔英国重商派经济家主张人口多，多则工人众而出产品之量增加，与他国交易，金钱必能源源而来，国由是富。管子于讨论农业时亦有同样之论调，惟易商为农耳。管子以为开垦土地，必借人力，故人口务求其集中，民散则土地不能开垦，农务无由提倡。故曰：

从令者不辑，则百事无功，百姓不安其居，则轻民处而重民散，轻民处重民散则地不辟，地不辟则六畜不育，六畜不育，则国贫而用不足。③

勤勉百姓使力作无偷，怀乐家室，重去乡里。④

---

① 《五辅》篇。
② 《禁藏》篇。
③ 《七法》篇。
④ 《立政》篇。

管子之所反对者则移民政策耳。大抵经济思想初发达时,学者对于人口必求其多,近世之所谓移民政策,减少国内人口,以改善国内人民之生活情形者,殆无由梦见也。管子又尝谓"国多财则远者来,地辟举则民留处"①,此并非管子于事实之因果不分(reasoning in a circle),其意盖谓人口多则开辟土地易,土地开垦则人口益众,盖民既务农不愿轻离故土矣,人多与地辟二端,实互为因果也。

管子之人口论,不及后之墨子、商子所言者为精密,但氏亦有其本人之主张也。

（二）开辟土地　重农之结局,为开发天然利源,故国家须先有广阔之土地,始能兴农,不致有无地可垦之现象。为人君者,先须教民耕种,利用已有之土地,其面积过小之国家,则设法用侵略政策灭吞他国,俾求其幅员之广大,故"辟田畴"乃列入于"六兴"之首,为厚"民生"之一种方法。②又曰:"桑麻不植于野,五谷不宜其地,国之贫也。……桑麻植于野,五谷宜其地,国之富也。"③此即尽量利用地力之说,垦田畴则国可富也。

管子以为观察一国之贫富,只须调查其田野之曾否开垦,若荒芜不治,可知政府必不提倡,人民亦懒于耕种,当为贫国无疑,故一国土地开垦之多寡,与该国之富力程度,乃成正比例。其言云:

> 行其田野,视其耕耘,计其农事,而饥饱之国可以知也;其耕之不深,耘之不谨,地宜不慎,草木多秽,耕者不必肥,荒者不必垦,以人猥,计其野,草田多而辟田少者,虽不水旱,饥国之野也。若是而民寡,则不足以守其地;若是而民众,则国贫民饥;以此遇水旱,则众散而不收。使民不足以守者,

---

① 《轻重》篇。
② 《五辅》篇。
③ 《立政》篇。

其城不固，民饥者不可以使战，众散而不收，则国为丘墟。故曰：有地君国而不务耕耘，寄生之君也。故曰：行其田野，视其耕耘，计其农事，而饥饱之国可知也。①

国地大而野不辟者，君好货而臣好利也，辟地广而民不足者，上赋重流其藏者也。②

仅凭地利，不足有为，政府尚须使人民努力耕种，开辟土地，重农之利益，始能实现。但政府既欲兴农，尤须轻税，否则人民之收入，由是而减少，依然不得益也。

（三）保护森林树木及其他植物　人民从事耕种后，政府须于农业植物加以相当之保护，毋使"山泽不救于火，草木不植成"③，盖无论人民如何劳作，地质如何优美，若政府于人民之所经营者，任其自然，必有耗费之虞，管仲又曰：

山林虽广，草木虽美，禁发必有时。国虽充盈，金玉虽多，宫室必有度。江海虽广，地泽虽博，鱼鳖虽多，罔罟必有正。非私草木爱鱼鳖，恶废民于生谷也。故曰，先王之禁山泽之作者，博民于生谷也。彼民非谷不食，谷非地不生，地非民不动，民非力作无以致财。④

国有之农业品，亦当酌加限制，不能任人民之恣意取用，此深合于近世保存农业品之说（conservation of agricultural product）。

（四）开沟渎　所谓"沟渎遂于隘，障水安其藏"⑤，此为一种

---

① 《八观》篇。
② 同上。
③ 《立政》篇。
④ 《八观》篇。
⑤ 《立政》篇。

预防水旱之办法。雨水过多或太少，皆为农务发达之妨碍，而可赖沟渎之力以救济者。水利一端，管子视之，颇为重要，政府对于民间有此项设施，乃属"遗之以利"，此项工作，则包括有"导水潦，利陂沟，决潘渚，溃泥滞，通郁闭，慎津梁"①，等等是也。

（五）修墙屋 修墙屋乃指农民之住所而言，人民耕种，宜有适宜之居宅。管子在《五辅》篇中，且举此点，谓能"厚民生"，为富国之一种特殊现象，视为重要，可知修葺农民墙屋，虽未能直接富国，然因是可使农民得安心工作，农业发展，即所以富国，此管仲之本意也。

（六）养六畜 山泽桑麻与六畜（husbandary），管子皆以之包括于农业之内，尝以此三者并称：

> 行其山泽，观其桑麻，计其六畜之产，而贫富之国可知。②

又曰：

> 六畜不育于家，瓜瓠荤菜百果不备具，国之贫也。……六畜育于家，荤菜瓜瓠百果具备，国之富也。③

农业固以耕种为事，但畜牧亦属之，故孟子论及人民恒产，引"鸡豚狗彘之畜"与"五亩之宅"相提并举，亦此意耳。

上所述者，悉系管子所论政府对于农业积极之设施，再加禁末事一种事务（消极的），则政府应作之事已极多。因此管子更主张政府当设立专官以处理此事，各种工作当酌量分配，择其能胜任者

---

① 《五辅》篇。
② 《八观》篇。
③ 《立政》篇。

充之。所拟之官名与其职分，胪列如下：

官职	事务	目的
虞师	修火宪，敬山泽林薮积草，财之所出，以时禁发	使民于宫室之用，薪蒸之所积
司空	决水潦，通沟渎，修障防，安水藏	使时水虽过度，无害于五谷，岁虽凶旱，有所秒获
由田	相高下，视肥硗，观地宜，明诏期，前后农夫，以时均修	使五谷桑麻皆安其处
乡师	行乡里，视宫室，观树艺，简六畜，以时钧修	勤勉百姓，使力作毋偷，怀乐家室，重去乡里
工师	论百工，审时事，办功苦，上完利，监壹五乡，以时钧修	使刻镂文采毋敢造于乡

上所云云，见于《立政》篇，含有分工之理，儒家中之荀子，亦有同样主张，然简略多多。

用最简单之词概括之，则管子之农业政策，实包含有（一）去末（二）务本（三）设立官员三大要点也。

第七节　货币学说

中国社会上之研究货币问题者，以近代为最盛时期，一时人材辈出，后世称盛，若清代孙鼎臣、许楣、曾国藩之流，以及现代货币学专家，其论货币历史银价与货币之关系，识见多有独到处。至在上古时代，则作家至少。考我国货币之历史甚长，马氏《文献通考》云："神农列廛于国，以聚货帛，日中为市，以交有无，虞夏商之币，金为三品，或黄或白或赤，或钱或布或刀或龟贝。"观此则货币史之古可知，然其时殊乏理论上之贡献，《书》《诗》二经典及《洪范》

中，皆不涉及，孔、孟、荀、墨、商固略有经济言论，然涉及货币问题处甚少，故不能不推管子之学说为独步一时也。

管子对于货币问题之贡献，大别可分为三类：（一）货币之历史，（二）货币之重要及功用，（三）货币数量理论。

（一）货币之历史

管子书中，曾述及我国上古时代之货币情形甚详，如《国蓄》篇云：

> 玉起于禺氏，金起于汝汉，珠起于赤野，东西南北距周七千八百里，水绝壤断，舟车不通，先王为其途之远，其至之难，故托用于其重，以珠玉为上币，以黄金为中币，以刀布为下币。

吾人今日欲研究古代之经济情形，搜集资料至难，管子所言，虽甚简略，然吉光片羽，弥可珍贵，大足以供吾人之考证。大抵货币之兴甚早，五帝之时即有刀形之金属货币，其后在齐国尤为通行，又可知在管子时代，货币一事，必为当时朝野所注意，其情形正如十八世纪之意大利，当时意国币制，紊乱不堪，亟待整理，于是有价值之学说，乃应运而生，一时名家如格里纳（Galiani）、维利（Verri）、奥止（Ortes）皆有良好之货币学说，贡献于世。

观乎管子所云，可知当时货币虽已通行，然并非如近今各国单用金或银以为本位者，细观我国历史，所用最早者为贝壳一类物，其次为刀布铜，最后始以金银为交换之媒介物。征诸西洋各国经济史，其程序先后，历试不爽。亚丹·斯密斯（Adam Smith）谓欧洲各国以金银用为货币之先，皆用马牛羊盐象贝干鱼烟草以为交易之执中物，惟金银卒以具有：（一）有公认价值，（二）易于搬运，（三）分割甚便，（四）铸造无困难等优点，故余物虽归淘汰，而金银犹存，证以管子及斯密斯所云，以我国货币历史与西洋各国所有者相较，其进化痕迹，如出一辙也。

（二）货币之重要及其功用

上古西洋思想家之论货币者，向推希腊之亚里士多德，渠之主要贡献，在叙述货币功用之一节，以吾观之，殊不及管子之精审。亚里士多德生于西历纪元前三八四年，殁于纪元前三二二年，《管子》一书之出现，确实日期，虽不得知，其不能在西历前三世纪之后，可断言者，故以时代先后言，固无所轩轾也。管子以为货币一物，可以察知人民之侈俭，而此物之力量，更足以驾驭凡百货物，书中《立政》篇："黄金者，用之量也，辨于黄金之理，则知侈俭，知侈俭则百用足。"其在《国蓄》篇中，则又有较详之讨论，先云：

> 五谷食米，民之司命也；黄金刀币，民之通施也。故善者执其通施以御其司命，故民力可以得而尽也。

由此可知管子承认欲求富国，先须注意二物，一为货币，一为食物（即英人李嘉图 Ricardo 之所谓 subsistence），欲增加国民之财富能力，首在善于操纵此二物，何以知之？盖管子固尝于书中下文，伸引此意，至为详尽也。如云：

> ……然民有饥饿不食者，何也？谷有所藏也。人君铸钱立币，民庶之通施也，人有若干百千之数矣，然而人事不及，用不足者，何也？利有所并藏也。然则人民非能散积聚，钧羡不足，分并财利，而调民事也。则君虽强本趣耕，而自为铸币而无已，乃今使民下相役耳，乌能以为治乎！

盖当管子之时，人民缺乏生活必需品，困苦万状，因谷物已为豪富之家所收藏，分配不匀，故货币虽充斥于市间，人民生活状况，并不见佳,徒使富者日富,贫者愈贫,管子以为救济之道,当使为人君者执掌卖买货币之权,用一种调剂手段,视物价之高低而定其卖买之多寡,能如此,则富豪必无所施其技矣。管子洞见市面金钱流通之多寡,与人民生活状况之关系甚深。《国蓄》篇又云:

> 凡轻重之大利,以重射轻,以贱泄平。万物之满虚,随财准平而不变,衡绝则重见。人君知其然,故守之以准平,使万室之都,必有万钟之藏,藏镪千万;使千室之都,必有千钟之藏,藏镪百万。春以奉耕,夏以奉耘,耒耜械器钟饷粮食,毕取瞻于君,故大贾蓄家不得豪夺吾民矣。

可知管子之经济学说,完全以干涉政策为根据,而不以放任主义为标帜也。

(三)货币数量理论

货币数量理论(quantity theory of money)其历史甚早,西洋经济名家,主是说者殊多,大致谓货币价值之大小,全赖乎市面流通货币之多寡而定,货币多则其价值跌落,少则价值增高;而货币值价之大小,又与物价之高下成反比例,假定他物不变,若货币之价落,即物价涨,反则是物价高,若辈对此理论之解释,细微处虽颇有出入,而大要不外乎是。在西洋经济思想史中,向推法人巴丹氏(Jean Bodin)倡此说为最早,尝于其《共和国》(Republic)一书中,述及此点,谓物价之腾贵,完全由于货币流通太多之故。彼邦研究货币数量理论者,多推巴氏为鼻祖,然巴丹之书,出版于一五七三年,在氏之前千余年,我国管子固早已倡有此项学说矣。

后世之称佩管子卓见者,因其有"币重而万物轻,币轻而万物重"

一语,[①] 书中此类语至多,如在《立政》篇中云:

> 黄金者,用之量也。辨于黄金之理,则知侈俭,知侈俭则百用足矣。故俭则伤事,侈则伤货。俭则金贱,金贱则事不成,故伤事;侈则金贵,金贵则货贱,故伤货。

盖谓金之价值涨高,则货物之价格必跌落,物价低而货主将受其损失,其《国蓄》篇中,亦有同样之论调:"凡五谷者,万物主也。谷贵,万物必贱。谷贱,则万物必贵。"此言五谷为万物中之最要者,夫民以食为天,谷物固为吾人之生活必需品也。倘在国中谷物用作为交换之媒介物,则谷价之高下,吾人允宜注意及之。用谷以为货币,正与用金银同,该物之价值与余物之价值,盖成为一种反比例。

吾人研究管子之货币学说,乃叹我国先哲未尝无精密之经济思想,且立说多在西洋经济思想家之前。独惜数千年来,后起者太偏重于人生观念,于前人之经济学说,不能发挥以光大之,故进步特缓,与西洋各国相较,遂致反主为宾,我国经济思想竟蒙落伍之诮,固为本国学界之奇耻,亦令一部世界经济思想史,减色不少焉。

第八节　重商政策

(一)商业之价值

管子重农之论,已见于前,其于国内外商业,亦甚注重,彼固重农而又重商者。数千年来国人著论述商业之重要者,几无一不提及管子,其受后人之推重,盖可想见,略举数例,如汤寿潜曰:

[①] 见《山权数》篇中。

> 商，非西制也，亦非新法也。三代以来，与士农工同列于四民，太公之九府圜法，管仲之富海官山，其所以振兴者至矣。①

香山郑观应氏为清代重要经济作者之一人，彼之言曰：

> 商务者，国家之元气也；通商者，疏畅其血脉也。试为援古证今，如太公之九府圜法，管子之府海官山……当时讲求商法，与今西制略同。②

而孙多森氏亦谓：

> 自神农氏日中为市，而夏以贸迁，商以服贾，周以陈肆辨物，厘然皆有定制。太公因之以鱼盐表海，而齐遂称天下雄，管子之徒，更窃其术以为轻重九府，一匡六合之烈，迄今丹青彪炳焉。③

凡所云云，固不免有失当之处，要之，管仲商业政策之重要，则灼然可见也。

管子之重商，不仅在其政绩中表现甚明，在《管子》一书内，记载详尽，为周秦其他诸子所勿及，《轻重》《小问》等篇，皆系研究商业之文字，如云："万乘之国必有万金之贾，千乘之国必有千金之贾，百乘之国必有百金之贾"④，此言商人之重要，惟其在国中所占地位之重要，故

---

① 载所著《商务议》篇中，见《皇朝经济文新编》"商务"栏内。
② 载所著《商务》篇中，见《盛世危言》三卷。
③ 见张相文所著《商学》孙氏之叙言中。
④ 《轻重》篇。

> 征于关者，勿征于市，征于市者，勿征于关，虚车勿索，徒负勿入，以来远人。①

管子议论，有时与儒家之孟子，竟完全一致，如彼在《霸形》中所云：

> 关，讥而不征，市，书而不赋。近者示之以忠信，远者示之以礼仪，行之数年，民归之如流水。②

盖管仲与孟子二人，固极端以保商为主张者也。管仲之眼光，如是远大，无怪齐国能富甲天下，称霸诸侯，国际商业竞争，不可忽略，即在数千年前，亦同此理耳。

管子既尊重商人至此地步，盖彼承认商业有一妙用，即"通货"二字也；我人可赖商人使货物之流通，小之藉是得以接济民生，大之可赖此以控御他国，制伏敌人。管子云：

> 万物通则万物运，万物运则万物贱，万物贱则万物可因矣。知万物之可因而不因者夺于天下。③

因万物之有贵贱，故我人可利用此点以操纵之，俾能达到接济民生、控制他国之二重大目的，此为管子商业政策之焦点，彼说明商业之效用，亦在此寥寥数言中。我人研究管仲之经济思想，于轻重二字甚觉费解，其实上引之原文五句，即为轻重一名词最佳之注脚。

管子之所谓市，宜作"交易"解，并非指有一定之场所，彼以为"市，

---

① 《小问》篇。
② 《霸形》篇。
③ 《轻重》篇。

劝也,劝者所以起本"①,盖谓人民如有交易之动作,则有时农务亦能借此而振兴,盖农业出产品,得有销路也。又曰:"市者,天地之财具也,而万人之所和而利也"②,其意谓交易一事,能使我人获天地之财,为一种"得利"之动作,但商人亦不能贪利太甚,商人之利过大,则社会亦有纷扰之情形,故政府宜禁止商人营求一切"过常之利"(此当系指国内商业而言),《乘马》篇中管子谓市者乃"货之准","可以知治乱,可以知多寡",谓我人可由交易动作中,调查以观察商人赢利是否太大也。此等处足证管子重商而不迷信商业,书中有时指商业为"末事",皆专指贪利过甚之商业,管子重农,亦且重商,论二事甚详而无冲突处,盖彼能于商业之利益及流弊两方面,皆能顾到故也。

(二)国内商业

管仲之商业理论,倾向于对外政策,故对于国内商业之言论,比较的不多。简单言之,《管子》于国内商人,极为体恤,昔齐桓公弛关市之征,五十而取一,亦为管氏之主张,足证管子重视本国商贾之一斑。管子一书内亦力主轻税,于商人所纳之关税,认为有减轻之必要,薄敛原为我国经济思想特点之一,管仲亦非例外也。

商贾最易犯之弊病为欺诈,在昔周公旦制定各种市官,内有肆长一职,凡一千二百人之多,胥人一官,凡六百人,其职务在禁阻商人之狡诈作伪,免堕商人名誉,亦保商之一道也。管子继周公旦之后,不但主张政府教育工贾,当使智愚皆知,且谓非诚实之商人,不当作商业活动,"非诚贾不得食于贾"③,儒家中之荀子,亦有同

---

① 《侈靡》篇。
② 《问》篇。
③ 《乘马》篇。

样之主张云。

管子更主张商贾阶级之服饰"宜有一定","百工商贾,不得服长卷"①,正用意在表示社会各阶级之区别,且服制既定,可弭止人民奢靡之风气,其用意非在轻商。其后汉高祖禁止贾人衣绣锦,明太祖不许商贾之家穿细纱,目的一变而为轻商,与管子丝毫无干也。

(三)国外商业

研究管子之对外商业理论,不可忘却管子心目中之外国,乃系指晋楚诸国而言,管子所谓来天下之财,意指列国,所谓列国不能与今日国际情形比拟当时国家之区域,远不如今日者之广大,国内经济组织,亦皆极为简单。故管子之对外商业政策,在今日我人或觉其极为简陋可笑,不免于其政策之力量,深致怀疑,其实在当时经济背景之下,未始不可用作为制伏他国之利器,不能因其目下不适用而减少其价值。此为论管仲商业思想者,所不可不知之一点也。

彼之商业政策,极为复杂,《轻重》等篇所举之例,内容亦甚有出入。要而言之,言(一)方法,不外视他国之需要与供给,以决定本国之输出与输入,使他国陷于困难之境。利用此法,倘能成功,则为"轻重调于数"。《轻重》篇及《揆度》篇中各有极精审之文字一段,解释管仲之手段最佳,原文如下:

> 善为国者,天下下我高,天下轻我重,天下多我寡,然后可以朝天下。善为国者,如金石之相举,重钧则金倾,故治权则势重,治道则势赢。今谷重于吾国轻于天下,则诸侯之自泄,如原水之就下,故物重则至,轻则去,有以重至而轻处者,我动而错之,天下既已我于矣。物臧则重,

---

① 《立政》篇。

发则轻，散则多，币重则民死利，币轻则决而不用，故轻重调于数则止。

国外贸易胜利后，则能聚财，聚财可以练兵，故天下无敌。[1]"为国不能来天下之财，致天下之民，则国不可成"[2]，故言（二）目的，则聚财与致民二端是也。

若将管子之国外贸易实施方法，细加解析之，则计有下列五法：

（甲）政府择取他国缺少之物产，鼓励本国人民生产之，以该项出产品输出至他国，以吸收其金钱；齐国天然之利为盐与铁，是为梁赵诸国所缺乏者，管仲乃利用之以易现金。事实如下：

> 管子对曰，孟春既至，农事且起，北海之众，无得聚庸而煮盐，若此则盐必坐长十倍。请以令粜之，梁赵宋魏濮阳彼尽馈食之也。无盐则肿，守圉之国，用盐独甚，桓公曰，诺。乃以令使粜之，得成金一万一千余斤。[3]

> 桓公问于管子曰，吾欲守国财而毋税于天下，而外因天下，可乎？管子对曰，可。夫水激而流渠，令疾而物重，先王理其号令之徐疾，内守国财而外因天下矣。桓公曰，其行事奈何？管子对曰，夫昔者武王有巨桥之粟，贵籴之数。桓公曰，为之奈何？管子对曰，武王立重泉之戍。令曰，民自有百鼓之粟者不行，民举所最粟以避重泉之戍，而国谷二什倍，巨桥之粟亦二什倍，武王以巨桥之粟二什倍而市缯帛，军五岁毋籍衣于民，以巨桥之粟二什倍而衡黄金

---

[1] 《七法》篇。
[2] 《轻重》篇。
[3] 同上。

百万，终身无籍于民，准衡之数也。①

桓公问于管子曰，今亦可以行此乎？管子对曰可。夫楚有汝汉之金，齐有渠展之盐，燕有辽东之煮，此三者亦可以当武王之数。十口之家，十人咶盐，百口之家，百人咶盐，凡食盐之数，一月丈夫五升少半，妇人三升少半，婴儿二升少半，盐之重，升加分耗而釜五十，升加一耗而釜百，升加十耗而釜千。君伐菹薪，煮沸水为盐，正而积之三万钟。至阳春，请籍于时。桓公曰，何谓籍于时？管子曰，阳春农事方作，令民毋得筑垣墙，毋得缮冢墓，大夫毋得治宫室，毋得立台榭，北海之众，毋得聚庸而煮盐，然盐之贾必四什倍，君以四什倍之贾，修河济之流，南输梁赵宋卫濮阳，恶食无盐则肿，守圉之本其用盐独重，君伐菹薪，煮沸水出籍于天下，然则天下不减矣。②

此种政策，且与管子之利用天然利源之说相一致，倘政府能借输出而获得多金，则其岁入增加，不必再赖人民所付纳之租税，以举办一切事务也。此为对外商业政策之第一种。

（乙）政府揣测他国之需要为何物，输出至该国，借此获得有用之生活必需品，以养本国人民。

《管子》书中，曾引伊尹事实以释轻重之理，尊为善策，其所引证者如下：

桓公曰，轻重有数乎？管子对曰，轻重无数。物发而应之，闻声而乘之，故为国不能来天下之财，致天下之民，则国不可成。桓公曰，何谓来天下之财？管子对曰，昔者

---

① 《地数》篇。
② 同上。

桀之时，女乐三万人，端噪晨乐，闻于三衢，是无不服文绣衣裳者。伊尹以薄之游，女工文绣，纂组一纯，得粟百钟于桀之国。夫桀之国者，天子之国也，桀无天下忧，饰妇女钟鼓之乐，故伊尹得其粟而夺之流，此之谓来天下之财。①

因桀系荒淫之君，所好者为文绣衣裳，"末"而非"本"，伊尹投其所好，交易得粟，使桀于该物缺乏而不能生存，至伊尹一方面，财来后则致天下之民极易。

请使州有一掌里，有积丘窌，民无以与正籍者，予之长假，死而不葬者，与之长度。饥者得食，寒者得衣，死者得葬，不资者得振，则天下之归我者若流水。②

在管子时代，国君讲求增加人口之方法，国际贸易如占优势，间接的亦可招致人民，此为对外商业政策之第二种。

（丙）政府藉国外贸易之力量，以使敌国更改其生产之事业，使其耗费精力于无用之地；及该国人民既陷于穷困之境，再减轻国内物价以收服之。

此为经济侵略之另一法，与前法微有出入，例如齐于敌国鲁梁，先令鲁梁之民作绨，结果鲁梁因人民舍弃农业，故国内饥荒，至是齐乃减低米谷之价，以与鲁梁政府竞争，于是鲁梁之民，悉归齐。其事实略如下述：

桓公曰，鲁梁之于齐也，千谷也，蜂螫也，齿之有唇也。今吾欲下鲁梁，何行而可？管子对曰，鲁梁之民俗为

---

① 《轻重》篇。
② 《轻重》篇。

绨。公服绨，令左右服之，民从而服之，公因令齐勿敢为，必仰于鲁梁，则是鲁梁释其农事而作绨矣。桓公曰，诺，即为服于泰山之阳，十日而服之。管子告梁之贾人曰，子为我致绨千匹，赐子金三百斤，什至而金三千金，则是鲁梁不赋于民，财用足也。鲁梁之君闻之，则教其民为绨。十三月，而管子令人之鲁梁，鲁梁郭中之民，道路扬尘，十步不相见，继绨而踵相随，车毂齿骑，连伍而行。管子曰，鲁梁可下矣。公曰，奈何？管子对曰，公宜服帛，率民去绨，闭关，毋与鲁梁通使，公曰诺。后十月，管子令人之鲁梁，鲁梁之民饿馁相及，应声之正无以给上，鲁梁之君即令其民去绨修农，谷不可以三月而得。鲁梁之人籴十百，齐籴十钱。二十四月，鲁梁之民归齐者十分之六，三年，鲁梁之君请服。①

其另一例，则为齐国收服莱莒之君，盖用同一法则也。管子书中，记其事云：

桓公问于管子曰，莱莒与柴田相并，为之奈何？管子对曰，莱莒之山生柴，君其率白徒之卒，铸庄山之金为币，重莱之柴贾。莱君闻之，告左右曰，金币者人之所重也，柴者吾国之奇出也，以吾国之奇出，尽齐之重宝，则齐可并也。莱即释其耕农而治柴，管子即令隰朋反农。二年，桓公止柴。莱莒之籴三百七十，齐粜十钱，莱莒之民，降齐者十分之七。二十八月，莱莒之君请服。②

---

① 《轻重》篇。
② 同上。

此类事实，是否真确，今无可考，书中更记齐收服楚君等，皆准此法。一言以蔽之曰，使他国放弃农业生产于不顾，齐国乃于将来乘其农业出产品缺乏之时，减低其谷价，以招致人民。按一国农业不振，则其出产品之价格高，价高足以驱使人民他往，管仲殆深知供求律者欤。此为对外商业政策之第三种。

（丁）政府对于邻国，设法增加其对于某物之需要，使邻国忙于出产该物，边境空虚，再以武力收服之。

此法与上述各法，其不同处，在借重武力，侵略之第一步，在更改敌国之生产方向，此则与丙法相同也。总之，仍为一种机变的方法，与本国生产事业之发达与否，并无关系也。此一方法，可举下例为代表：

> 桓公问于管子曰，代国之出，何有？管子对曰，代之出，狐白之皮，公其贵买之。管子曰，狐白应阴阳之变，六月而壹见。公贵买之！代人忘其难得，喜其贵买必相率而求之，则是齐金钱不必出，代民必去其本而居山林之中。离枝闻之，必侵其北，代必归于齐，公因令齐载金钱而往。桓公曰诺，即令中大夫王师北将人徒载金钱之代谷之上，求狐白之皮。代王闻之，即告其相曰，代之所以弱于离枝者，以无金钱也，今齐乃以金钱求狐白之皮，是代之福也，子急令民求狐白之皮以致齐之币，寡人将以来离枝之民。代人果去其本，处山林之中，求狐白之皮，二十四月而不得一。离枝闻之，则侵其北。代王闻之大恐，则将其士卒葆于代谷之上。离枝遂侵其北，王即将其士卒愿以下齐，齐，未亡一钱币，修使三年而代服。①

---

① 《轻重》篇。

欲实行此项政策，则于他国所需要者为何物，不可不有精确之猜度，同时更须借用第三国之力量，方始有效，此为对外商业政策之第四种。

（戊）政府提高本国生活必需品之价格，则他国商人纷纷以该物输运入口以图厚利，借此可使该国缺乏此项必需品，因是而入恐慌之境。

生活必需品，以米粟为最要，齐国抵制滕鲁诸国，即用此法，使诸国未逢荒年而缺米粟：

> 管子曰，滕鲁之粟釜百，则使吾国之粟釜千，滕鲁之粟，四流而归我，若下深谷者，非岁凶而民饥也。辟之以号令，引之以徐疾施平，其归我若流水。①

盖物价贵可使该物之供给增多，管子深知此理，故能利用国外贸易以侵略他国。在《轻重》篇中，彼言"田不发，五谷不播，桑麻不种，玺缕不治，内严一家而三不归，则帛布丝纩之贾，安得不贵"。皆足以证明管仲富有经济的智识，此为他人所不可及处。

此类方法，但能于地点接近之国家行之，在现今经济组织之下，当然不能办到，特在管仲当日，实不失为良好之侵略政策，此为对外商业政策之第五种。

管仲之对外商业政策，今已略见梗概，语多见《轻重》篇，该篇专记管子之商业言论，颇重要。后之学者，见篇中所言，每每为他人所不道者，又以昔人经济智识不备，于此篇不能索解，遽斥之谓"谬妄"，② 非持平之论也。

---

① 《轻重》篇。
② 如傅玄、叶水心辈。

第九节　财政学说

管子虽重法治，主张干涉政策，但于人民之生活状况，国民贫富与政府财政之关系等等，并不忽略，其理财政策，固非完全与儒家相反者，管子虽极重视政府之效能，亦能尊重人民在国家中所处之地位，此二点固未尝冲突也。孔子之国民经济观念，可以"百姓足，君孰与不足，百姓不足，君孰与足"等言，代表之。此点法国重农派且受其影响（另有专章论之），亚丹·斯密斯亦有相同之主张，管子之财政思想，亦以此点为根据焉。

管仲曰："民富君无与贫，民贫君无与富"[1]，此即儒家足民之意也。又曰："田野充则民财足，民财足则君赋敛焉不穷"[2]，言君富在民富之后，不求富民之法，先求富君，非治本之办法。细观管子之各种财政学说，如节用轻税等，与儒家所言皆同，在法儒二家之前，大禹菲饮食、恶衣服、卑宫室，为节用说之祖，薄敛之言，散见于《诗经》中，亦不能目为法家之创见，为求材料之完备，故仍详记之。

（一）节用

管子于个人及政府之用度，皆主节俭，关于个人一方面者，已于论消耗一节中述及，兹不赘。节用对于政府方面之紧要，所言亦多能切中肯要，管仲尝以节用与天时、地宜、贤佐等等，并称为人君之六务。[3] 深慨乎当时人君之奢侈纵欲，陷人民于贫穷境界，流弊所及，乃使社会上奸邪之风日长，机诈之变益多。推究其原因，盖

---

[1]　《山至数》篇。
[2]　《揆度》篇。
[3]　《七臣七主》篇。

由于政府之不知节用,其结果不得不厚敛于民,人民衣食不足,荣辱二字,早已置之度外,风俗安得不日坏耶!管子曰:

> 主上无积而宫室美,氓家无积而衣服修,乘车者饰观望,步行者杂文采,本资少而末用多者,侈国之俗也。国侈则用费,用费则民贫,民贫则奸智生,奸智生则邪巧作。故奸邪之所生,生于匮不足,匮不足之所生,生于侈,侈之所生,生于无度。①

所谓无度者,盖言不知节制耳。用度不加节制,国民所受之恶影响,既如上述,即在政府一方面,支出若漫无限制,非但无益,亦必有流弊发生,其最显著者,则为引进小人是也。盖政府荒侈之风开,则奸人在上,贤者裹足,国事将有不堪设想者。故管子又曰:

> 人君唯无听观乐玩好则败,凡观乐者,宫室台池珠玉声乐也,此皆费财尽力伤国之道也。而以此事君者,皆奸人也,而人君听之,焉得毋败。然则仓府虚,蓄积竭,且奸人在上,则壅遏贤者而不进也。然则国适有患,则优倡侏儒起而议国事矣,是驱国而捐之也。故曰,观乐玩好之说胜,则奸人在上位。②

其言,骤观之,似若张大其词,不免言过其实,然试观我国历代人君,管氏前之桀纣,骄奢淫佚,其后如隋炀之穷奢极侈,纵有良臣贤相,皆不能引用,则管子所言,要亦为一种实在之情形也。

对于政府方面所生第二种之恶影响,则使民怨愤,失却国人对上拥戴之心理也。盖政府之一切收入,胥为人民劳力之代表,政府

---

① 《八观》篇。
② 《立政九败解》篇。

用财多，则人民所费之劳力必大，节用则省民力，反是则政府将为丛怨所归之地，号令不行，国何能守？奢侈之无益于人君也明矣。故曰：

> 民非谷不食，谷非地不生，地非民不动，民非作力，毋以致财，天下之所生，生于用力，用力之所生，生于劳身，是故主上用财毋已，是民用力无休也。故曰：台榭相望者，其上下相怨也，民毋余积者，其禁不必止，众有遗苞者，其战不必胜，道有损瘠者，其守不必固，故令不必行，禁不必止，战不必胜，守不必固，则危亡随其后矣。故曰课凶饥，计师役，观台榭，量国费，实虚之国可知也。①

国之虚实，以民心之是否向上为标准，民怨由于政府之奢侈，负治国安民之责者，可不深长思之哉。

节用既极重要，故管子举先圣为例，一再申言之。②且谓节用一原理，虽富有之国家，亦当遵行之，国虽富不侈泰不纵欲，此为"正天下之本而霸王之主"③，初不必限定谓贫国之政府，方应节俭也。

俭与啬之界限，管子分别甚清，政府啬则人民得益少而怨起，譬如令人民工作，用其劳力太少，卒至事不能工，未为得计也。故管子以此为喻，申述政府之当俭而不可啬。其言云：

> 用财不可以啬，用力不可以苦，用财啬则费，用力苦则劳矣。奚以知其然也？用力苦则事不工，事不工而数复之，故曰劳矣；用财啬则不当人心，不当人心则怨起，用财而

---

① 《八观》篇。
② 《禁藏》篇。
③ 《重令》篇。

生怨，故日费。①

至于政府用度之标准奚若？超过何种程度，始谓之奢？管仲未曾详细讨论。但在《八观》篇所云："上无积而宫室美……本资少而末用多者，侈国之俗"，"观台榭……实虚之国可知也"，等语，则其所反对者，实为君臣衣服及宫室之好，无裨民生之用度，若有益于国民之支出，则甚正当，强加节制则谓之啬（一名日费）与奢侈俱为政府之大戒也。

（二）轻税

管子在《小匡》《中匡》《宙合》《法禁》各篇中，一一研究租税之不宜过重，认"薄税敛，轻刑罚"为"国之大礼"，系富民之一种办法，若厚藉敛于百姓，则万民怼怨，国将难治，故以重敛为忠、以遂忿为勇者，乃圣王之大禁。彼更举纣之事实，痛论其失，语甚警惕，此与墨子论奢俭相同，二家历史的眼光，皆甚深刻。《管子·形势解》篇云：

> 纣之为主也，劳民力，夺民财，危民死，冤暴之令加于百姓，憯毒之使施于天下；故大臣不亲，小民疾怨，天下叛之，而愿为文王臣者，纣自取之也。故曰，纣之失也。

管子心目中之"圣王""先王"，即指文王，其仁政能处处从人民着想。使不知有饥寒之患。

> 昔先王之理人也，盖人有患劳，而上使之以时，则人不患劳也。人患饥而上薄敛焉，则人不患饥寒矣。②

---

① 《版法解》篇。
② 《戒》篇。

又曰：

> 民予则喜，夺则怒，民情皆然。先王知其然，故见予之形，不见夺之理，故民爱可洽于上也。租籍者，所以强求也，租税者，所虑而请也。王霸之君，去其所以强求，废其所虑而请，故天下乐从也。①

古之圣人，虽以掊克为大戒，但政府既有职务，不能无支出，故租税亦不能废却，惟设法减轻其税率而已。但租税带有强迫性，究为人民心理所憎恶，故重税不如轻税，轻税不如无税，若国家专利政策，"见予之形不见夺之理"，是为最善。管仲之经济政策，即以此项理论作为根据，《霸形》篇记管仲与桓公朝于太庙之门，朝定令于百吏，使关讥而不征，市书而不赋，数年民归如流水。《戒》篇记管仲与桓公盟誓为令，关讥而不征，市正而不布，此项设施，一以《周礼》为归。管仲系法家巨子，其经济理论，甚有革新精神，然于过去完善之学说，采用不遑，付诸实施，固知泥古虽非，其专务奇诡，但以破坏旧制为事者，又岂治国之正轨哉。

理财一事，似易实难，如稍失策，势必致上下相疾，上责下之不供，下责上之无餍。故管子以为政府赋敛，当有度量，苟无度量以调剂人君之欲望与人民之力量，则赋敛重而民生困，咎在政府而不在人民。故云：

> 万民不和，国家不安，失非在上，则过在下。今使人君行逆不修道，诛杀不以理，重赋敛，竭民财，急使令，罢民力，财竭则不能无侵夺，力疲则不能无堕倪，……夫

---

① 《国蓄》篇。

民劳苦困不足，则简禁而轻罪，如此则失在上。①

然则如何可以求上之无失？据管子之意，以为政府如能节用，则耗费少而民力充。我人研究管子之节用论，在其薄税说之先，即为此故，盖惟政府不知节用，故不能不出于厚敛之一途，厚敛仅为浪费之一种结果而已。故管子往往将二事联同讨论，举一例如下：

  地辟而国贫者，舟舆饰，台榭广也；赏罚信而兵弱者，轻用众，使民劳也，……则民力竭矣，民力竭则不行矣，下怨上，令不行，而求敌之勿谋己，不可得也。②

政府奢侈与薄敛，二者不能并容，法家既洞悉此理，儒家之财政学说，其大部分亦在发挥兹理也。

薄敛之说，苟另有他种经济的建设计划以为之辅，未为不合，盖消极、积极二方面之工作，固不可偏废也。又在周秦之世，法儒二家。皆受环境之影响，特倡是说，以纾当时民力，虽似简单，确系救国良规。

（三）工业国有政策

因政府减轻租税，将不免减少其收入，故管子更倡工业国有之办法多种，作为政府收入之来源，以为租税之替代，此为管子对于中国经济思想之特殊贡献，亦为彼经济学说中最有精彩之一部分。历代学者与政治家，因囿于成见，于此问题注意者甚少，在管子之前，固无论已，其后儒家"乐其乐而利其利"之说，深入人心，儒者皆以争利为戒，以是卓见甚鲜。若言欧洲方面，则古代欧洲政府之收入，

---

① 《正世》篇。
② 《权修》篇。

泰半赖于公有产业，不似我国昔时政府之专恃租税以为收入也。[1] 管子之工业国有政策，为中国先秦时代所罕睹，[2] 不能不认为我国经济思想史上之一重大变迁也。

此项思想，实为当时之经济背景所造成，齐国开化较他国为早，春秋以来，已"冠带衣履天下"[3]，其工商之发达，概可想见，齐国内有天然之富饶，外应时势之需要，加以政务加多，岁入不敷，自不能不于国家主要工业上着想，余国以农为本；故商子、韩非子之流，虽同属法家，竟无何等推陈出新之经济思潮产生也。

管子所主张之国家专利政策包括下列各项工业：（甲）盐铁，（乙）矿业，（丙）森林，今次第分述之如下：

（甲）盐铁

盐之为物，系人生生活之必用品，其需要。为无伸缩力的，为用既广，故政府专利，定能于收入上多所挹注，在十九世纪之下叶，印度亦以此为半官卖品，收入甚可观。管仲在数千年前，能洞见及此，赖此以富齐国，眼光诚有独到处，自管子出，盐之一物，乃为世人所极端注意，管子以前，虽云无盐政学说可也。马端临之《通考》论盐法，推管子为首，杜佑之《通典》亦如之，胡传曰："盐策之课始于管子，历代因之，遂为理财之大政。"[4] 吴铤曰："自管仲谨正盐策，其后遂以为法。"[5] 金镇曰："管子曰，海王之国，谨正盐策，国用富强，后世言盐利者仿焉。"[6] 日人浅井虎夫亦尝谓："齐有盐

---

[1] 欲知其详可参照赛利格曼《租税论文集》第一章（Seligman: Essays on Taxation）。

[2] 参阅胡钧《中国财政史》第二五页。

[3] 《货殖列传》。

[4] 见所著《辽海榷盐私议》。

[5] 《因时论》。

[6] 《两淮盐法志》。

策，管仲煮盐，卖之得成金万一千余斤，专卖盐之事，自此始。"①则管子之盐法，实足为上古经济思想史，开一新纪元，盖无疑义矣。

后之论管仲盐政学说者，沿用盐策二字，"策"即"政策"。《史记》云："怨陈王不用其策"，固应作如是讲也。蕲州卢绚氏尝有下列之解释：

> 昔桓公用夷吾，铸山煮海之议，富强甲于天下，今其遗书具在，曰策者，筹画多寡。曰衡者，较量轻重。②

然则所谓策者，实含有"计划"之意，形容盐政内容之复杂，未易措置耳。《山权数》篇云："通于轻重之数，此国策之大者也。"此处亦作政策或计划解。此字之第二种意义，当作"利"字解，管子曰："海王之国，谨正盐策"③，正者，征收也，苟依第一种解释，此语将不能通顺，此虽琐屑，亦为研究我国经济思想者，所不可不知。

管仲盐法，手续甚简，盖使盐成为官业，禁民之私煮，即今日之所谓工业国有办法也。盐由政府煮成后，增价专卖，赖是获利，管子《海王》篇中之言曰：

> 桓公问于管子曰，吾欲籍于台雉，如何？管子对曰，此毁城也。吾欲籍于树木？管子对曰，此伐生也。吾欲籍于六畜？管子对曰，此杀生也。吾欲籍于人何如？管子对曰，此隐情也。桓公曰，然则吾何以为国？管子对曰，唯官山海为可耳。桓公曰，何谓官山海？管子对曰，海王之国，谨正盐策。桓公曰，何谓正盐策？管子对曰，十口之家，

---

① 见所著《中国历代法制史》邵修文、王用宾译本第四七页。
② 《四照堂集·盐法议》。
③ 《海王》篇。

十人食盐，百口之家，百人食盐。终月，大男食盐五升少半，大女食盐三升少半，吾子食盐二升少半，此其大历也。盐百升而釜，令盐之重升加分强，釜五十也。升加一强，釜百也。升加二强，釜二百也。种二千，十种二万，百种二十万，千种二百万，万乘之国，人数开口千万也。禺策之商，日二百万，十日二千万，一月六千万，万乘之国，正九百万也，月人三十钱之籍为钱三千万，今吾非籍之诸君吾子，而有二国之籍者六千万，使君施令曰，吾将籍于诸君吾子，则必嚣号。今夫给之盐策，则百倍归于上，人无以避此者数也。

此言负海之国，以盐业为大利，如采用各项租税，或须毁坏建筑物，或则犯杀生之弊，俱非善策。盐为男女所必需，设为官卖，其利与丁税相较，系六千万与三千万之比。况此种办法，有征税之实，而无征税之名，人民并不感受压迫，故乐于输纳无有反对者，法诚良美矣。此为国内所用政策，至于对外，则管子主张将此项出产品送至他国，以吸收其金钱，盐须收为国有，方能实施此项政策，① 如《轻重》篇中所记桓公粜盐至他国，获利得成金万一千余金之多，可知管子盐法，无论对内对外，俱系成功也。

铁业国有，则完全为收税起见，与侵略政策无涉。《海王》篇云：

今铁官之数曰，一女必有一针一刀，若其事立，耕者必有一耒一耜一铫，若其事立。行服连轺輂者必有一斤一锯一锥一凿，若其事立。不尔而成事者，天下无有。令针之重加一也，三十针一人之籍，刀之重加六，五六三十，五刀一人之籍也。耜铁之重加七三，耜铁一人

---

① 即管子对外商业政策之第一种，参照本章第八节。

之籍，其余轻重皆准此而行，然则举臂胜事，无不服籍者。

铁之为物，固不若盐之普遍，但以农业之盛，故用途亦极多。针之重大每十分加一分为强而取之，则一女之籍得三千针刀之重，每十分加六分，以为强而取之，五六为三十，则一女之籍，得为五刀耟铁之重，每十分加七分以为强而取之，则一农之籍得三耟铁。其利甚厚，自为政府收入之良源。

管仲盐铁二政虽并称，而性质略异，盐由官禁，增价出卖，更运至他国以为利数。于铁，则对于人民之采用原料者，课以税，其利率为君得三而民得七。

> 桓公曰，衡谓寡人曰，请以令鼓山铁，可以无籍而用足。管子对曰，不可，令发徒隶而作之，则逃亡而不守，发民则下疾而怨上。边境有兵，则怀宿怨而不战，未见山铁之利而内败矣。故善者不如与民量其重，计其赢，民其均十，君得其三。①

赢利均分，而由人民经营之，此其政策之特点也。铁税以法不良，后世行之者少，桑宏羊、孔仅曾行之，惟征之于器，与管子征之于原料者不同。管子且主张铁与他种矿产，皆须封禁，其言曰：

> 山下有赭者，其下有铁。上有铅者，其下有银。上有丹砂者，其下有金。上有慈石者，其下有铜。此山之见荣者也。苟山之见荣者，谨封而为禁。②

封禁云云，并非谓人民绝对的不得开矿，言须付纳租税以后，

---

① 《轻重》篇。
② 《地数》篇。

方许问津；不然则有科罚，此法与人民之农业资本，并无侵害，对于政府财政方面，亦得稍加补助焉。

管仲盐铁政策，利益甚多，举其大者，约有三端：

（一）增加政府之收入　工业中如烟茶盐酒铁一类物品，或为人生所必需，或为农商界所不可或缺，如归政府垄断，求其获利不难。齐桓公用其策，国家由是富强。近代欧美诸国，如法兰西、意大利、奥大利、西班牙诸国之于烟草，俄罗斯、瑞士之于酒料，奥大利及意大利国之于盐，皆其先例。是在事实上，无论中外经济史，皆足以证明管子盐铁政策之精密。①

（二）开发自然界之利源　国家因环境之不同，每自有其利源，今日美利坚所以能成世界第一富国者，以其自然界所供给之财富多也。但此项财富，仍须赖人工以开发，俾能为我人所利用，直接消耗之，若囿于"货藏于地"之成见，不加开采，则大好利源，任其废弃，可惜孰甚。管子盐铁政策，既能为政府增岁入，又为国辟利薮，其法之善，不言可知。

（三）深合均富之原则　均富之旨，儒法二家俱主之，儒家重井田，其理甚是，管子之盐铁政策，实亦合均富之主旨者也。管子曰："贫富无度则失"②，又曰："甚富不可使，甚贫不可耻"③，又曰："今君铸钱立币，民通移，人有百十之数，而民有卖子者何也？财有所并也。"④ 其注重均富，与儒家如出一辙。盐铁政策，乃实行均富之一种具体办法，盖盐铁二物使用之范围既广，则人民购用者必甚普遍（universal）而无负担不均之弊病，此近世德国大财政家华格

---

①　上述西洋各国政府专利（Fiscal Monopoly）可参阅叨雪格《经济学原理》（F. W. Taussig: *Principles of Economics*）第二卷五六一页。

②　《五辅》篇。

③　《侈靡》篇。

④　《轻重》篇。

纳（Wagner）所以主张用租税以平均人民之富力也。况此类工业规模宏大，由个人办理，恐不能胜任，即假定人民有此能力，则私人独占以罔市利，或致侵及公共利益，若收归官营，或由人民经营而征税以为限制，则无此弊矣。

虽然，盐铁收归国有，亦有一弊害，若政府之管理，不严加规定，则有官吏专政之病（bureaucratic），倘官吏清廉，政府事事以公开为主，则此弊殊无由发生。

盐铁国有，利多弊少，而后人反对者至多，则受儒家经济思想之影响也。儒家攻击政府之与民争利，斥为聚敛之臣，《大学》中云：

> 与其有聚敛之臣，宁有盗臣，此谓国不以利为利，以义为利也。长国家而务财用者，必自小人矣。彼为善之小人，使之为国家，菑害并至，虽有善者，亦无如之何矣。此谓国不以利为利，以义为利也。

桓宽《盐铁论》记文学[①]言云：

> 庶人藏于家，诸侯藏于国，天子藏于海内，是以王者不蓄，下藏于民，远争利务民之义，利散而人怨止，若是虽汤武存于代，无所容其虑。工商之事，欧冶之任，何奸之能成？三桓专鲁，六卿分晋。不以盐治，故权利深者不在山海，在朝廷一家；害百家在萧墙，不在胸邪。

其对于朘民膏以奉之君臣，抨击甚是，但盐铁收费，与"搯克""重税"截然不同，而管子亦不能称为"聚敛之臣"耳。儒家财政理论之流弊，不在其攻击聚敛，乃在使人误认法家盐铁国有之手段为聚敛，此其错误也。

---

① 儒家。

马端临《文献通考》,中国经济史之巨著也。其中于管仲亦有贬词:

> 管夷吾相齐,负山海之利,始有盐铁之征,观其论盐,则虽少男女所食,论铁则虽一针一刀所用,皆欲计之,苛碎甚矣。……其意不过欲巧为之法,阴夺民利而尽之。①

此说武断失当甚矣!马氏所言,误解儒家学说,已失孔孟思想之真面目,儒家反对政府与民争利,因鉴于当世政府之厚敛苛征,有感而发,其理论佳处在免去执政者之苛索,后之人君,得以敛迹,害处使后人视政府只一机械的组织,无经济活动之可能。法家理论,佳处能宽裕政府之财政,害处在给与贪官污吏以敛财之机会,双方学说,各有长处,亦各有其流弊也。

(乙)森林

管子之重视森林,已于重农政策节中,述及一二,彼于森林,亦主国有。森林于国家极为重要,而又最易为人民所损伤,法国财政学大家赖乐仆留氏(Paul Leroy-Beaulieu)尝谓欧洲各国过去之经验,证明倘若国内森林由私人经营,则树木往往被人斫伐,不加珍惜,而种植方面,成绩尤少,②故以收归国有为是。管子意见,殆亦相类。

> 为人君而不能谨守其山林菹泽草莱,不可立为天下王。山林菹泽草莱,薪蒸之所出,牺牲之所起也。故使民求之,使民藉之,因以给之。③

将森林作官产,人民如有所需,乃敛之以税,办法与铁同。

---

① 卷十五《征榷考》。
② 参阅氏所著之《财政学研究》(Traité de la Science des Finances)第一卷第四章。
③ 《轻重》篇。

宫室械器，非山无所仰，然后君立三等之租于山。曰，握以下者为柴楂，把以上者为室奉，三围以上为棺椁之奉。柴楂之租若干，室奉之租若干，棺椁之租若干。①

视人民用木料之多少，以定租率之高下，其利虽不能与盐策相比拟，要亦为政府之一宗主要收入也。

第十节　经济杂论

管仲尚有若干零零碎碎之经济理论，如荒政、分工、人口等，散见于书中，毫无系统，并志之如下：

（一）荒政

管子以轻重原理，解决救荒问题，为后世平准、均输诸法之所自出。其说在《周礼》中已具规模，考《周礼》泉府一职，敛市之不售货之滞于民用者，以其价买入，以待不时而买，苟遇无力者，则赊贷与之，实为轻重法之鼻祖，不过不及管仲办法之精密而已，此从救荒方法上言，周公与管子之政策固属类似者也。以言目标，则周公旦之用意，唯在拯救贫民，管仲则除济民外，尚多"为政府增加岁入"一重目的。其为后来学者之攻击，即在此处，故批评管子荒政者，毁誉参半，杜佑称管氏为"贤者""立事可法"②，徐光启氏于管子救荒政策颇推崇，③余以为杜徐二氏之评论甚确当，盖管

---

① 《山国轨》篇。
② 《通典》卷十二。
③ 《农政全书》卷四十三。

仲时代，正值列国竞争极烈之时，政府职务繁多，不能与周公旦时代相比拟，政府支出既多，不能不赖是为挹注，此种财政方略，要亦出于不得已，且管仲藉救荒以求收入，同时亦在济民，或谓"管子《轻重》诸篇，不过君民互相攘夺，收其权于上"，而以为"举周官荒政，一变为敛散轻重之权，岂复有及民之意"[①]，则因篇中经济学说，甚为奥衍，而中国经济思想，又向不发达，读者不能索解，无怪其然也。

管子以为入国四旬五行九惠之教，一曰老老，二曰慈幼，三曰恤孤，四曰养疾，五曰合独，六曰问疾，七曰通穷，八曰振困，九曰接绝。振困包括有救荒办法多项，管子解释作为"岁凶，庸人訾厉多死丧，弛刑罚、救有罪、散食粟以食之"[②]，多见于《周礼》。在他篇中更言政府当丰年时，民富且骄，在该时当厚收以充仓廪，薮泽宜禁，及岁凶时"飘风暴雨为民害，涸旱为民患，年谷不熟，岁饥籴贷贵，民疫疾"，此时应"发仓廪山林薮泽以共其财"[③]，此即《周礼》大司徒十二荒政中，第一与第四政，散财与弛禁是也。周公、管仲荒政理论关系之密切，于此见一斑矣。

荒年之现象，为缺少米谷，丰年之特点，为米谷充足；一国之秉政者，若能乘米多时存贮，年荒时接济，则人君操纵其间，于贫者得益，于政府获利，实为良法，管子之救荒办法，盖即以此理为根据也。彼之言曰：

> 岁适美，则市粜，无予而狗彘食人食；岁适凶，则市籴，釜十锱而道有饿民，然则岂壤力固不足而食固不赡也哉。夫往岁之粜贱，狗彘食人食，故来岁之民不足也，物适贱

---

① 蔡方炳《广治平略》卷二十《赈恤》篇。
② 《入国》篇。
③ 《小问》篇。

则半力而无予民事不偿其本,物适贵则什倍而不可得,民失其用,然则岂财物固寡,而本委不足也哉。夫民利之时失,而物利之不平也。故善者委施于民之所不足,操事于民之所有余,夫民有余则轻之,故人君敛之以轻,民不足则重之,故人君散之以重,敛积之以轻,散行之以重,故君必有什倍之利,而财之横,可得而平也。①

又曰:

岁有凶穰,故谷有贵贱。令有缓急,故物有轻重。然而人君不能治,故使蓄贾游市,乘民之不给,百倍其本。分地若一,强者能守;分财若一,智者能收。智者有什倍人之功,愚者有不赓本之事,然而人君不能调,故民有相百倍之生也。……且君引錣量用耕田发草,上得其数矣,民人所食,人有若干步亩之数矣。计本量委则足矣,然后民有饥饿不食者,何也?谷有所藏也,人君铸钱立币,民庶之通施也,人有若干百千之数矣,然而人事不及,用不足者何也?利有所并藏也。然则人君非能散积聚,钧羡不足,分并财利,而调民事也。则君虽强本趣耕,而自为铸币而无已,乃使今民下相役耳,恶能以为治乎?②

物多则贱,寡则贵,散则轻,聚则重。人君知其然,故视国之羡不足而御其财物,谷贱则以币予食,布帛贱则以币予衣,视物之轻重而御之以准,故贵贱可调,君可得其利。③

---

① 《国蓄》篇。
② 《国蓄》篇。
③ 《国蓄》篇。

此数段皆解释政府籴粜之方法，因时而收入，易时以售出，使民间谷价得趋于平准之一路，且可免富豪兼并强夺之风焉。又不特米谷如此，对于布帛，亦可用此法，以调剂其价格。

上述办法，即为平准。管子盖主张政府择相当时间而定其卖买之方针。更有一办法，则用租税力量使丰地出谷，由政府运至荒地，以平物价，梁惠王移其粟于河内，即师此意，此法更近于均输。《轻重》篇中纪其事曰：

> 桓公曰：齐西水潦而民饥，齐东丰庸而粜贱，欲以东之贱被西之贵，为之有道乎？管子对曰，今齐西之粟釜百泉，则钊二十也，齐东之粟釜十泉，则钊二钱也，请以令籍人三十泉，得以五谷粟菽决其籍，若此则齐西出三斗而决其籍，齐东出三釜而决其籍，然则釜十之粟，皆实于仓廪，西之民饥者得食，寒者得衣，无本者与之陈，无种者予之新，若此则东西相被，远近之准平矣。①

在齐西谷米供给多，故其价跌落，齐东情形相反，如敛以税，即以此粟运至齐东，则齐东之米谷多，而其价亦可稍贱矣。

此类方法，仍不能脱《周礼》之窠臼，惟其目标则谋利济民，兼而有之，此为管仲、周公荒政理论之分歧处。换言之，则管仲之救荒政策，乃杂有财政作用，而周公荒政，目的纯在救民耳。

（二）分工

管仲经济思想之涉及分工一部分者，甚属寥寥，并无具体之主张，盖其经济学说本以财政与商业为重，工艺方面，不加注意也。管仲

---

① 《轻重》篇。

以为一国当分为五乡，乡为之师，每乡更分为五州，每州为之长。①每州之居民，就其职业而分出四种阶级，每一阶级有其特长之处，互相传授其子弟，使人人各能发挥此项长处，故士一阶级，在一州之中自有其生活。在《国语》中有是项记载，管子书中，亦述其学说甚详：

> 父与父言义，子与子言孝，其事君者言敬，长者言爱，幼者言弟，且久从事于此，以教其子弟。少而习焉，其心安焉，不见异物而迁焉，是故其父兄之教，不肃而成，其子弟之学，不劳而能，是故士之子常为士。②

农夫亦自有其阶级：

> 今夫农群萃而州处，审其四时权节，具备其械器用，此耒耜谷芨，及寒击橐除田，以待时乃耕。深耕均种疾耰，先雨耘耨以待时雨，时雨既至，挟其枪刈耨镈，以旦暮从事于田野，税衣就功，别苗莠，列疏遫，首戴苎蒲，身服襏襫，沾体涂足，暴其发肤，尽其四肢之力，以疾从事于田野。少而习焉，其心安焉，不见异物而迁焉。是故父兄之教，不肃而成，其子弟之学，不劳而能，是故农之子常为农。③

工商界情形，亦与士农二阶级相同：

> 今夫工群萃而州处，相良材，审其四时，辨其功苦，

---

① 《小匡》篇。
② 《小匡》篇。
③ 《小匡》篇。

权节其用，论比计，制断器，尚完利，相语以事，相示以功，相陈以巧，相高以知事。旦夕从事于此，以教其子弟，少而习焉，其心安焉，不见异物而迁焉。是故其父兄之教，不肃而成，其子弟之学，不劳而能，夫是故工之子常为工。①

今夫商群聚而州处，观凶饥，审国变，察其四时，而监其乡之货，以知其市之贾。负任担荷，服牛辂马，以周四方，料多少，计贵贱，以其所有，易其所无，买贱鬻贵，是以羽毛不求而至，竹箭有余于国，奇怪时来，珍异物聚。旦夕从事于此，以教其子弟，相语以利，相示以时，相陈以知贾，少而习焉，其心安焉，不见异物而迁焉。是故其父兄之教，不肃而成，其子弟之学，不劳而能，夫是故商之子常为商。②

盖管子以为士农工商之子弟，耳染目濡，所得智识，自以关于本行者为多；故个人择业，每以其家长所执之业为标准。此项分工说，专自职业方面立论，述所以造就各业人才之法，其理想甚有疵点，盖太重传统的灌输智识，人民个性，将由此而埋没也。如言工界中人物，其子弟之天材，或有近乎文学者，学界中人物，其子弟或善于经商者，此类事为世间所常见，足以证管子学理之不完全。故吾人谓士农工商，各就其长，择一事为社会服务则可，谓社会上此四种阶级，当严为划分，禁止越级，如管氏所言，实不彻底之论调也。

（三）人口

人口论无甚卓异之处，其态度与上古其他思想家相同，以民众为务，即其种种实施，亦皆以聚民为首图。如轻关市之征、对外商

---

① 《小匡》篇。
② 《小匡》篇。

业政策等等，其结果为"民归如流水"，则增加本国人口之目的可达矣。

古代人口学说，当推墨子与商子为最胜，管子殊不足数。但其人口论亦有一特点，值得注意，即其带有伦理观念是也。其言曰："城郭沟渠不足以固守，兵甲强力不足以应敌，博地多财不足以有众，惟有道者能备患于未形也。"① 以为人君仅恃地大财多，尚不足以招致他国之民，须负有德政，方能折服人心也。不行仁政，无治国之方略，则一国人口虽多，恐有逐渐减少之虞，故又曰："地大国富，民众兵强，此盛满之国也。虽已盛满，无德厚以安之，无度数以治之，则国非其国，而民无其民也。故曰，失天之度，虽满必涸。"② 吾人当认其人口理论近于儒家，与商子之议论，大有出入，此则灼然可见者也。

第十一节　结论

管仲之经济学说，今已略见大要，其精要处甚多，但矛盾之处，亦复不少。如彼在《版法》篇中，详言兼爱对于人君之重要，然在《立政》篇中，又谓兼爱之说胜，则士卒不战，为九败之一，更详解之曰：

> 人君唯无听兼爱之说，则视天下之民为其民，视国如吾国，如是则无并兼攘夺之心，无覆军败将之事，然则射御勇士之不厚禄，覆君杀将之臣不贵爵。……彼以教士，我以驱众，彼以良将，我以无能，其败必覆军杀将。故曰

---

① 《牧民》篇。
② 《形势解》篇。

兼爱之说胜，则士卒不战。[1]

管仲之经济思想，既以国家观念为基础，其于兼爱、非攻等说，自不能赞同，故吾人当以顺从前说为是。

在春秋战国时代，固为法儒二家竞争最剧烈之时代，即汉以后如盐铁之争，御史大夫与贤良文学所斤斤置辩者，不过重翻旧案而已。二家学说相同之处，如均富节用以及唯物国民经济等观念皆其最大者，若以财政政策言，则法儒两家所主张者，绝不相同，胡钧氏之评论，最为公允：

> 春秋之世，实儒法两家交战之天下也。儒家之利国，惟在赋税，且深戒政府之加赋以病民，而特树一薄税敛之帜，虽曰王道，实保守之政治家所有事，不适于春秋战国之时者也。法家之利国，则在宽赋敛以来民，而所求以增殖国用者，必在其他自然之利，裨于国者大，损于民者小，虽曰霸术，要不可不认为进取之政治家，所造成春秋战国之世界者也。[2]

儒家学理，适用于人口稀少、政务简单之国家，及经济组织逐渐复杂，国际竞争日趋剧烈后，管子理论，较为适用，此专就财政政策而言。若言其余之经济思潮，则"因果互异，得失相待，参较为用，其利始宏"[3]，此公平之论断也。

就其思想之影响而言之，管子富国策，法家多祖尚之，商鞅、申不害、慎子等人，其尤著者也。荀子之倾向于重农，李悝尽地力

---

[1] 《立政九败解》篇。
[2] 《中国财政史》八〇页。
[3] 《财政史》第一一页。

之说，皆为管仲经济学说所产生之间接影响。秦以后如汉桑弘羊、宋王安石、董煟，其理论或实施，皆有一部分袭自管子，《盐铁论》记法儒二家之言，其结论虽以法家之言为非，但盐铁之利，卒不能废，然则管子学说在我国历代经济史上，固亦有雄伟之潜伏势力在也。

第二章　李悝之经济思想

李悝系战国时魏人，事魏文侯，以施行适宜之经济政策，魏国赖以富强。生卒年月约在纪元前四七〇至三八〇年之间，在法家中为先辈。著述《汉志记》七篇，《隋唐志》不著录，盖散佚已久，惟马国翰所辑《玉函山房佚书》中，尚有鳞爪可寻。其经济政策至精密，合于科学方法，内容悉见于《汉书·食货志》，今录《汉书》原文如下：

> 李悝为魏文侯作尽地力之教，以为地方百里，提封九万顷，除山泽邑居参分去一，当田六百万亩。治田勤谨，则亩益三升，不勤则损亦如之。地方百里之增减，辄为粟百六十万石矣。

此为李氏政策之第一种目的，在利用土地之生产能力，故曰尽地力，盖亦一重农之设施也。采用此法，所以鼓励人民对于农业生产之努力，用意至善，实为提倡农业简单易行之方法。然此法亦有限制，李氏办法，只能适用于小国，施于现代区域广大之国家，恐未易行也。

其均富手段，则有平准政策，此法之内容，在史乘内，亦有详尽之记载：

> 又曰：籴甚贵伤民，甚贱伤农，民伤则离散，农伤则国贫，故甚贵与甚贱，其伤一也。善为国者，使民无伤

而农益劝。今一夫挟五口，治田百亩，岁收亩一石半，为粟百五十石。除十一之税十五石，余百三十五石。食，人月一石半，五人终岁，为粟九十石，余有四十五石。石，三十；为钱千三百五十。除社闾尝新春秋之祠用钱三百，余千五十。衣，人率用钱三百，五人终岁，用千五百。不足四百五十。① 不幸疾病死丧之费及上赋敛，又未与此。此农夫所以常困，有不劝耕之心，而令籴至于甚贵者也。是于善平籴者，必谨观岁有上中下孰。② 上孰，其收自四，余四百石；③ 中孰自三，余三百石；下孰自倍，余百石。（按当为百五十石，原文有误，）小饥则收百石；中饥七十石；大饥三十石。故大孰则上籴三而舍一，中孰则籴二，下孰则籴一；使民适足，贾平则止。小饥则发小孰之所敛，中饥则发中孰之所敛；大饥则发大孰之所敛；而粜之。故虽遇饥馑水旱，籴不贵而民不散，取有余以补不足也。行之魏国，国以富强。

此为李氏政策之第二种，所以借政府之力量以平均物价，俾人民富力，不致悬殊过甚。此法较鼓励生产一事，尤为周密。盖谷之生产者为农夫，消耗者为一般群众，其价格之暴涨与狂跌，均于民生生计上产生有不良之影响。暴涨虽于农夫有利，而民众将受价高之损失，狂跌固于民众有利，但农夫则有亏本之虞，故谷价过贵、过贱，均非所宜，价格如能适中，则双方俱有利益。调剂之法，当从谷物之供求两方面下手，盖供与求为决定价格之要素也。李悝此法，颇能洞中经济原理之奥窍。

---

① 颜注曰：少四百五十不足也。
② 同熟。
③ 张晏曰：平岁百亩收百五十石，今大孰四倍收六百石。

法由政府收买米谷入库,年份分作上熟、中熟、下熟、大饥、中饥、小饥六种,乃依农民收获之多寡而分,年熟政府买进,年饥重行卖出,年熟时谷必贱,买进可以提高价格,年饥时谷必贵,卖出可以减低价格,故曰贾平则止,[①]虽遭荒年,人民不致有绝粮之苦矣。至其详细方法,与原文中各项数目,今解释之如下:

（甲）农夫困苦情形之解释

一家 5 人　治田 100 亩　岁收每亩 1.5 石　$100 \times 1.5 =$ 共计 150 石

除去所付租税　150 石 −15 石（岁收十之一）= 135 石

$135-(5 \times 1.5 \times 12) = 135-90 = 45$ 除去农夫家庭消耗所剩之石数

每石钱 30　$45 \times 30 = 1350$ 钱　1350 钱 −300 钱（用于祭祠等处）= 1050 钱

$1050-(300 \times 5) = 1050-1500$（农夫家中用于衣服上之款）= −450 钱　农夫每家每年将谷售出后不足之数

（乙）政府救济方法之解释

上熟　平岁收 150 石　今加四倍　$150 \times 4 = 600$ 石　用 200 石　余 400 石

中熟　平岁收 150 石　今加三倍　$150 \times 3 = 450$ 石　用 150 石　余 300 石

下熟　平岁收 150 石　今加一倍　$150 \times 2 = 300$ 石　用 150 石　余 150 石

---

① 贾同价。

小饥　收 100 石 ⎫
中饥　收 70 石　⎬ 农夫方面之收入
大饥　收 30 石 ⎭

上熟　上籴三舍工　400 石 -300 石 = 100 石（余一）　政府在上熟时买进之石数
中熟　上籴二　300 石 -200 石 = 100 石　政府在中熟时买进之石数
下熟　上籴一　150 石 -100 石 = 50 石　政府在下熟时买进之石数

　　政府遵此标准，在年熟时，将米谷买进，在年饥时卖出。每逢小饥即以小熟时所买进者卖出之，中饥之年，可以中熟时所买进者卖出之，若逢大饥则须以大熟时购进者售出之，则无论荒旱，人民生计，不致艰窘。此法即中国经济史上占极重要地位之平准法（周公曾行之，《管子·国蓄》篇中亦有记载，盖即轻重法之一种），可以解决民食问题，汉桑弘羊本李悝遗法，亦曾付诸实行，惟将李氏政策扩充，除谷物外，更应用于一般商品，而李悝之平准法，则惟以谷物为限耳。

　　至此法实行之结果如何，后人虽不得其详，然史载"行之魏国，国以富强"，借知李氏之经济政策，在当时固有极大之效果，汉后政治家踵行之，亦收奇效，可知此法不失为救济民生之良策。

　　至秦汉以来，各家所引李氏对魏文侯语，亦均精到，且与其经济政策相吻合，《韩诗外传》记李悝对魏文侯语，人有三恶，富人贫者恶之，惟富而分贫则穷士勿恶云云。其注重均富，概可想见。又悝极端重农。《说苑·反质》篇有下列一段之记载：

　　　魏文侯问李克曰，刑罚之源安生？李克曰，生于奸邪淫佚之行。凡奸邪之心饥寒而起，淫佚者久饥之诡也，雕文刻镂，害农事者也，锦绣纂组，伤女工者也，农事害则饥之本也，女工伤则寒之原也，饥寒并至，而能不为奸邪者，未之有也。男女饰美以相矜，而能无淫佚者，未尝有也。故上不禁技巧则国贫民侈，国贫穷者为奸邪，而富足者为淫佚，则驱民而为邪也。民以为邪，则以法随，诛之不赦其罪，则是为民设陷也。刑罚之起有源，人主不塞其本而替其末，伤国之道乎！文侯曰：善，以为法服也。

此盖以经济的眼光以解析社会之乱源，简单而中肯要，李氏虽认农业为立国之本，然于商业不加一贬词，可谓默许者也。又李氏所言有"女工伤则寒之原"云云，可知彼于工艺，亦甚注重，惟对于制造一切奢华品，则深不谓然而加以抨击，盖与管墨二人为同调。要之，李悝在经济思想方面之表现虽不多，然纯粹自民生立论，要亦有其不磨之价值在也。

第三章　商子之经济思想与政策

第一节　商子事迹与其时代背景

商子乃卫之公子；名鞅，姓公孙氏。幼好刑名之学，事魏相公叔痤为中庶子，痤荐之于魏惠王，不用。时秦孝公下令国中，求贤者，鞅遂入秦，因宠臣景监见于孝公，孝公大悦，与语数日不厌；鞅为左庶长，定变法之令，令民为什伍而收司连坐，民有二男以上不分异者，倍其赋；明尊卑爵秩等级，各以差次名田宅臣妾衣服，以家次有功者显荣，无功者虽富无所芬华。太子犯法，鞅启其傅公子虔，黥其师公孙贾，秦人遂皆趋令。鞅更为田开阡陌封疆而赋税平，平斗桶权衡丈史，旋破魏，秦封之于商十五邑，号曰商君，相秦久，宗室贵戚颇多怨怼者，卒罹刑死于秦。[①]

所著有《商君书》二十九篇，现存二十四篇。是书非完全为商鞅所著，如秦称王乃为商君死后之事，然书中屡称秦王，书中又称魏襄王，襄王之死，亦在商子之后，商君又何由知其谥号？足见该书材料一部分，当为后人所推演荟集者，其情形实与《管子》一书同。但书中各项经济理论，与商子生平事绩，皆相符合，吾人不将《商君书》径行抛弃，即此理由。

经济思想与时代背景，有直接之关系，余已论之屡矣。商君生平之政绩，与其议论，皆为彼时时势所造成，今考商君相秦，约为

[①] 西历前三三八年。

西历纪元前三五二至三三八年之事，在法家李悝之后，儒家孟子之前，其时我国税制极形纷乱，人民付纳之税，大小不均；国君之收入亦寡；土地制弊窦丛生，为人诟病，思想界方面，则游说之风至盛，开后来政治纵横捭阖之渐。以言当时秦国情形则民少土广，不易发展，故商君学说首在重农，更以招徕人口为尚，背景如此，其产生此项思想，岂偶然哉。

第二节　商子经济思想之特质

后人批评商君生平者至多，司马迁于商君学说并无贬词。群以其人天资刻薄，毁多于誉。汉刘歆则又极端推崇商君为人：

> 商君极身无二虑，尽公不顾私，使民内急耕织之业以富国，外重战伐之赏以劝戎士。法令必行，内不私贵宠，外不偏疏远，是以令行而禁止，法出而奸息。故《书》曰，无偏无党，《诗》云，周道如砥，其直如矢，司马法之励戎士，周后稷之劝农桑，无以易此，此所以并诸侯也。①

虽然，此殆具体以论商鞅，一人之毁誉，未足以抬高或降落商子在我国学术史上之地位。大凡学者于经济思想稍有贡献者，其学说上必有数种特点，与他人不同者。商君之主张，有特点凡四，志之俾读者可知商君学说与他人理论分歧之点在何处也。

相对眼光

在十九世纪上叶，德国有法理学家萨维格纳（Savigny）氏，倡

---

① 《新序》。

论谓一种法律之有效与否，为时间、地点、环境三要素所定夺。时间如春秋时代与战国时代，希腊时代与罗马时代，此皆时间上之分别也。地点如秦国与晋国，日本与中国，此皆地点上之不同也。环境指某事之特殊性质而言，如中国上古时代盛行之井田制度，与近世欧美各国所采用之土地税（land tax），性质迥异，不能混为一谈；又如欧战时德马克之跌落与我国近年来银价下降，截然两事，亦不当强为比拟。萨氏以为法律之能否应用，视此三大要素若何而定，此说一称相对说（relativism）。罗斯休（W. Roscher）及克尼斯（K. Knies）袭其说，应用于经济学，于是经济学中乃有所谓历史学派（historical school）者产生，此十九世纪中叶事也。

商子之经济思想，即以相对主义为根据者也。彼盖承认世间之经济原理与法律，无绝对有效的，换言之，则受时间、地点与环境三者之支配耳。故经济原理不能无变化，法律之内容，亦须时时更改，俾能适合一切新需要。考商君生平事绩，若破坏井田、厘订法律，皆根据于此种精神为之。井田制度在唐虞时代，则为良制，在商鞅时代则不能行，故毅然废却之，其对于法制之改革亦然。此种精神，管子书中，虽有表现，但不甚多，至商子出，始将此义，尽量发挥焉。

商鞅生平所最反对者，为一般顽古不化，不察实际情形之政治家。故其言曰：

> 故圣人之为国也，不法古，不修今，因时而为之治，度俗而为之法；故法不察民之情而立之，则不成，治宜于时而行之，则不干。[①]

所谓不察民之情，盖谓不顾环境一要素也。法理之能否应用，须视是否应合该时代之需要，不当一味墨守成法，不肯有所改革，

---

① 《壹言》篇。

一切经济制度,应否保留或改进,亦当以上列标准为衡。历史上若汤武之王,皆不墨守古法而世治:

> 治世不一道,便国不必法古。汤武之王也,不修古而兴,殷夏之灭也,不易礼而亡。然则反古者未必可非,循礼者未必多是也。①

虽然,商子亦非谓过去之一切政治经济设施,皆当一律推翻,彼未尝谓现在之经济制度,其价值定必超出于旧有制度之上也。观下文自明:

> 圣人不法古,不修今,法古则后于时,修今则塞于势。周不法商,夏不法虞,三代异势而皆可以王,故兴王有道而持之异理。②

采用法律及他种制度,既不当法古修今,然则当以何者为标准?商子举出"利民"二字为标准,"利民"即有利益于民,能应人民之需要也。商子一则曰:

> 法者,所以爱民也,礼者,所以便事也;是以圣人苟可以强国,不法其古,苟可以'利民',不循其礼。③

再则曰:

> 圣人明君者,非能尽其万物也,知万物之要也;故其

---

① 《更法》篇。
② 《开塞》篇。
③ 《更法》篇。

治国也，'察要'而已矣。①

譬如井田制度，在战国时已不适用，地利不能出，人力不尽，质言之，此制已不能利民，不能适应人民之需要，故虽为古时良法，仍当废去，有此种"知万物之要"的精神，方能治国，此为商子经济思想最要之大特点，亦即德国历史学派立足之点。

又不特法律及政治、经济等制度，随时代而变更，即道德亦随时期而变迁，所谓：

> 上古亲亲而爱私，中世上贤而说仁，下世贵贵而尊官。上贤者以道相出也，而立君者使贤无用也，亲亲者以私为道也，而中正者使私无行也。此三者非事相反也，民道弊而所重易也，世道变而行道异也。②

因世道有变，故行道亦异，世道即系时代背景，行道即系应用之经济原理及道德等等。商子以为一部历史，可分为上古、中世、下世三时代，每时代自有其适用之原理（principle），原理为相对的，并无绝对的是非，但观其能否适应时代之需要。在下世时代，吾人决不能采用适用上古时代之原理以治国，反之，在上古时，不能行之道德与学理，以后（中世、下世）时势变迁，或变为有用，亦未可知。

道家中之老子，即不能解此，彼等以"见素抱朴少私寡欲"为训，理想之国家，乃具有"民至老死不相往来"等特点者。初不知人类欲望原为变更的，物质文明渐进，则欲望亦渐扩张，不解此理，故其经济思想缺点殊多。③

---

① 《农战》篇。
② 《开塞》篇。
③ 司马迁对于老子经济理论，亦深以其眼光囿于上古为非，见《货殖列传》。

儒家亦有相对的眼光。《易传》曰："通其变使民不倦，神而化之使民宜之。"又如孟子周游列国，游说梁、齐、宋、鲁间，其对各国当局所陈之经济计划，皆就各国之特殊情形而发，因人而施，极有斟酌，故于滕国主张采用井田制度，滕为小国，故此制能适用，孟子因亦深知一种经济原理，非随时随地，可以应用也。惟墨家者流，崇尚天志，并无相对眼光，未能为我国思想界生色也。至法家中，除商子而外，如管子等人，亦有相对观念，惜所言不能如商子之精详耳。

此系商子经济思想之第一特点。

国家观念

商鞅经济思想，处处带有国家观念的色彩，秦用其策，富强遂甲于天下，盖其时列国国际竞争，极为剧烈，不能不力图富强，侵略他国，商子学说，盖亦时代之出产品也。十九世纪德国之历史学派，亦皆为国家主义者（nationalist），此双方之主张又一相似之点也。

商子视国家为一团体，对外以此团体为单位，欲求本国之富强，以重农为第一要旨。其言曰：

> 国无敌者必王。

欲求无敌，首在重农：

> 按兵而农，粟爵粟任则国富，兵起而胜敌，按兵而国富者王。[①]

此与管子所谓："国富者兵强，兵强者战胜，战胜者地广"[②]，

---

① 《去强》篇。
② 《管子·治国》篇。

论调如出一辙，国家观念，固为法家经济学说之一大特点。所不同者，管子除趋重本国农务外，更讲求商业以为侵略他国之利器，商子则但谓本国之基础在于农业，对外当以武力作为工具以达霸术之目的。商子国家主义的经济思想，可以农与战二字包括一切，以为当局之责任，内在重农，外在作战，重农得利，作战得名，名与利二者，商子极为重视，如下表：

国家 { 对内——重农——利出于地
       对外——作战——名出于战

农与战二字，商子往往联用，其意盖谓一国政府，当使人民喜农力战，国家始能富强，其所择方法，则赏表爵禄惩用刑罚是也，商子他种经济上之主张，如徕民等政策，亦无不建于国家主义之上。

此系商子经济思想之第二特点。

干涉政策

商鞅赞成干涉政策（Governmental Interference）而反对放任主义（Laissez-Faire），此盖与管子持同一态度，[①]观其生平政绩，可以知之。渠抱定"刑期无刑，辟以止辟"之旨，变法雷厉风行，手段严峻无比，盖其时世衰国乱，人心险恶，在上者如采用放任政策，则邪说暴行，更不知将底于何极。商子之所以提倡干涉政策者，非无因也。

商子一生最重弱民愚民，盖干涉政策之极端，必致将个人之自由完全束缚，使屈伏于峻法严刑之下也。商子认法制为智者所作，愚者所遵守，[②]国民为愚者，当使其弱，国民弱则国家能强，国民强则国家必弱，此弱民之所以必要也。商子云：

---

① 管子干涉政策见《管子》《正世》《禁藏》《任法》等篇。
② 《更法》篇。

> 民弱国强，国强民弱，故有道之国。务在弱民。①
>
> 昔之能制天下者，必先制其民者也；能胜强敌者，必先胜其民者也。故胜民之本在制民。②

至于实行干涉政策，为人君者，必须勇往直前，独行其是，不必踌躇不决，以人民之议论反抗为虑。盖"疑行无成，疑事无功，君亟定变法之虑，殆无愿天下之议之也；且夫有高人之行者，固见负于世，有独智之虑者，必见骜于民"。③

其态度盖与老子之"我无为而民自正"，恰属针锋相对，理论之基础既异，主张上遂大相径庭也。

大抵主张放任主义，必须先有一假定，认个人对其本人之利益最为明了（Everybody knows his own interest best）。欧洲重农派经济家（Physiocrats）与亚丹·斯密斯（Adam Smith）皆谓个人之经济活动，政府不宜干涉，盖本人之利益原与社会全体之利益，并无冲突，而个人利益惟己身最能了解也。主张干涉政策者则不然，以为国民本人未必有鉴别一切是非与利害之能力，故政府乃不得不干涉人民之活动焉。商子则以今昔二时代为比较，以为

> 古之权以厚，今之民巧以伪。④

故放任主义在昔行之有效，现在则非采用干涉政策以正其颓风不可也。

法家人物，俱主干涉政策，如管子尝言："人故相憎也，人之心悍，

---

① 《弱民》篇。
② 《书策》篇。
③ 商子对秦孝公语见，《商君书·更法》篇。
④ 《开塞》篇。

故为之法"①，是亦"今人巧以伪"之意也。后之韩非子亦曰：

> 民智之不可用也，犹婴儿之心也。夫婴儿不剔首则腹痛，……剔首……必一人抱之，慈母治之，犹啼呼不止。婴儿不知犯其所小苦致其所大利也。②

惟其人民"不知犯小苦以求大利"，故法家佥以为政府之干涉为必要耳。

商子虽力主干涉政策，但亦深知此策之危险，凡以法害民之政府及独擅私利之国君，固为彼所深恶痛绝者也。故在《商君书》中，一则曰：

> 权者，君之所独制也，人主失守则危，君臣释法任私必乱。故立法明分而不以私害法则治，权制独断于君则威，民信其赏则事成，不信其刑则奸无端，惟明主爱权重信，而不以私害法。③

再则曰：

> 大臣争于私而不顾其民，则下离上，下离上者，国之隙也。秩官之吏，隐下以渔民，此民之蠹也。故有隙蠹而不亡者，天下鲜矣；是故明王任法而国无隙蠹矣。④

此系商子经济思想之第三特点。

---

① 《枢言》篇。
② 《显学》篇。
③ 《权修》篇。
④ 同上。

功利主义

法家皆以功利主义为旗帜，故其经济思想颇多精彩，商子与管子，即其例也。考《商君书》中所载之经济议论以及商子一生之事绩，皆以此主义为归。功利主义之终点为"富国""强兵""治国易"三目的，商子以为讲求"富国强兵"，即系讲求"义"，故云："利者义之本"[①]，更以为富国强兵，二者有极密切之连带关系，国家富饶则国势自然强盛，国势强盛后则国家富力愈增，反是国家贫则国难治而愈弱矣。其言曰：

> 强者必治，治者必强，富者必治，治者必富，强者必富，富者必强。[②]

此言实具有至理，试细察过去或现在世界各国之情形，一国"贫""乱""弱"三种现象，往往相连，互为循环，"富""治""强"三种现象亦然，从未有贫国而治，乱国而强者，若励精图治之美国，为世界最富之国，而以强盛甲于天下者也。我国频年大乱，贫困已极，其受列强之压迫成为弱国者，以此也。商子之所欲讲求者，在如何使一"弱""贫""乱"之国家，一变而为"强""富""治"之国家，一言以蔽之曰，实行功利主义而已。今将功利主义之（甲）工具与（乙）内容，分开讨论：

（甲）功利主义之工具　商子以为欲实行功利主义，非仅凭空言可收成效，必须有强有力之政府，严峻之法律，任法为治，信赏必罚，如《韩非子》所记商子本人事绩所言者：

> 商君之法，斩一首者爵一级，欲为官者则为五十石之

---

① 《开塞》篇。
② 《立本》篇。

官；斩二首者爵二级，欲为官者则为百石之官。官爵之迁，与斩首之功相称。①

而《商君书》中亦曰：

夫利天下之民者，莫大于治，而治莫康于立君，立君之道，莫广于胜法，胜法之务，莫急于去奸，去奸之本，莫深于严刑。故王者以赏禁，以刑劝，求过不求善，借刑以去刑。②

商子经济政策（即功利主义）之唯一工具为法律，使国中自君上至庶民，悉遵守之，然后其政策乃可实行，制法之要曰壹赏、壹刑、壹教。先将一切经济政策容纳于法律中（如规定纳税办法等），或间接借法律使人民实行各项经济设施，若能使国人之言行事事悉中于法，则功利主义可以实现，实现则国家始能臻"富""治""强"之境界也。

法治之重要，管子已早知之。如曰：

任法而不任智。③

又曰：

虽有巧目利手，不如拙规矩之正方圆也。故巧者能生规矩，不能废规矩而正方圆；虽圣人能生法，不能废法而治国。④

---

① 《韩非子·定法》篇。
② 《开塞》篇。
③ 《任法》篇。
④ 《法法》篇。

皆其例也。是管子亦承认政府执行经济政策，非赖法律不可，特其说不若商子之激烈耳。

（乙）功利主义之内容　商子以为国家为二大要素所构成，（一）土地（二）人民，此二要素极为商子所重视，其经济思想十份之九系完全讨论此二者，其他各种琐屑之点，皆因与土地及人民二事有关，故而连带及之耳。由论土地而及于算地垦草等问题，由论人民而及于招徕人口之种种方法，简括言之，民欲求其多，地欲求其大，皆系极重要之经济事物也。

职是之故，吾人不能不承认商子为我国上古时代之经济实行家（economic statesman），生平废却井田制度平权衡度尺等事实，皆为经济方面之设施，即《商君书》中所论垦田徕民均系经济政策（policy），其论及纯粹理论（pure theory）之处极少，不似管子书中有较精奥之理论（如论货币价值一部分），至商君功利主义之详，当于下文第三、四两节中讨论之。

此系商子经济思想之第四特点。

第三节　重农政策

商鞅为上古重农者之良好代表，重农非自商鞅始，顾实行有计划之农业政策，研究农业问题最见详细者，商鞅实为我国经济思想史上之第一人。考秦并六国，统一天下，由秦孝公肇其端，秦孝公为实行商鞅农业政策之人；世俗称商子重农轻商。商子虽未尝轻商（参阅本章第七节），确系一极重要之重农者。其重农学说，完全为其环境所造成，第一，因地点之关系，秦国地点偏僻，土地虽甚丰腴而未开辟者甚多，商子欲利用此天然之馈赐物，乃不得不重农。

第二，因历史之关系，秦国开化甚迟，因襄公逐戎有功，周赐以封爵，始与诸侯往还，故春秋以来，齐、越诸国商业极盛，惟秦以农立国，考世界各国经济变迁，农业发展必在工商之先，当日之秦国，不能逃此例也。

商子认农业为国本，为治国之要，故曰：

> 圣人知治国之要，故令民归心于农，则民朴而可正。①
>
> 凡人主之所以劝民者，官爵也；国之所以兴者，农战也。今民求官爵皆不以农战，而以巧言虚道，此谓劳民。劳民者其国必无力，无力者其国必削。②

但空口侈谈农业之重要，于事实绝无裨益，须要定出一种计划，政府照此做去，方有效果。故商子又曰：

> 凡将立国，制度不可不察也，治法不可不慎也，国务不可不谨也，事本不可不抟也。制度时则国俗可化而民从制，治法明则官无邪，国务壹则民应用，事本抟则民喜农而乐战。夫圣人之立法化俗，而使民朝夕从事于农也，不可不知也。③

商子重农计划，共有十六要纲，说之精密，有足称者；在我国上古经济思想史中，商子之农业政策，殆可与管子之商业政策，先后辉映也。西儒亚丹·斯密斯（Adam Smith）有四大租税要纲（canons of taxation），一时脍炙人口，今仿其例而称商子之农业要纲，次第述之如下：

（一）增加农民数目　商子谓欲使本国农业之发达，须使本国

---

① 《农战》篇。
② 《农战》篇。
③ 《壹言》篇。

之农夫加多，人多则事业易于发展。欲达到此层目的，政府当采用两种方法：（甲）直接的。即招徕外国人民，使其入秦为农。以招徕三晋之民为主，使他国国势劣弱本国农民多而地辟，此点当于下节论商鞅人口理论时详言之。（乙）间接的。即推翻一切妨碍农业发展之事物。

彼盖以为他种事业愈发达，则农业愈衰败，农民人数愈减少；遏制他种事业，正所以提倡农业也。此处商鞅之主张，异常激烈，至谓诗书礼义一切皆应在推翻之列，所谓愚黔首者是也。彼主张壹教，壹教即"使民专事农务不作他项事业"之意，观其原文，可知其思想之偏激矣。

> ……是故明君修政作壹，去无用，止浮学事淫之民，壹之农，然后国家可富而民力可抟也。①
>
> 无以外权爵任与官，则民不贵学问，又不贱农；民不贵学则愚，愚则无外交，无外交则勉农而不偷。……勉农而不偷，则草必垦矣。②
>
> 农战之民千人，而有诗书辩慧者一人焉，千人者皆怠于农战矣。……国待农战而安，主待农战而尊。③

换词言之，本国人民，当人人务农，苟其中有半数就他业，其国必危，其故则因：

> 农战之民日寡，游食者愈众，则国乱而地削，兵弱而主卑。④

---

① 《农战》篇。
② 《垦令》篇。
③ 《农战》篇。
④ 《君臣》篇。

农者寡而游食者众，故其国贫危。①

所谓游食者，商子盖指一般专重诗书礼乐之人，诗书礼乐等，商子称之谓六虱：

好用六虱者亡。……六虱曰礼乐，曰诗书，曰修善，曰孝弟，曰诚信，曰贞廉，曰仁义，曰羞战。②

更曰：

读书礼乐善修仁廉辩慧，国有十者，上无使守战。国以十者，治敌至必削，不至必贫；国去此十者，敌不敢至，虽至必却。③

此乃对于社会一切习惯文物而言，商子更分侵害农业之人民凡五等：（一）褊急者，（二）刚愎者，（三）怠惰者，（四）费资者，（五）巧谀者。此类人日多一日，农夫即日少一日，故当"重刑而连其罪"④，始能达到增加农民数目之目的，其中怠惰者以其好用六虱之故，尤为商子所深恶痛绝也。

（二）保护农人利益　第二要纲为优待农夫，保护其利益。下述数方法，盖为商子之所最重视者：

（甲）使农有余时　"使邪官不及为私利于民"，俾民有余日。官属宜少，盖"官属少则征不烦，业不败"，"农逸则良田不荒，农事必胜"⑤。此说儒家曾数数言之，固非商鞅之创见也。

---

① 《农战》篇。
② 《靳令》篇。
③ 《农战》篇。
④ 《垦令》篇。
⑤ 《垦令》篇。

（乙）轻税　商子以为"禄厚而税多，食口众，为败农"[①]。故主张减低农业之税率。

（丙）重惩侵害农民之人　其言曰："无得为罪人，请于吏而让食之，则奸民无主。奸民无主，则为奸不勉，农民不伤，奸民无朴，奸民无朴，则农民不败，农民不败，则草必垦矣。"[②]

（三）禁止农夫出售米谷　其用意在阻塞农夫牟利之源，俾不致坐食不耕妨害农务之发展；商子主张国民须人人从事耕作，故有此言。

（四）使农夫安分耕种　农夫若于声色之好，欣羡不已，则不能一意工作。故云："声服无通于百县，则民行作不顾，休居不听，休居不听则气不淫，行作不顾则意必壹，意壹而气不淫，则草必垦矣。"[③]

（五）封禁山泽　盖深虑农夫将赖山泽之利以为生，而不肯耐劳耕种也。其所谓"恶农慢惰倍欲无所于食，无所于食则必农，农则草必垦"云云，与管子主张封禁森林之意义，固绝不相侔，揆诸儒家"斧斤以时入山林"之旨，尤大相悬殊也。

（六）传播农业智识　所谓农事智识者，非指专门学问而言，盖言政府当灌输常识于人民，使其洞悉农业之益处，俾能发生兴趣，不轻离其故业也。故商子有"愚农不知不好学问，则务疾农"[④]之语。

（七）改善农品之输送方法　"往速徕疾，则业不败农。"[⑤]古时交通虽未发达，而商子颇能洞见此层之重要也。

（八）禁盗粮　轻惰之民，往往盗粮，为国家农业上之一宗大

---

① 《垦令》篇。
② 同上。
③ 同上。
④ 同上。
⑤ 同上。

损失,宜立法令以制止之。

（九）使庸民无食　凡怠惰不事耕作之人为庸民,虽属农业阶级,实为国家之蠹,苟使其无所得食,则必务农而田不荒矣。亦驱策农民使其勤劳之一道也。

（十）使农民勿迁徙　商子认躁欲为人民之大戒,禁其迁移,目的在使农人静心耕种,俾农业得臻发达之境焉。

此十大纲要之归宿,即垦草是,盖即孟子之所谓辟草莱是也。草莱辟则使国无游民,地无旷土,收农业政策之效。

观上述十大要纲,商子未免将政府之效能,过于重视,故吾名之曰"极端干涉主义的农业政策"。

第四节　人口论

商子之人口学说,虽极为后人所注意,实则其主张亦颇简单,所值得表扬者,在商子能对于本国特殊状况,加以精密之观察,其徕民政策,极能合本国立国上之需要,犹管子之盐铁政策,于齐最为适合,卒赖其利而富强也。秦与三晋之环境,根本不同,秦民少地广,三晋民多地少,秦国国贫无武力可言,但如果一味以振兴国内农业为事,收效又觉太迟。于是商子乃得一两全之法:(一)振顿本国农务,即上节所述之农业政策,(二)同时又诱三晋之民归秦,以减少敌国之力量,兼可开垦本国之荒地,即本节所述之徕民政策也。

商子发挥人口理论,虽远不如墨子之详尽,然《商君书》中有《徕民》一篇,专论此事,不似墨子理论之散漫也。今录原文一段如下,以见商子人口学说之精神。

今秦之地方千里者五,而谷土不能处什二,田数不满百万，其薮泽溪谷名山大川之材物货宝，又不尽为用，此人不称土也。秦之所与邻者，三晋也，所欲用兵者韩魏也；彼土狭而民众，其宅参居而并处；其寡萌贾息；民上无通名，下无田宅，而恃奸务末作。……此其土之不足以生其民也，以有过秦民之不足以实其土也，……今王发明惠，诸侯之士来归者，……复之三世，无知军事。……今以草茅之地，来三晋之民，而使之事本，此其损敌也与战胜同实；而秦得之以为粟，此反行两登之计也。①

按商君所见甚是，人与土二要素，不能分离，有膏腴之土地而乏人开垦，或国中人满为患，而土地嫌狭小，皆极困难；一国当局，诚不可不酌量国情，定出一精密之计划，此计划诚能适用，富强可期。当日之秦国，人少地广，商子不能不主徕民之论，十八世纪之英国因人口繁殖，遂不得不采用移民政策，此二种相反之政策，在当时均可采用，皆属良法，盖经济原理本无绝对之是非，我人评判其得失，亦只得从某一特殊时代观察以判断之，讥商子为不及马尔塞斯（Malthus），犹之责备英政府不解徕民政策，其谬误一也。

第五节　商鞅与井田制度

井田制度，盛行于三代，因田制赋，公家得什一，即近世财政学家所谓土地税之一种也。商鞅废井田一事，为我国经济史上一重极大之公案，殊有注意之价值。杜佑《通典》记其事曰：

秦孝公任商鞅……诱三晋之人，利其田宅，复三代无

---

① 《徕民》篇。

知兵事而务本于内，而使秦人应敌于外，故废井田制阡陌，任其所耕，不限多少。① 数年之间，国富兵强，天下无敌。

宋叶水心论商鞅此举，其言曰：

……至商鞅用秦，已不复有井田之旧，于是开阡陌；阡陌既开，天下之田，却简直易见，看耕得多少，惟恐人无力以耕之，故秦汉之际，有豪强兼并之患，富者田连阡陌，而贫者无立锥之地。

清宗稷辰于商鞅此事，尤肆意抨击：

……历观史籍所载，言利之最著为商鞅，为晁错桑宏羊，是皆取利而不顾本者也；鞅与宏羊，务惨急，博小效，甚得人主意，然乱秦自鞅治，剥汉自宏羊始。②

此数人之论调，甚足以代表历代学者对于商鞅变制之态度。将上文要旨归纳之，得二大要点如下：（一）中国井田制度，为商鞅所破坏，时在秦孝公十二年。（二）井田制度破坏后，流弊滋多，故商鞅为我国历史上之罪人。

以著者之眼光观之，则有下列二种结论：（一）商鞅并非为破坏中国井田制度之第一人。（二）商鞅此举，乃有功于中国。今当先述第一点：

世间无论何种经济制度，其兴替皆有痕迹，无论其衰落或兴起，皆能预先看出，以如此大规模之井田制度，其崩坏自非一朝一夕之事，破坏井田之罪名，岂商鞅可得而专擅者。今考诸史乘，鲁宣公十五

---

① 秦孝公十二年之制。
② 见《裕本》篇《躬耻斋》集。

年初税亩①，鲁成公元年作邱甲，鲁哀公十二年用田赋，②可知在其时井田制度已早有纷乱之象。且社会组织，日见复杂，人口有增无已，实为井田制度不适用之大原因，即无商鞅其人，此制亦必不能存在耳。③

我国井田制度之消灭，至商鞅时告一结束，彼虽与此制之废除有关，然此责不当由彼一人负之。考诸史乘所载，商君先说孝公以帝道王道，孝公皆不悟，乃以霸术进，后世儒者以商君为天资刻薄，斥为罪人，因将破坏井田之罪，悉数加之商君，其实与事实大相背谬，商君并非为破坏中国井田制度之第一人。

今再研究第二点。商君废井田开阡陌一事，后世论者，自班固以降，皆以商鞅破坏古制，目为千古罪人，此盖未能从事实方面着眼，致有是失。其实商君之改革田制，开阡陌，非但无罪，且属有功于中国。就商子当日之经济情势言之，其废井田开阡陌之举，实具有四大利益：

（一）平均人民赋税之担负　后世之评论商鞅功罪者，皆谓井田制度为商子废除后，人民贫富程度乃大相悬殊，天下遂乱，故商鞅为罪人。此说肇自班固，《汉书·食货志》曰：

> 至秦则……用商鞅之法，改帝王之制，除井田，民得买卖，富者田连阡陌，贫者亡立锥之地。

一若中国前此之均富现象，乃为商鞅破坏者，又一若商子之后，中国社会之贫富阶级，始相悬殊者，何其谬也。井田制度诚具有均富一大优点，然须知中国之井田制度，至秦孝公时，屡经破坏，早

---

① 破坏一夫百亩之制。
② 原有税亩外再加田赋。
③ 参阅本书论《国语》及《春秋》之一章。

已纷乱不堪。① 商子时代，与周代绝异，其时人口增加，因旧有井田制已纷乱之故，遂生兼并之风，造成贫富二阶级，田多者借口于旧有之经界，不背纳税，田少者②虽所有之土地不多，仍须付税，此种情形，不公孰甚。盖人民付税既不公平，其贫富悬殊，将较往昔为更甚，商子目睹此层困难，因毅然将此制完全推翻，取消经界，③使富人无所借口，不能不纳较大之租税，人民纳税之担负，遂亦平均。是商鞅废井田开阡陌之用意在均富，与原来井田制之用意正同，孟坚不察，以"富者连阡陌，贫者亡立锥"，为商鞅废井田以后之事，倒因为果，致后人莫明其真相，诚中国经济思想史上之罪人也。

商子经济主张，极有见地，其思想多有独到处，均富之重要，彼宁不知之。《商君书·去强》篇曰：

> 治国能令贫者富，富者贫，则国多力，多力者王。

《说民》篇曰：

> 贫者益之以刑则富，富者损之以赏则贫，治国之举，贵令贫者富富者贫，贫者富富者贫，国强。

与儒家之"不患寡而患不均"语气有何分别？商子抱定此主张以改革田制，彼乃以均富理论付诸实行者。《史记·商君列传》中有二语云：

> ……为田开阡陌而赋税平。

所谓"赋税平"者，指人民纳税之负担而言，担负公平则人民

---

① 说见本节上文。
② 即被并者。
③ 开阡陌。

富力亦均,商鞅此举之有功,盖可知矣。又《史记》中记蔡泽说秦相应侯之言曰:

> 夫商君为孝公平权衡,正度量,调轻重,决裂阡陌,以静生民之业而一其俗。①

可知商君此一经济政策,用意在改善租税制度,于中国历史上,不但无罪,抑且有功。司马子长之识见,远胜孟坚,此又一证也。②

(二)利用土地之生产能力　其第二功绩,为利用天然之颁赐物。土地为生产要素之一,亦为财富之来源,井田制度划田为井字形,人民合力同耕,酌纳租税,公私两便,在昔行之,自属良法,但亦有缺憾,即因有阡陌关系,不能将一国之土地,完全利用也。阡陌指纵横之道路而言,一夫授田百亩,交界之间,不能无道路,以示划分,此道路即阡陌也。阡陌即孟子所谓"经界",田地为经界所限,不能扩张,经界占地太大,不能利用之,未免可惜。商鞅欲将所有一切之土地,尽皆利用,乃毅然将其打破,不特使富家无所借口,兼可将国内土地之生产能力,尽量利用,自是国内乃添出无数新田,农业出产品亦能增加,诚良法也。朱子《开阡陌辩》文云:

> ……商君以其急刻之心,行苟且之政,但见田为阡陌所束,而耕者限于百亩,则病其人力之不尽,但见阡陌之地太广,而不得为田者多,则病其地利之有遗。……是以一旦奋然不顾,尽开阡陌,悉除禁限而听民兼买卖以尽人力,开垦弃地,悉为田畴,而不使其有尺寸之遗以尽地

---

① 《蔡泽传》。
② 太史公及班固二人经济思想之优劣,本书中卷有专章论之。

利。……此其为计正与杨炎疾浮户之弊而遂破租庸以为两税,盖一时之害虽除,而千古圣贤传授精微之意,于此尽矣。

庸讵知所谓"尽人力""尽地利"者,正经济学中之要义乎!

(三)发展本国之商业　井田之制,计口授田,人民安心家居,进取之观念甚薄弱;开阡陌后,人民不能养尊处优,株守乡里,势必出外经商。故商鞅之经济改革,间接的足以发展本国之商务,商子虽系重农,但并不轻商,此亦一证也。《尚书》云:"肇牵车牛远服贾,用孝养厥父母"[1],"子贡废著[2]鬻财于曹鲁之间"[3],良以经营商业,不能不四方奔走,而井田制则纯粹以"死徙无出乡,乡田同井,出入相友,守望相助",一现象为基础者,与发展商业大有阻碍也。

(四)增加财政上之收入　什一而税,为政府收入之限制。秦孝公时,政务繁杂,支出较昔为钜,商君废井田开阡陌而后,税率乃分出等级,而非什一之旧,大抵其时税率高下,视其土地之多少与地点为判,遂于"均富""尽地利""发展商业"诸利益之外,尚多一重妙用,即补助政府之收入是也。

观此则商鞅改革井田之功罪是非,亦可想见,今引清黄中坚氏言论一段,以为本节之结束:

> 圣王之治天下也,所以使之各得其所,而无所偏陂不平之患者,非见设为一切之法以整齐之也;亦因乎时势之所宜,而善用其补救而已矣。……但使人之智者强者,皆兢兢不敢自恣,而愚者亦安为之愚,弱者亦安为之弱,而

---

[1]　《酒诰》。
[2]　居也。
[3]　《史记·货殖列传》。

天下固可以长治。苟鳃鳃焉存抑彼伸此之见，而欲以古人之成法，治今日之民，则其势必有所不行。昔者井田废而阡陌开，固亦穷变通久之势所必至也。①

认定古今中外之大政治家、经济家一切之经济改革，大半由于"穷变通久之势所必至"，方能了解商鞅经济政策之真价值。

第六节 商鞅是否轻商

尚有一问题，不能不加以讨论者，即商鞅是否轻商？在《商君书》中并无抨击商人言论，如在《去强》篇中。彼承认农商官三者，国之常官，以商与农并列。在《靳令》篇中，举出礼乐诗书等总名之为六虱，其中并无商业在内。又商鞅主废井田，此举间接有功于商业，②故吾人至多称商子对于商业不甚注意，以言轻商，则过甚矣。

又司马迁《商君列传》，记商君政绩曰：

……平斗桶权衡丈尺……

古方斛谓之桶，商君执政时，曾将斗桶权衡丈尺等一切测量长短大小容绩之标准，严为订定划一。度量权衡之制，在我国甚古，昔黄帝命隶首作数而制为器，是为执政者此项设施之嚆矢。盖交易之场，不能无计算物件多少轻重之标准，有标准则商人计算物价较便，且能免去商人及顾客两方之争执，用意至善，商鞅能洞见及此，其非轻商可知。

---

① 《限田论》，《蓄斋初集》。
② 说见前。

经济事实，往往受经济思想之影响而生变化，商鞅在时，掌一国大权，号令严峻，天下风靡，若果抱定压制商人之政策，则在秦商业必早消灭，何以秦国自商鞅以后，商业乃蓬蓬勃勃，日盛一日耶？《史记》称关中富商大贾尽诸田，田啬、田兰均临淄望族，始皇迁之关中。《货殖列传》更记秦国商人乌氏倮精于畜牧，始皇令倮比于封君，又有寡妇清，秦始皇以其能守先世丹穴为筑女怀清台，优待商人，无微不至，秦始皇生平极端崇奉商君政策，① 使商鞅在先以窒塞商业之发展为事，始皇早雷厉风行，尽坑国中商人，岂肯再以优礼商人为事乎？

春秋战国之时，我国商业固极发达，即在汉初，商业亦至繁盛。《货殖列传》曰：

……汉兴，海内为一，开关梁，弛山泽之禁；是以富商大贾，周流天下，交易之物，莫不通，得其所欲。

种种事实，丝毫无商子思想之痕迹显出，更可反证商子之未尝轻商，而中国经济思想史中之第一轻商者，乃在汉代始出现也。

第七节　商子经济思想平议

对内提倡农业，对外准备作战，此系商子经济思想之要旨，其思想既一一实现，卒奠秦国于富强之境，流泽及于始皇，可谓盛矣。在中国上古时代实行经济政策而有效者，只周公旦、管仲、李悝、商鞅、范蠡等人，有史以来，盖不数数觏焉。商君经济思想不多，讨论之范围虽狭，而极多精彩，彼能知环境、时间及地点三要素与思想及

---

① 焚书坑儒即商子之愚民政策。

制度之关系，在我国上古经济思想史中，注意及此点而讨论最详细者，推彼为第一人，其议论精到之处，殆直逼德国历史学派之堂奥，此其精彩一。又彼能知土地、人工二大生产要素之紧要，此二要素，商子前早有人论及，但不若商子所言之透彻，其可佩者，盖能以二者作比较以定方针，[①]此其精彩二。此二端，为商子学说之绝大贡献。

从学说之流弊一方面而言之，则其思想之缺憾，亦不能免。商子主张极端之干涉主义，借法令力量，以从事于愚民，主张不免过偏。在昔英国重商派采行之干涉政策，较此缓和十倍，法政府采其说，犹且流弊丛生，引起学术界之反响，而有重农派之产生；商君干涉政策，严厉远过之，无怪人民多怨望，本人卒罹极刑也。干涉主义非不可行，但极端的干涉，其结果足以绝民智，养成椎鲁之风，此其流弊一。又农业非不应提倡，但商子因欲贯彻其主张，竟至排斥诗书礼乐，商君本人固曾燔诗书，降至始皇，焚书坑儒，为我国文化之致命伤，重农之极竟至于斯，不能不谓为商鞅有以肇其端，此其流弊二。此二端，为商子学说之绝大流弊。

商君经济政策之实效，太史公言："行之十年，秦民大悦，道不拾遗，山无盗贼，家给人足。"商君自谓："始秦戎翟之教，父子无别同室，而今我更制其教，而为男女之别，大筑冀阙，营如鲁卫矣"。可见不无效果。又不但孝公行之，其后秦国历代帝王，无不以其学说奉为枕中鸿宝，始皇所奉行之政策，即商子之遗教。此人经济思想，未尝无独到之处，但用以救时弊借收一时之成效，未为不可，欲作为永久之国家政策，必致失败而后已。商子谆谆以察要二字为言，殆亦深知此理，不特商君经济政策如此，即英重商派经济思想，以及他种经济理论，皆有此一重限制也。

---

① 如人少地多，则用徕民办法。

第四章　韩非子之经济思想

第一节　传略与著书

韩非子，韩之诸公子也。为人口吃，短于言辞，善著书，与李斯俱事荀卿，斯自谓不如非。其时韩国屡为邻国所凌辱，国势日见削弱，因数以书谏韩王，王不能用，于是发愤作《内外》《储说》《说林》《说难》《孤愤》《五蠹》十余万言，共五十余篇，书为秦王所见，悦之，谓"寡人得见此人，与之游，虽死不恨"。其后秦攻韩，韩遣非使秦，时李斯为秦相，毁之，王下吏治非，斯使人遗非药，使自杀，时为秦始皇十四年（西历纪元前二三三年）。

著书五十五篇，今俱存，惟《初见秦》《存韩》二篇，当系后人伪托，《有度》《忠孝》《人主》《饬令》诸篇，亦似出诸后人掇拾，从其著作中，可窥见彼实禀承儒道法三家学说者。

第二节　学说之根据

甘乃光君论法家经济思想，评及韩非子，谓"也有些小的经济观念，但可惜他太重法，对于经济这方面的贡献，实在是太少呢！"[①]此言极是，盖经济思想上之贡献，在管子、商子、韩非子三人中，

---

① 《先秦经济思想史》。

确以韩非为最少也。韩非经济学说之根据，与商子略异，其学说残缺不全，无长足录，彼受荀子薰陶，认个人为自私自利的动物，利己观为其经济学说之第一根据，此与荀子性恶之说，可以互相发明。惟其有自私自利之心，故不可不有法治，有严正之法治，妨能防罪恶于未萌，是为韩非经济学说之第二根据。但法律为物，随时世而变迁，非恒古不变者，进化要义固为商子之主要贡献，亦为韩非所极端主张者，彼之经济学说，以此为第三根据。但法治不尚空谈，辩说者流，为氏所深恶痛绝，实用主义为彼学说之最后根据。今详论之如下：

（一）利己观　韩非以为凡属人类，皆具自私自利之心，故一切行为，不为名则为利，动机皆非纯正的。个人的利益与社会利益，并不和谐，（韩非与亚丹·斯密斯 Adam Smith 利己说之不同，即在此处。）父子关系，不可谓非亲密已极，但人类有利己心，故双方行为，仍在彼此利用，无恩爱可言。《六反》篇曰：

> 今上下之接，无父子之泽，而欲以行义禁下，则交必有郄矣。且父母之于子也，产男则相贺，产女则杀之。此俱出父母之怀衽，然男子受贺，女子杀之者，虑其后便，计之长利也。故父母之于子也，犹用算计之心以相待也，而况无父子之泽乎？

夫父子之间，利己心尚不能遏制，则夫妇之间、君臣之间互相利用，以权术为事，自属当然之事，书中如《扬权》《八奸》《内储说》上下篇，于此点皆阐发特详。

韩非子因有此种悲观论调，故其经济学说多偏向于消极一方面，如论消耗则主张俭朴，以为人类既有利己心，其欲望不可不有以限制之，否则其祸害必甚大也。韩非之利己观与崇俭论，说之当否，兹姑不论,其经济主张与其学说,互相联贯一气呵成,此则显而易见者也。

（二）法治论　荀子以为性恶,当御之以礼,韩非承认人类有利己心,当御之以法。"法者,编著之图籍,设之于官府,而布之于百姓者也。"① 法者,所以保护良民,在"齐天下之动",执政者当"奉公法,废私术"②。书中论法之重要,再三申述,不厌其详,如：

> 法不阿贵,绳不挠曲,法之所加,智者弗能辞,勇者弗敢争。③

如：

> 国无常强,无常弱;奉法者强则国强,奉法者弱则国弱。④

如：

> 明法者强,慢法者弱。……国有常法,虽危不亡,夫舍常法而从私意,则臣饰于智能,臣下饰于智能,则法禁不立矣。⑤

皆是也。法为成文法,无论贵者、智者、勇者、大臣匹夫,均当遵守。⑥ 韩非又极重刑罚,刑罚宜重,使人民有所畏惧。⑦ 此层主张,

---

① 《难三》篇。
② 《有度》篇。
③ 同上。
④ 同上。
⑤ 《饰邪》篇。
⑥ 《有度》篇。
⑦ 《五蠹》篇。

盖与商子相同。按法家之经济思想，皆重干涉政策，与儒家之主张放任主义，截然不同，但实行干涉政策，第一步须先有严峻之法律，韩非之法治论，实为法家干涉政策之张本也。

（三）进化义　韩非历史观念甚深，其学说与商子完全相同，彼将古史分为上古、中古、近古三时期，认明一时代有一时代之法律与经济制度，不容混淆。法度既有变化及发展，故吾人不当泥古。韩非曰：

> 今有构木钻燧于夏后之世者，必为鲧禹笑矣。有决渎于殷周之世者，必为汤武笑矣，然则今有美尧舜汤武禹之道于当今之世者，必为新圣笑矣。是以圣人不期修古，不法常行，论世之事，因为之备。①

"论世之事，因为之备"，即系商子所谓"不法古，不修今；因世而为之制，度俗而为之法。"②韩非又言："夫古今异俗，新故异备，如欲以宽缓之政，治急世之民，犹无辔策而御驿马，此不知之患也"③，亦是此意。此为法家与道墨二家大异之处，桓宽《盐铁论》中纪之更详，此种精神，甚足以矫正道墨二家之非。又韩非以为人君执政，应付一切变化之时势，当审慎考虑，对症发药，倘时势更变，而治理之法，不加更易，必致大乱。除上引各篇外，尚有《心度》篇亦能有精密之讨论，进化观为法家之特殊贡献，盖无疑义矣。

（四）实用说　与进化观有密切关系之主张，厥为实用说。按韩非之经济思想，一部分系袭自道家，顾彼乃坚持实用说，与道家之理想主张，乃大异其趣，是不可不注意者也。彼之实用主义与墨

---

① 《五蠹》篇。
② 《商君书·壹言》篇。
③ 《五蠹》篇。

子所主张者，大旨相同，惟比较的更为激烈，生平所痛恶者，为一般辩说之徒，在《五蠹》篇中尤竭力攻击此辈设诈务私之徒。其言曰：

> 故不相容之事，不相立也，斩敌者受上赏而高慈惠之行，拔城者受爵禄而信廉爱之说，坚甲厉兵以备难，而美荐绅之饰，富国以农，距敌恃卒，而贵文学之士，废敬上畏法之民，而养游侠私剑之属，举行如此，治强不可得也。国贫养儒侠，虽至用介士，所利非所用，所用非所利；是故服事者简其业，而游于学者日众，是世之所以乱也。且世所谓贤者，贞信之行也，所谓智者，微妙之言也，微妙之言，上智之所难知也，今为众人法，而以上智之所难知，则民无从识之矣。……夫治世之事，急者不得，则缓者非所务也，今所治之政，民间之事，夫妇所明知者不用，而慕上知之论，则其于治反矣。故微妙之言，非民务也。……今境内之民皆言治，藏商管之法者家有之，而国愈贫，言耕者众，执耒者寡也。境内皆言兵，藏孙吴之书者家有之，而兵愈弱，言战者多，被甲者少也。故明主用其力，不听其言，赏其功，必禁无用。①

韩非有此极端之实用主义，盖志在救垂亡之韩国也。后人谓彼攻击儒墨二家，殊为失言，缘儒墨二家之经济学说，最重实验精神也。韩非又曰：

> 乱国之俗，其学者则称先王之道以籍仁义，盛容服而饰辩说，以疑当世之法而贰人主之心；其言古者为设诈称，

---

① 《五蠹》篇。

借于外力以成其私,而遗社稷之利。①

彼盖以当时之空论与诡辩为大戒,故其学说处处以实在为归。以口舌取富贵,以空泛之论惊世俗,韩非反对最力。总之,个人一切言行,皆当"以功用为之的彀"②,否则徒足以乱世而已。

第三节　经济学说

韩非子之经济思想,虽不见多,然带有唯物观念色彩,极为浓厚,此盖得力于荀子者,与孟子所言者相较,亦颇类似。荀子以为人类之纷扰,由于欲望扩张所致,韩非子则谓社会上之争夺,由于财富太少不敷分配之故;换词言之,则财寡不足以满足人类之欲望耳。以古与今相较,为治与乱之所由分,亦即财多与财寡之别。故曰:

> 古者丈夫不耕,草木之实足食也,妇人不织,禽兽之皮足衣也。不事力而养足,人民少而财有余。故民不争。……今人有五子不为多,子又有五子,大父未死而有二十五孙,是以人民众而货财寡,事力劳而供养薄,故民争。……故饥岁之春,幼弟不让,穰岁之秋,疏客必食,非疏骨肉,爱过客也,多少之实异也。是以古之易财,非仁也,财多也;今之争夺,非鄙也,财寡也。③

世乱既由于财寡,故执政者当一本其实用的精神,筹一治安之法,

---

① 《五蠹》篇。
② 《问辩》篇。
③ 《五蠹》篇。

俾能对症发药,医治时弊。此说甚陈旧,荀子而外,孔孟皆曾言之于前,所谓先富后教之学说是也。是为韩非经济思想之要点,亦即与儒家主张相同之处。

儒家以国君奢侈揾克为大戒,如《论语》中有"节用而爱人,使民以时"等言,《易经》与《大学》二书中,亦屡屡言及。墨家亦然,观《节用》篇可知。法家中之管子在《八观》等篇中,亦有同样论调。韩非子亦谓国君奢侈为亡国之征,其所著书中《亡征》篇云"好宫室台榭陂池,事车服器玩,好罢露百姓,煎靡货财者,可亡也。"言甚沉痛,可为后世聚敛揾克者作一棒喝。又《十过》篇中,记载戎王事,谓其"耽于女乐不顾国政",贬之不无见地,韩非经济学说与儒家所言,相同之处,此又一点也。

韩非有一极特别之主张,不特与儒家学说之立足点,极端相反,即法家之管子与商子,亦从未道及。儒家以"民姓不足,君孰与足",为倡,以为富国以足民为先,韩非子深不以此为然,彼盖深信人类为自私自利的动物,其欲望之扩张,绝无止境,为人君者正不必亟亟以足民为要务。儒家深信"足民可以治",韩非以为"足民何可以为治",其理由详见于《六反》篇中:

> 老聃有言曰,知足不辱,知止不殆,夫以殆辱之故,而不求于足之外者,老聃也。今以为足民而可以治,是以民为皆如老聃也。故桀贵在天子而不足于尊,富有四海之内而不足于宝,君人者虽足民,不能足使为天子,而桀未必以为天子为足也。则虽足民,何可以为治也?

此为韩非反对足民说之第一理由。缘人类欲望无止境,足民并无标准,甲以为足,乙或以为不足;在未曾得到此物时以为不足,有无限希望,此物已得后,希望达到,或仍以为不足,故彼以为足民之说，不能成立也。韩非且更进一层，研究足民之害处，以为人民财用足，则流于骄奢一途，不肯务俭，抑且怠惰不愿力作，倘政府不用足民政策，则人民财用不足，不能不刻苦勤俭，努力工作矣。《六反》篇中，且举出富家之子为喻。其言曰：

> 夫富家之爱子，财货足用，财货足用则轻用，轻用则侈泰；亲爱之则不忍，不忍则骄恣，侈泰则家贫，骄恣则行暴，此则财用足而爱厚轻刑之患也。凡人之生也，财用足则骤于用力，上懦治则肆于为非，财用足而力足者，神农也，上治懦而行修者，曾史也，夫民之不及神农曾史亦明矣。

复于《显学》篇中重申其意曰：

> 今世之学士语治者，多曰：与贫穷地以实无资。今夫与人相善也，无丰年旁入之利，而独以完给者，非力则俭也。与人相善也，无饥馑疾疢祸罪之殃，独以贫穷者，非侈则惰也。侈而惰者贫，而力而俭者富，今上征敛于富人，以布施于贫家，是夺力俭而与侈惰也。欲索民之疾作而节用，不可得也。

此为韩非反对足民之第二理由。盖专从勤惰方面以论足民之非，韩非子并非言政府不必顾问人民之生活状况，彼深恐政府之足民政策，结果适得其反，驱人民于更贫之一路耳。韩非既以足民为不重要，故特别注重刑罚，务求其严厉，以收督率之效，《六反》篇中，于此点特别注重也。

以上言韩非与儒家学说相同之点凡二，不同之处凡一。总纳而观，韩非殊未能于管商二子外，别树一帜，其说无甚精彩，盖其着眼处，专从人间丑恶一面观察故耳。司马迁言，韩非思想"惨礉少恩"，实千古不易之定评也。

第五章　邓析、申不害、尸子及慎到之经济思想

郑邓析、韩申不害、鲁尸子、齐慎到此数人之经济思想，半属法家，半属道家，其学说大体于国君则主无为，于下臣以功利为尚。与管子、李悝、商鞅等专主富国强兵之学者，又自不同，盖其主张已非法家学说之真面目矣。今依常例列之于法家，循其时代之先后，述其经济思想于下。

第一节　邓析子

一邓析子事略与著书　《崇文总目》邓析子，战国时人，生平好刑名，操两可之说，设无穷之辞。尝数难子产之法，或云子产起而戮子，列子《立命》篇中，亦有子产遂戮之等言，然《春秋·左氏传》昭公二十年，子产卒，子太叔嗣，太叔卒于定公八年，驷颛嗣，明年乃杀邓析云云，然则邓析之死，当在子产卒后二十年也。著书有《无厚》《转辞》二篇，就中以政论为多，其说间有矛盾之处，意者该书或为后人袭其片段学说，以编成者欤？未可知也。

二放任主义　邓析经济思想不多，其学说带有极端的放任主义之色彩，彼所主张之放任政策，固与管子、商子之干涉政策，立于相反地位，即与儒家之放任主义比较，亦迥异其趣。邓析之主张，盖以道家之自然法为枢纽，而以该派无为之说作为号召也。如云："夫

治之法，莫大于私不行，功莫大于使民不争，今也立法而行，私与法争，其乱也甚于无法。立君而尊，愚与君争，其乱也甚于无君。"①其说之愤激，盖不亚于后来之庄子。彼又以为舟浮于水，车转于陆，皆遵自然，一国之秉政者，亦当循自然之法，政令求其简而不求其繁。故又云："水浊则无掉尾之鱼，政苛则无逸乐之士，故令烦则民诈，政扰则民不定。不治其本而务其末，譬如拯溺锤之以石，救火投之以薪。"②是邓析以为欲救世乱，正本清源，惟在政府之无为，此完全系道家言，当系后人摭拾《道德经》中语加入之。书内阐发无为精义之处尚多，总不外主张执政者之态度，当"恢然宽裕，荡然简易"，能如是，则天下必能大治，盖为政要理"恬卧而功自成，优游而政自治"也。③大抵当时人君之设施，蔽于私欲而不能为公，《转辞》篇中，颇多微词也。

三节欲与定命说　邓析经济思想与老子学说，有一相同之点，即主俭是也；惟老子倡绝欲之论，而邓子不主极端之俭，仅有节欲之口吻耳。邓析曰："快情欲恣欲，必多侈侮"④，盖深以纵欲为非。又不仅明哲保身者，当求节欲，即为人君者，亦当俭朴，否则必生祸殃，其病与骄傲等也，故又曰："明君者之御民，若御奔而无辔，履冰而负重，亲而疏之，疏而亲之，故畏俭则福生，骄者则祸起"⑤，是邓析不仅认俭朴为个人立身之要道，抑且认为人君应循之良箴矣。邓析之节欲论，乃根据于其定命的哲学，彼以为"死生自命，贫富自时，怨夭折者不知命，怨贫贱者不知时，临难不惧者知天命，遭贫穷无

---

① 《转辞》篇。
② 《无厚》篇。
③ 同上。
④ 《转辞》篇。
⑤ 同上。

慭者达时序"①，盖欲望之能否满足，既为天命所定夺，若不能知足而求多得者，则与命及时相对抗，此邓子所极为反对者也。

四唯物观念　邓析经济思想类似道家学说之处，已见上述，尚有一点，全为儒家言，则唯物观念是也。邓析曰："君于民无厚也，……凡民有穿窬为盗者，有诈伪相迷者，此皆生于不足，起于贫穷，而君必执法诛之，此于民无厚也。"②此盖完全与孟子论恒产一段文字，意义相同，而与邓子本人全部经济思想，先后矛盾，不相联贯。夫邓析子既认天下之乱，由于在上者之有为，今复谓乱源由于人民之不足，今设使人君以足民为务，使人民脱离"贫穷"之境，岂非与其素所主张之"恬卧而功自成，优游而政自治"，大相背谬耶！又邓子言，怨贫贱者不知时，固劝人以安贫矣，今又深虑人民贫穷，足以穿窬为盗，足以诈伪相迷，殆亦自知其节欲与定命说之不能成立耶！

要之，邓析于名学或有深造，以论经济思想，则脱略不完，系统未具，殊觉无可扬美也。

第二节　申不害与尸子

申不害，郑国京邑人。相韩昭侯凡十五载，其时韩介于齐楚之间，形势至危，不害善处之，终其身无侵韩者。著述据《汉书·艺文志》共六篇，但今无传。殁于周显王三十二年（西历前三三七）。荀子评之谓"蔽于势而不知智"③，以意度之，彼当不喜干涉政策者，此

---

① 《无厚》篇。
② 同上。
③ 《解蔽》篇。

与商子异也。据韩非子言，则申不害言术，精研以上御下之理，且记其言曰："慎尔言也，人且知女；慎尔行也，人且随女；而有知见也，人且匿女；而无知见也，人且意女；女有知也，人且臧女；女无知也，人且行女，故曰惟无为可以归之。"① 此等议论近于黄老，甚足为经济思想发展之阻碍也。

尸子，名佼，鲁人，乃秦相商鞅之门下客。鞅事秦，谋事画计行，变古之政，多与佼规及，鞅被刑，尸子乃逃亡入蜀。《汉志》有尸子二十篇，其后全书散佚殆尽，今所传者，为孙星衍氏之补订本，书中经济思想甚少，虽为法家流裔，实无贡献之可言。彼在《贵言》篇中曾提及农业劳工之重要，以为使天下丈夫耕而食，妇人织而衣，则盈天下以财，不可胜计。在《治天下》篇中，谓度量通则财用足，言须济人以资财也。尸子之经济言论只此二点，与申子二人均为法家中经济思想之最少表见者。

第三节　慎到

一 慎到小传　慎子，赵人，生卒年月皆无可考，惟知其时代约在老、孔、墨之后而在庄、荀之前而已。当时天下战祸虽烈，惟齐国稷下独免，故学者群集该地讲学，慎子其一也。著书《慎子》四十二篇，《汉书·艺文志》列诸法家，今其书已佚，由后人集成五篇。自来学者，多认之为法家重要人物，独梁任公述其哲学根本观念而列之入于道家；② 今据其经济思想以观，虽亦间杂道家言，实则应列入法家，盖其主张如唯物观、政府经济政策、论法律与经济之关系

---

① 《外储说右》上。
② 《先秦政治思想史》一九三页。

等各要点，皆法家言论，开后来韩非子经济理论之先河云。

二唯物观　慎子学说，带有唯物观念，至为浓厚，以为一国之纷乱，由于国民之贫乏，于是种种犯上作乱之事，层出不穷，故政府之经济政策，当以富民为第一要务。彼曰："民富则治易，民贫则治难，民富则重家，重家则安乡，安乡则敬上畏罪，敬上畏罪则易治也。贫则轻家，轻家则危乡，危乡凌上犯禁则难治也，故为国之道，在富民而已矣。昔七十九代之君，法制不一，号令不同，然则俱王天下，何也？必当国富而粟多也。"是承认国家之基础，乃建立于经济之上，而所谓经济者，乃指国民之富力而言，非指政府之财力。故慎子更言："善为国者移谋身之心而谋国，移富国之术而富民，移保子孙之志而保治，移求爵禄之意而求义，则化理成矣。"慎子议论，有化私为公之意，观其唯物论调乃法家言，足民之说，则近于儒家，法家如管子等虽深知足民之为要务，并不忽略国民经济，究较注重于一国之财政，与慎子态度异也。

三政府经济政策　慎子既主张立国当以足民为先，然则其足民之办法如何？此颇堪注意者，慎子所定出之计划，甚见周密，盖以厉行经济建设为主张，颇能集合儒法二家学说之长，而言论趋重实际，能一洗道家学说过重理想之弊。今详引其原文一段如下："环渊问曰，天有四殃，水旱饥荒，其至无时，何以备之？慎子曰，土多民少，非其土也，土少人多，非其人也。是故土多发政以漕四方，四方流之，土少安帑而外务输，山林非时不升斤斧，以成草木之长，川泽非时不入网罟，以成鱼鳖之长，不麛不卵，以成鸟兽之长。凡土地之间者，皆可裁之以为民利，是鱼鳖归其泉，鸟归其林，孤寡辛苦咸赖其生，山以遂其材，工匠以为其器，百物以平其利，商贾以通其货，工不失其务，农不失其时，是谓和德。夏箴曰，小人无兼年之食，遇天饥，妻子非其有也；大夫无兼年之食，遇天饥，臣妾舆马非其有也，戒之哉。"此段最足以代表慎到经济思想之真精神，试分析之，计有要点凡三：（一）土与人皆为立国之要素，二者当力求其多，土多而人少，或土少而人多，皆属缺憾。（二）土多人少则当设法开发利源，尽量利用自然界财富，俟国内经济基础稳固后，他处人民自能归就之。若土少人多则当取节用政策，保护天然出产物，凡草木鱼鳖之类，以其供给之有限，故当用之有节，能如是则土少亦不足为患。（三）政府当提倡农业，慎子尝言："劳而不可不劝者，农也，无而不可啬者，财也。"皆系代表政府划策之词，氏于农业固知重视，顾于工商二阶级对于社会之贡献，亦不一笔抹煞，工制器，商通货，慎氏主张此三种阶级之合作，称之为和德，可谓能见其大。

以上述政府经济政策之第一点竟。

慎子经济政策，其积极的一方面，主张政府之利用土地、人民二要素，以实行其经济建设，同时更扶助一国之农、工、商三种阶级；其消极的一方面，则主张以法律力量，平人民求富之争，盖系法家的论调也。慎子曰："天下之人所共趋之而不知止者，富贵耳。所谓富贵者，足于物耳。夫富贵之无极者，大则帝王，小则公侯而已，岂不以被衮冕处宫阙建羽葆警跸，故谓之帝王，岂不以戴簪缨喧车马仗旌旆铁钺，故谓之公侯耶。不饰之以衮冕宫阙羽葆警跸簪缨车马铁钺，又何有乎帝王公侯哉？夫衮冕羽葆簪缨铁钺旌旆车马，皆物也。物足则富贵，富贵则帝王公侯，故曰，富贵者，足物尔。以足物者为富贵，无物者为贫贱，于是乐富贵耻贫贱，不得其乐者，无所不至矣。是故明王知其然，操二柄以驭之，二者刑德也，杀戮之谓刑，庆赏之谓德，使人臣虽有智能，不得背法而专制，虽有贤行，不得逾功而先劳，虽有忠信不得释法而不禁。"又曰："法行于世，则贫贱者不敢怨富贵，富贵者不敢陵贫贱，愚弱者不敢冀智勇，智勇者不敢鄙愚弱。"慎子盖深知所谓富贵者，即系"物足"之意，然物之供给有限，而人类之欲望无穷，于是争夺以起，政府乃不得不设法弥止其争夺，其利器维何？即刑罚与庆赏是也。然欲求刑罚与庆赏之有效，非更有严峻之法律不可。法律者，不但可以禁止人民之争夺，且可用作为保障贫贱阶级利益之一种护身符，无法则人民之争夺将无终了之时，而贫贱阶级将处处受富贵阶级之欺凌矣。今试持慎子理论与其余法家所言者比较；慎子恃法以调和国中各阶级经济上之冲突，商子恃法以为愚民之一种工具，使人民顺受政府之一切经济设施，无反抗之余地。韩非子则承认法之功效，能使"顽嚚聋瞽与察慧聪智者同其治"，概论法之效果，而并不如慎子之专从经济方面以研究法治之效能。三子固同属法家，皆尊法治，其当辨析之点在此。若儒家之荀子，固亦倡"争起于不足"之论，惟慎到重法，荀子重礼，故二人学说，亦不得混为一谈耳。

以上述政府经济政策之第二点竟。

四 个人经济　慎子经济思想，关于政府经济政策之处甚多，已见上述矣。彼于私人经济，亦有论及，主张俭朴，曾将俭与奢之影响，加以比较，虽未下断语，其于奢泰，甚致不满，态度颇明显也。慎子之言曰："奢者富不足，俭者贫有余，奢者心常贫，俭者心常富。奢者好动，俭者好静，奢者好难，俭者好易，奢者好繁，俭者好简，奢者好骄淫，俭者好恬澹。"古今思想家倡俭去奢者，不知凡几，然大都不能有十分详尽之讨论，其弊皆在一简字，慎子之论奢俭，说甚新颖，均为人所未曾道及者。惜所叙述者，乃专着重于俭奢者之心理人生观及他种现象，于其结果及对于社会经济所生影响之不同，不曾详言其所以，至可惜也。

五 结论　综观慎到经济思想计有特点凡二：第一，其学说简而要，于基本经济观念，政府经济建设之要义，皆能处处顾到，事事以国民之利益为前提，处处以爱民为先，其理论无偏激不完之病。第二，慎到能知法律与经济状况之关系，此层其余法家虽俱论及，顾不能如慎到议论之能得其中，此皆慎子学说之特长也。

第六章　法家经济思想总评

　　法家之经济思想，言其质则"完善"二字，不为过誉；言其量则"丰富"二字，足以当之。盖其学说最富有创造之精神，而对于经济问题之分析，多有独到处也。世界大势，各国生存竞争，苟极剧烈，自身又当其漩涡者，非采用法家学说不可；从国家内部情形而言，倘一国国民经济能力雄厚，政治清明，国家地域小而经济发展程度齐一者，法家学说亦有相当可采处。在此二种环境情形之下，采行法家经济政策，当能获得良好之效果。

　　韩退之《伯夷颂》曰："士之特立独行，适于义而已。不顾人之是非，皆豪杰之士，信道笃而自知明者也。"法家诸子，盖皆具有"特立独行"之精神者。后世学者，对于管商诸人，毁者虽多，然终不能掩其学说在中世时代影响之深，秦汉以来，若桑宏羊、孔仅、王安石之流，皆曾以法家经济思想之一部分，付诸实行者。

　　法家经济思想乃含儒墨农三家之末流，嬗变汇合而成，故讨论经济问题，精到详尽，若对外贸易、货币、人口、工业、国有、重农各原理，俱为上古中国经济思想史中最重要之部分，不特为中国上古时代其余各派思想家所无，且为三四百年前之西洋经济思想界所不能及者，法家所发明之若干重要原理，实能在世界经济思想史中占有相当之地位也。

[第七编]
农家及其他各家

第一章　农家之经济思想

我国数千年来，以农立国，历代经济思想，其中关于农业者独多，汉而后尤不乏佳著。溯自神农为耒耜以教天下，尧命四子敬授民时，后稷以此为重，极提倡之能事，后世因之以安邦奠国，首在重农，故关于农业经济之发展，我人实有注意之必要。考《汉书·艺文志》述农家云：

　　《神农》二十篇　《野老》十七篇　《宰氏》十七篇　《董安国》十六篇　《尹都尉》十四篇　《赵氏》五篇　《氾胜之》十八篇　《王氏》六篇　《祭癸》一篇　右农九家百一十四篇。

　　农家者流，盖出于农稷之官，播百谷，劝耕业，以足衣食。故八政，一曰食，二曰货，孔子曰：所重民食。此其所长也。及鄙者为之，以为无所事圣王，欲使君民并耕，悖上下之序。

班固实列农家于九家之中，以之与儒法墨诸家并称，上述各书，除神农《本草经》及汉《氾胜之》遗书，尚有流传外，余书尽佚，真我国学术界之大不幸也。

今之论述农家者，皆以许行与陈相为代表，二人之说，是否包括在一百一十四篇之中，今不可考；特当时农家在思想界中，占有一部势力，曾与儒法等家相对抗，盖无疑也。法家重视政府之效能，其经济思想倾向于干涉主义一方面，管仲、商鞅之政策，皆不能脱此特质，故许行、陈相之思想，实为法家学说之反响。农家经济思想，更包含有各种救国之经济政策，非仅农事而已。

（一）许行陈相之前驱者

论我国上古时提倡身体劳动，自食其力之实行者，人尽知为许行与陈相，实则在许、陈二氏之前，已有其前驱者多人；正如在欧洲重农派成立以前，有伏班（Marshal Vauban）、凯泰朗（Richard Cantillon）诸人，其言论已开重农派之端也。《论语》中记樊迟请学稼学圃，彼未必以此等农艺之事，询诸孔子，盖即含有自食其力之精神，而为后来许行等所实行者也。荷篠丈人之言曰：四体不勤，五谷不分，孰为夫子？亦能具有此种精神，度当时丈人必有更精到之议论，孔子始有君臣之义，不可废却之语，惜《论语》略之，然兹二人，实不失为许行、陈相经济思想之前驱者。

又当时与许行、陈相之抱同一态度，主张上一致者，为数必不少，但许陈二人，因与孟子对垒，一再争辩，故特别为人所注目焉。《孟子》一书中，更载彭更①之问："后车数十乘，从者数百人，以传食于诸侯，不以泰乎？"又云："士无事而食，不可也。""梓匠轮舆，其志将以求食也，君子之为道也，其志亦将以求食与！"《吕氏春秋·不屈》篇记匡章谓惠子于魏王之前曰"蝗螟农夫得而杀之，奚故？为其害稼也。今公行多者数百乘，步者数百人，少者数十乘，步者数十人，此无耕而食者，其害稼亦甚矣。"极端重农，且以自食其力一原理为信条，非许行、陈相之同志而何！

---

① 《孟子·弟子》。

（二）注重农业

许行、陈相之言行，详见《孟子·滕文公》章中：

> 有为神农之言者许行，自楚之滕，踵门而告文公曰：远方之人，闻君行仁政，愿受一廛而为氓。文公与之处，其徒数十人，皆衣褐，捆屦织席以为食。陈良之徒陈相，与其弟辛负耒耜而自宋之滕曰：闻君行圣人之政，是亦圣人也，愿为圣人氓。陈相见许行而大悦，尽弃其学而学焉。陈相见孟子，道许行之言曰，滕君则诚贤君也；虽然，未闻道也。贤者与民并耕而食，饔飧而治。今也滕有仓廪府库，则是厉民而自养也，乌得贤？

重视农业而至于"衣褐，捆屦织席以为食"，是不但能作理论上之提倡，且躬自实行，作社会人士之向导，其注重农业，实非其他周秦诸子所能几及。许行尊神农为本人学说之祖，夫神农固我国历史上提倡农业一极早之人也，故论我国先秦诸儒，虽孔、孟、荀、管、商诸氏无不有重农之论调，苟举一人以为例，则最佳莫许行若也。

（三）君民并耕

二人之学说，持"君民并耕"之义，以为标帜，《孟子》中所记："贤者与民并耕而食，饔飧而治"，盖为农家经济思想一极重要之特点也。按君民并耕，共有二种解释：（一）一国之人君，择日从事于耕作，借以鼓励人民。在吾国古代，并非罕见，《国语》中曾有此项记载，是其确证，"籍田"一名词，即由是而生，《礼·月令》孟春之月，乃择元辰，天子亲载耒耜，措之于参保介之御间，帅三公九卿诸侯大夫躬耕帝籍，天子三推，三公五推，卿诸侯九推，《祭统》，天子亲耕于南郊，以共齐盛，诸侯耕于东郊，亦以共齐盛，天子诸侯非莫耕也云云，可知"君民并耕"之义，在吾国古时未尝不曾实行，然此种情形，决非许行、陈相所提倡之主旨。（二）许行、陈相所提倡之君民并耕，乃系永久的而非暂时的，彼等盖主张国君应与人民一体工作，无上下之分，许行、陈相不但反对专制之政府，根本上且主张打消"君"与"民"之区别。

故许行、陈相之主张君民并耕，实为一种无政府主义之变相，而以自食其力为其方法者也。设使人君国民并耕之理想完全达到，则"君"与"民"之界限业已打消，岂复尚有政治组织如"政府"者存在其间乎。农家重视身体之劳动，不分贵贱上下，若滕国国君，赖民赋税以自养，仰给于人民，实悖此原理，故许行掊击之也。

孟子驳难之语，则以分工原则为根据：

> 孟子曰，许子必种粟而后食乎？曰，然。许子必织布而后衣乎？曰，否，许子衣褐。许子冠乎？曰，冠。曰，奚冠！曰，冠素。自织之欤？曰，否，以粟易之。曰许子奚为不自织？曰，害于耕。曰，许子以釜甑爨，以铁耕乎？曰，然。自为之欤？曰，否，以粟易之。以粟易械器者，不为厉陶冶，陶冶亦以其械器易粟者，岂为厉农夫哉！且许子何不为陶冶，舍皆取诸其宫中而用之，何为纷纷然与百工交易？何许子之不惮烦？曰，百工之事，固不可耕且为也。然则治天下独可耕且为欤？有大人之事，有小人之事，且一人之身而百工之所为备，如必自为而用之，是率天下而路也。故曰，或劳心，或劳力，劳心者治人，劳力者治于人；治于人者食人，治人者食于人，此天下之通义也。[①]

孟子盖以为各项事业，宜由个人分任之，劳心者乃为治人阶级，

---

① 《滕文公》篇。

劳力者系属被治阶级,国君专作劳心之事,实不能与劳力者并耕,盖以阶级之分工论,打破许行之说。其所言影响甚大,后之韩昌黎,以为被治阶级当"出粟米麻丝以事其上",此说亦袭自孟子;实则孟子虽反对君民并耕,亦未尝主张被治阶级对于治人阶级当尽供养之义务也。

再言许行一方面,彼等亦甚能重视分工原理,故陈相有言:"百工之事,固不可耕且为也",彼等虽极端重农,并非谓农业之外,世间无别种事业也。

(四)互助的社会生活

许行等主张一种互助社会的生活,此项理想之社会,具一大特点,即物价之齐一是也。物品不以其种类之不同而异其价格,主要用品,皆同量同价以交换,如是则商贾既无赢利可言,依赖他人者,亦无由立足,此其互助的社会生活之大概也。《孟子》记陈相之言:

> 从许子之道,则市价不贰,国中无伪,虽使五尺之童适市,莫之或欺。布帛长短同,则价相若,麻缕丝絮轻重同,则价相若,五谷多寡同,则价相若,屦大小同,则价相若。[1]

许行盖主张在互助之社会中,其重要生产品之价格,须为之划一。如有布甲乙二种,均系一尺,其价格应趋一致;又鞋两双,设其大小相等,其价格亦应划一,不得有所参差。许行盖主张如二物有同一之量(quantity),当有同一之价,此为互助社会中之大特点。

此种理论,颇有缺点,盖物有粗细精劣之异,不能因其数量多少相同,强定同一之价格也。如布之种类繁多,佳者一尺售洋元余不为昂,质劣者每尺虽贬价至三四角,亦无人顾问,他物亦皆如此,

---

[1] 《滕文公》篇。

苟为之划一价目，岂非不公之甚。

孟子驳诘许行之主张，特别提出质（quality）的问题：谓万物精粗各异，故物价悬殊，至于千百倍而未已，如果划一物价，则生产者于其出产品之质，不加讲求，将增加作伪之风：

> 夫物之不齐，物之情也；或相倍蓰，或相什佰，或相千万，子比而同之，是乱天下也。巨屦小屦同价，人岂为之哉？从许子之道，相率而为伪也，恶能治国家？

此处之"巨屦小屦同价"句，巨谓粗劣，小谓细致，以为鞋之质不同，使标同一价格出售，则谁再愿制造细致之鞋？至于前文所引之"屦大小同，则价相若"，此处系指"量"而言，曩胡适君与胡汉民君于此点曾有争辩①，一称孟子所言为无的放矢之驳论，一称孟子乃以许行所承认之言以驳之，二人皆误以为"巨屦小屦同价"一语，乃指大小而论，实非孟子原文之本意也。

（五）许行、陈相学说与共产主义

许行、陈相等所提倡之学说，是否即系共产主义（Communism）？甚值得我人之研究。日本哲学家渡边秀方氏，则认二人为提倡共产主义者：

> 他（按系指许行）尽在"贤者与民并耕而食，饔飧而治，今也滕有仓廪府库，则是厉民而自养也"，一句，这句话，不待说和现今共产的无政府主义的思想，完全相同。②

---

① 见胡适《中国哲学史大纲》及胡汉民所作《孟子与社会主义》文载《建设杂志》。
② 《中国哲学史概论》一五四页刘侃元译本。

欲知此种批评之是否得当，须先研究共产主义之内容，按共产主义之根据有二：（一）各尽其能，（二）计需授食，如某甲之能力为产米二十担，而家中所需为十担，且甲须尽其本人力量以产米，扣去本人之需十担外，归诸公有；倘乙只能产米十担而家中所需二十担，则不足者得由公家以供给之。此项办法，即列宁之所谓 From each according to his ability; to each according to his need 也，俄国自共产政党得势，握有政权，乃于一九一七年实行此项主义，卒以失败，而于一九二二年恢复私产制度，此二大根据，皆曾付诸实行，但无良好结果耳。

今细按许行之学说，固并无此项主张也。其所谓"贤者与民并耕而食"等语，主张打破君民间之界限，无政府主义之主张则有之，非主推翻私产制度也。但许行之学说，以自食其力为要纲，实与共产主义之第一根据相吻合，然许行、陈相未尝主张计需授食，其学说非共产主义可知。又彼等提倡划一物件之价格，此其目的在均富，而不在共产，更属显而易见也。

共产主义并非即系无政府主义，推翻私产制度实行共产，与取消政府截然两事。政府与共产二者，不必定须冲突，学者有提倡无政府主义而不主张共产者，在泰西各国，则德意志有斯推纳（Max Stirnor），我国则推许行、陈相之流，虽以政府为病，于私产制度固仍主保留也。

据是以观，谓许行、陈相反对政府之存在，攻击社会贫富现象之悬殊则可，称其学说为共产主义，不免过甚其词矣。

（六）批评

综许行之言论观之，彼等所提倡者，实为一种理想国家，主张个人应牺牲一己之利益以谋社会全体之福利，同时于统治机关则力主废绝。我国农业发达最早，且当战国时天下纷乱，此为造成许行、陈相学说之二大要素，其说甚有力量，设无孟子以与之对垒，则该派势力必将蔓延扩张，而成为我国学术史中强有力之学派也。

该派对于中国经济思想史上最大之贡献，厥为提出自食其力一义，彼辈在数千年前，已能洞悉劳工之重要。社会进步本赖个人之努力，我国数千年来不劳而获之心理，深入人心，人人为消耗者，而未必尽为生产者，许行学说足以打破个人依赖之恶习惯，惜其学说不行也。然农家学说有一绝大缺点，即重视个人之能力过甚，换词言之，即对于政府之效能，不能有准确之了解也。政府自有其本身价值，为国家所不可缺少者，即以保护人民财产（security of proderty）一事言之，即非由政府负此责不可，个人固不能胜任此事。政府一日不能取消，则被治阶级与治人阶级之界限，终须存在也。

再进一步言"治人"一阶级，直无消弭之可能，原始时代，无经济组织可言，未开化之民族，亦有"首领""酋长"诸名称，其余则皆治于人者也。且治人与治于人二阶级之划分，非仅指政府与人民而言，无论何种组织，皆不能免，个人之智慧、才力、环境，既各各不同，故此二阶级之界限，殆未可轻视也。至于划一物价，更为不可能之事，须知一物价格之定夺，自有其内外之力量（force，如成本与供求等等），今姑就一种物件而论，欲强定其价格，使之不变，我人且知其不可能，况千百种之物件乎！

故我人以为许陈诸人经济学说之根据（即自食其力一原理），极可推崇，其一切经济见解，及所拟办法，颇有可议之处，所期望者，亦不过为一种乌托邦而已。此仅就其学说一面研究，至于若辈之操行则耐劳忍苦，怀抱则孤立清高，终不失为人杰也已。

第二章　兵家对于经济思想之贡献

兵家书推周太公望之《六韬》三卷为最古，文王初遇吕尚，立以为师，后佐武王灭纣，有天下，封于齐营丘。书之上半部，申论经济事物之处甚多，兵家诸子对于中国经济思想最有贡献者，以吕氏为首，其经济思想之特点凡四：

（一）昌言大利。太公望与周文王问答之语，在在以国家之大利为重。《六韬·文师》篇中记其言曰："天下非一人之天下，乃天下之天下也，同天下之利者则得天下，擅天下之利者则失天下。……凡人恶死而乐生，好德而归利，能生利者，道也。道之所在，天下归之。"言人君当以天下之利济民，不应独自专利，盖亦收聚人心之方法，与美利利天下之说同其旨趣焉。

（二）务俭去奢。彼以为贤、不肖之君，其分别只在俭朴、奢华之上，俭则所费少而赋税轻，奢则足使人民饥寒。所举之例，为帝尧之事实，其言如下：

> 太公曰，昔者帝尧之王天下也，上世所谓贤君也。文王曰，其治如何？太公曰，帝尧王天下之时，金银珠玉不饰，锦绣文绮不衣，奇怪珍异不视，玩好之器不宝，淫佚之乐不听，宫垣屋室不垩，甍桷椽楹不斫，茅茨遍庭不剪；鹿裘御寒，布衣掩形，糠粱之饭，黎藿之羹，不以役作之故，害民耕织之时，削心约志，从事于无为，吏足正奉法者尊其位，廉洁爱人者厚其禄。……其自奉也甚薄，其赋

役也甚寡，故万民富乐而无饥寒之色，百姓戴其君如日月，亲其君如父母，文王曰：大哉，贤德之君也。①

此甚足以代表当时臣僚之心理，其理想的贤君，虽不必定须雄才大略，奠国安民，其必要的条件，则务俭戒奢是也。兵家之经济思想，虽极简单，而吾人犹能从若辈之著作中，发现此等劝君俭朴之议论，诚为我国数千年来经济思想之一特点也已。

太公望又言宫室台榭，应求其俭，国王之应禁止者为奢侈，臣有大作宫室池榭游观倡乐者，伤王之德。②是为王人六贼之一，人君自奉极奢，固为大禁，臣僚兴土木以奉君，亦所不许云。

（三）薄赋敛。在《国务》篇中，太公望详言人君之不可不爱民，谓善为国者，驭民如父母之爱子，如兄之爱弟，"赋敛如取于己"，国君如能推己及人，以爱民为务，则主尊人安。爱民之要纲，则轻赋敛是也。

（四）农、工、商三业之并重。太公望以一国之农、工、商三者为并重，无所偏倚。《六韬》一书甚古，书中乃无轻商之言，今人谓我国历代作者皆重农轻商，盖有不尽然者矣。《六守》篇云：

> 太公曰，……人君有六守三宝。……文王曰，敢问三宝？太公曰，大农、大工、大商谓之三宝，农一其乡则谷足，工一其乡则器足，商一其乡则货足。三宝各安其处，民乃不虑。

关于农业一方面，人君对于国民之尽力农桑者，宜慰勉之，劳

---

① 《盈虚》篇。
② 《上贤》篇。

民不应害其耕织之时。①民有不事农桑，任气游侠，犯历法禁，不从吏教者，伤王之化，亦为六贼之一；其有为雕文刻镂，技巧华饰，而伤农事者，王者必禁。②能如是则富国强兵之目的可达矣。

太公望之经济思想，完全以利民二字为基础；此四点皆有其立足之价值，其于农工商三业，俱皆推重，尤为卓见也。

太公望而外，兵家中尚有孙武、吴起、司马穰苴、尉缭诸人，孙子、司马穰苴对于经济思想，毫无贡献，其余二人，甚能洞悉军政与经济原理之关系。吴起（战国时人，魏文侯曾以为将，后相楚悼王），曾研究战争之起因凡五端：二曰争利，五曰因饥，皆经济的原因也。又谓与他国战争，凡土地广大、人民富众之国，宜不战而避之，③彼盖承认富国之实力雄厚，不能以武力压迫也。若敌国上富而骄，下贫而怨，"可离而间"④。可知战事之胜败，与一国之经济状况，关系至深也。

至于尉缭子（战国时人，与魏惠王同时），则所言更进一层，直接承认经济建设之重要。彼以为战胜他国，有二方法，（一）主胜，（二）将胜。主胜即富国之谓，较用兵力者为优；但第一法如办不到，则不能不用次法，即兵法也。其叙述第一法云：

> 量土地肥硗而立邑，建城称地，以城称人，以人称粟，三相称则内可以固守，外可以战胜。……夫土广而任则国富，民众而制则国治，富治者民不发轫，甲不出暴，而威制天下。⑤

---

① 《盈虚》篇。
② 《上贤》篇。
③ 均见《吴子》卷上。
④ 《吴子》卷下。
⑤ 《尉缭子·兵谈》篇。

故兴师动众（将胜），实为人君不得已之举，国富则第二法可避免。故《尉缭子》下卷中，另有《治本》一篇，其论调带唯物观念之色彩，极为浓厚。此人本治商子之书，故虽隶属于兵家，其经济思想乃为法家学说之流裔也。

尉缭子以为富国在治本，其要点凡三：

（一）俭朴务俭则无浪费

> 凡治人者何？曰，非五谷无以充腹，非丝麻无以盖形，故充腹有粒，盖形有缕，夫在耘耨，妻在机杼，民无二事，则有储蓄；夫无雕文刻镂之事，女无绣饰纂组之作，木器液，金器腥，圣人饮于土，食于土，埏埴以为器，天下无费。今也金木之性不寒，而衣绣饰，马牛之性食草饮水，而给菽粟。是治失其本，而宜设之制也。①

（二）勤劳合作则无所争夺

> 古者土无肥硗，人无勤惰，古人何得而今人何失耶？耕有不终亩，织有日断机，而奈何饥寒？古治之行，今治之止也。夫谓治者，使民无私也，民无私则天下为一家，而无私耕私织，共寒其寒，共饥其饥，如有子十人，不加一饭，有子一人，不损一饭，焉有喧呼酖酒，以败善类乎？民相轻佻，则欲心兴，争夺之患起矣！横生于一夫，则民私饭有储食，私用有储财，民一犯禁，而拘以刑治，乌有以为人上也。善政者执其制，使民无私，为天下不敢私，则无为非者矣。②

---

① 《治本》篇。
② 《治本》篇。

个人自耕及私人之积蓄，为彼所反对，盖个人有储蓄则欲望易于增加，乃有争夺之患，故政府之职务，在使民无私。按尉缭子所言，并无主张共产之意，彼所顾虑者，恐社会上产生暴富阶级耳。其在《原官》篇中以"均井田"为取与之度，亦此意也。

（三）节赋敛

所谓"无夺民时，无损民财"[①]，是也。此层与前述之太公望，其主张相同。要之，兵家之经济思想，虽系浅显，以视纵横家、阴阳家之绝无贡献，则远胜之矣。

---

① 《治本》篇。

第三章 杂家

第一节 陈仲

陈仲子与孟子为同时人,荀子书中提及之,列于"十二子"之一而与史䲡并称,孟子记其事迹云:

> 仲子,齐之世家也,兄戴,盖禄万钟,以兄之禄为不义之禄而不食也,以兄之室为不义之室而不居也。避兄离母,处于於陵。居於陵,三日不食,耳无闻,目无见也。井上有李,螬食实者过半矣。匍匐往将食之,三咽,然后耳有闻,目有见。仲子所居之室,所食之粟,彼身织屦妻辟纑以易之。①

独善其身,蔑视阶级制度,是为陈仲子之人生观。不特反对政府之存在,抑且不以宗族制度为然,殆为当时执政者厉行干涉政策所生之一种反响。陈仲子既为齐之世家,乃将物质生活,轻视不屑一顾,其人生观殊不免于偏,与杨、朱之纵欲观念,极端相反,过又不及,盖两失之也。夫遏制欲望而至于"耳无闻,目无见",其刻苦为何如!故吾人正不妨称之为中国经济思想史上绝欲之实行者,陈仲之卒不能不匍匐食李,即此足以证明绝欲论之不可行矣。

此种狭义的个人观念,足以引导个人离群索居,社会生活将由是而破坏。荀子非之,称若辈为"忍情欲,綦谿利跂,苟以分异人为高。

---

① 《滕文公》篇下。

不足以合大众，明大分"①，颇能道着此项学说之缺点。赵威后问齐使亦云："于陵仲子尚存乎？是其为人也，上不臣于王，下不治其家，中不索交诸侯，此率民而出于无用者，何为至今不杀乎？"② 可见当时陈仲学说，必甚流行也。

第二节　吕不韦

（一）吕不韦与吕氏春秋

吕不韦者，濮阳人，为阳翟之富贾，家累千金，有致富之术，且具有政治家之手腕。秦昭襄王后，孝文王即位，三日薨，太子楚立，是为庄襄王，以不韦为丞相，封为文信侯，食河南雒阳十万户。其时各国多招致贤士，魏有信陵君，楚有春申君，以及赵之平原君，齐之孟尝君，皆招致宾客无数。吕不韦亦喜招致食客，达三千人之多，吕氏乃使其客各就闻见以著述，成八览六论十二纪，凡二十余万言，以为备天地万物古今之事，号曰《吕氏春秋》，布咸阳市门，悬千金于上，延诸侯、游士、宾客，苟能增损一字，予千金，人无能者。未几庄襄王薨，太子政立，是为秦始皇，帝尊不韦为相国，号称仲父，时为纪元前二四六年事也。

《吕氏春秋》一书，既不足以代表吕不韦思想之真面目，吾人仅能认为上古时代终了时期一般政治家之普通主张，书中所表现之经济思想甚庞杂，包含有儒道墨农各家言，研究该书者均列之于杂家，高诱以为是书"以道德为标的，以无为为纲纪，以忠义为品式，

---

① 《非十二子》篇。
② 《战国策·赵策》。

以公正为检格",则是书体例,亦可想见。书中各篇演绎与归纳二法并用,抽象议论与具体事实皆备,文字之结构,颇不恶也。

(二)《吕氏春秋》中之经济学说与其渊源

《吕氏春秋》中之经济学说,其根本并不一贯,试为解析之,得其思想之渊源如下:

(甲)无为学说乃出自道家

书中受道家学说影响最深之处,厥为无为之说。作者提出一静字,为执政者之南针,考历史上稍有创造、有功文化者,如奚仲作车,仓颉作书,后稷作稼,皋陶作刑,昆吾作陶,夏鲧作城,此六人所作虽富,然被认为"非主道者"①。历史上文化的创造,既眇小不足齿数,然则彼之所谓"道"者,究为何物?按在书中虽无详细确切之定义,其论理想的人君,亦可由是以知著书者态度之一斑焉。书中有云:

> 有道之主,因而不为,责而不诏,去想去意,静虚以待,不伐之言,不夺之事。督民审实,官使自司,以不知为道,以奈何为实。②

又曰:

> 得道者必静,静者无知,知乃无知,可以言君道也。故曰中欲不出谓之扃,外欲不入谓之闭,既扃而又闭,天之用密;有准不以平,有绳不以正,天之大静。既静而又宁,可以为天下正。身以盛心,心以盛智,智乎深藏,而实莫

---

① 《君守》篇。
② 《知度》篇。

得窥乎。①

观乎此,可知《吕氏春秋》书中之所谓道,仍系一种自然界理法,一成不变,有先天的存在,道从自然而出,得道者必归于虚静无为,理想的人君,应以"无当为当,无得为得"②为态度。但该书主张虽有无为之倾向,不如老子之趋于极端,著者盖深恶暴君压迫之干涉行为,一方面切言人君任人之要,一方面申论刑罚之不如德礼,其所言甚能切中秦国历代帝王之通病,而足为专制人君之棒喝也。老子所倡为一绝对的无为论,视政府为赘疣,而《吕氏春秋》书中,则并无无政府主义之论调,例如在《知度》篇中有语云:

> 君服性命之情,去爱恶之心,用虚无为本,以听有用之言,谓之朝。

可知所谓虚无者,非绝对的不作事,乃谓政务当趋于简。若言绝对的无为,则更谈不到"听有用之言"矣。换词言之,《吕氏春秋》书中,实将道家无为之说,加以修改,变成一种放任主义,其解释此项主义,有云:

> 不得其道而徒得其威,威愈多,民愈不用。亡国之主,多以多威使其民矣,故威不可无有,而不足专。③

又曰:

> 古之人身隐而功著,形息而民彰,说通而化奋,利行乎天下而民不识,岂必以严罚厚赏哉?严罚厚赏,此衰世

---

① 《君守》篇。
② 同上。
③ 《用民》篇。

之政也。①

信仰放任主义者，自不以严罚厚赏为然，其说与慎到之主张政府以赏罚平定人民求富之争，盖属针锋相对，恰行相反也。若以之与商君学说比较，尤属大相径庭，此双方学说之不同处，亦即道法二家经济思想哲学根据之所以异也。放任主义与干涉政策虽俱有利弊，然就当时之情状言之，前者能恰中始皇之病，较为适用。

（乙）欲望说乃出自儒道二家

《吕氏春秋》书中，阐发欲望理论之处，不胜枚举。按欲望学说孔孟均主节欲，荀子亦主此论，惟欲望之性质与其重要，为孔孟所不曾详言，荀子于此层，颇多发挥吕氏书中之欲望理论，与荀子经济思想颇多类似处，书内间有一二处为道家言，议论不免有冲突处，此固由于著者不止一人，思想纷歧，无足怪也。

《吕氏春秋》中论及欲望问题处，可分作四层研究之：

（一）欲望之起源　人生而有欲望，欲望之为物，与生俱来，无论智愚贤不肖，无一不有之；此除却极少数之学者以外，大多数思想家皆作此言，荀子曾详言之，其结论认欲望为古今人情之所不能免。《吕氏春秋》云：

　　始生人者，天也，人无事焉。天使人有欲，人弗得不求；天使人有恶，人弗得不辟。欲与恶，所受于天也，人不得与焉，不可变，不可易。②

此完全系荀子之口吻，盖认欲望为天赋也。欲望既属天生而非由人为，故不论何人，皆不能缺少：

---

①　《上德》篇。
②　《大乐》篇。

>　　天生人而使有贪有欲，欲有情，情有节，圣人修节以止欲，故不过行其情也。故耳之欲五声，目之欲五色，口之欲五味，情也。此三者贵贱愚智贤不肖，欲之若一，虽神农黄帝，其与桀纣同。①

上引原文二段，将欲望之重要与其来源，慎重表出，《吕氏春秋》书内，其论欲望之一部分，虽偶杂有道家言，然大体则与儒家学说同条共贯焉。

（二）欲望之定义　何谓欲望？《吕氏春秋》书中下一定义曰："其于物也不可得之，为欲。"此言世间多难得之货，个人对于此类物件，竭力以求，而又不可必得，此项希望，谓之"欲"。《礼记》曰："何谓人情？喜怒哀惧爱恶欲"，实亦含有上述之意义。在上古时代，诸思想家研究欲望问题者虽多，然于欲望下一简明确切之定义者，殆不数数觏，《吕氏春秋》所述，足为时代思想之徽帜，自无待言。

准此定义以观，则人类对于一切易得货物之希冀，便不得称为欲望，例如车马声色之好为欲望，山水景物之乐即非欲望，何则？盖前者难得而后者易求故也。此项区别，亦极重要，以其足以表出此定义之特殊意义也。

（三）欲望之祸害　《吕氏春秋》书中，有节欲之说而并无纵欲之议论。著者以为利能生害，故于求利者肆意抨击，谓个人之专务满欲者，"危身伤生，刈颈断头以徇利，不知所为！"又其形容多欲之俗主，谓竟至"筋骨沉滞，血脉壅塞。九窍寥寥，曲失其宜"。于欲望之为害，盖不殚烦再三申述焉。

（四）节制欲望之方法　然则节制欲望之方法奈何？曰，培养其本性，勿为物质之引诱所斲丧而已。此即书中之所谓养生及尊生

---

① 《情欲》篇。

是也。"圣人之所以异者,得其情也",又曰:"能尊生,虽富贵不以养伤身,虽贫贱不以利累形",其于养生之重视,可谓至矣。然《先己》篇中叙述理想之人生,又言:"凡事之本,必先治身,啬其大宝。用其新,弃其陈,腠理遂通,精气日新,邪气尽去,及其天年,此之谓真人。"此类拗戾之议论,全系道家言,当系后人所附益之部分,可置之于不顾之列。

养生云云者,盖谓物所以养生性,而个人不当损生性以求物。货物之益处在养性,其害处在害性,故节制欲望当以货物对于本性上所生之影响为断。个人能以此要点作为满足欲望之标准,即能达到节制欲望之目的,能得消耗之利益,而避免其祸害矣。此为《吕氏春秋》全书论欲望一问题纲领之所在,《本生》篇中,有一段极重要之文字云:

> 始生之者天地,养成之者人也。能养天之所生而勿撄之谓天子。……物也者,所以养性也,非所以性养也。今世之人,惑者多以性养物,则不知轻重也。……今有声于此,耳听之必慊,已听之则使人聋,必弗听;有色于此,目视之必慊,已视之则使人盲,必弗视;有味于此,口食之必慊,已食之则使人瘖,必弗食。① 是故圣人之于声色滋味也,利于性则取之,害于性则舍之,此全性之道也。世之富者,其于声色滋味也多惑者,日夜求幸而得之则遁焉,遁焉性乌得不伤?

此即先儒以"物以养性"为劝,以"玩物丧志"为戒之详解也。《重己》篇曰:

---

① 按此与老子所言"五色令人目盲,五音令人耳聋,五味令人口爽"云云同意。

> 昔先圣王之为苑囿园池也，足以观望劳形而已矣；其为宫室台榭也，足以辟燥湿而已矣；其为舆马衣裘也，足以逸身暖骸而已矣；其为饮食酏醴也，足以适味充虚而已矣；其为声色音乐也，足以安性自娱而已矣。五者圣王之所以养性也，非好俭而恶费也，节乎性也。

是《吕氏春秋》书中，主张消耗标准，当以能否培养个人本性为标准，苟能持此标准以满足己身之欲望，则己性由是以安，否则势必受欲望所驱役而丧失其本性矣。该书所述，虽亦属节欲说之一种，然与儒家欲望论不同，儒家以义与非义以定消耗之是否有当。以言道家，如老子主无欲，杨、朱主纵欲，亦皆与前说背道而驰。若墨家则以是否加利作为消耗与否之标准，更与养性之说不类。凡此诸说，俱与《吕氏春秋》一书中之欲望论，大异其趣，养性的欲望论，实崛起于各家欲望论之外，而别树一帜也。

（丙）音乐学说乃出自儒家

关于音乐之议论，不过为研究欲望问题之一部分，在此处分节讨论者，求其醒目故耳；非谓中国经济思想史中，除消耗、生产、交易、分配、财政诸问题外，别有音乐一门也。《吕氏春秋》一书中于音乐之历史、性质、利弊等等，反覆研究，可称洋洋大观，虽《墨子·非乐》篇、《荀子·乐论》、《戴记》中《乐记》亦未必有如是之详尽焉。考音乐在中国之历史最古，其渊源可追溯至黄帝，黄帝于中国文化事业，多所创立，作律吕一事，亦其中之重大者。按乐系五声八音之总名，原为六经之一，至为往昔思想家所重视，今先论《吕氏春秋》一书中之音乐学说，再与其他各家之言论相比较之。

《吕氏春秋·古乐》篇中申论音乐之历史，谓朱襄氏之臣士达、葛天氏、陶唐氏、黄帝、颛顼氏诸人，以及皋陶、伊尹、周公等，均以此为倡，所述至为详尽。其主要之点，为音乐与世运之升降，有密切之关系，盛世有盛世之乐，乱世有乱世之乐，音乐虽系小道，然可以观世变，察风尚。故曰：

> 世浊则礼烦而乐淫，郑卫之声，桑间之音，此乱国之所好，衰德之所说。流辟逃越滔滥之音出，则滔荡之气邪慢之心感矣，感则百奸众辟从此产矣。故君子反道以修德，正德以出乐，和乐以成顺，乐和而民乡方矣。①

又曰：

> 欲观至乐，必于至治，其治厚者其乐治厚，其治薄者其乐治薄，乱世则慢以乐矣。②

此盖完全儒家之学说也。儒家以为音乐在人生有绝大价值，故礼乐并重，盖不仅认乐为主要之娱乐，且认为培养人格之要素焉。孔子恶郑卫之声，又尝谓韶尽美矣又尽善也，孔子心目中最高之人格，即为美善合一，以为社会能如是，则天下太平。荀子亦尝曰：

> 夫乐者，乐也。人情之所必不免也。故人不能无乐，乐则必发于声音，形于动静……形而不为道，则不能无乱。先王恶其乱也，故制雅颂之声以道之，使其声足以乐而不流，使其文足以辨而不諰，使其曲直繁省，廉肉节奏，足以感动人之善心，使夫邪污之气无由得接焉。

又曰：

---

① 《音初》篇。
② 《制乐》篇。

> 凡奸声感人而逆气应之，逆气成象而乱生焉；正声感人而顺气应之，顺气成象而治生焉。……故乐行而志清，……耳目聪明，血气和平，移风易俗，天下皆宁，莫善于乐。故曰，乐者，乐也。①

凡此种种议论，皆《吕氏春秋》音乐学说之所由本，学者细辨自明。若以之与墨家经济思想比较，大体相同，而简繁有别，墨子之论调，并不主张对于音乐根本铲除，墨子惟反对劳民伤财、耗费时间、损害生产三种音乐；《吕氏春秋》亦有云："乐之所由来者尚也，必不可废，有节有侈，有正有淫矣"②，墨子之非乐为相对的而非绝对的，《吕氏春秋》书中，言论相同。除此一层外，吕氏更反对不能适心之乐，从音乐方面，以观察社会之风尚，此则为《墨子》书中所未曾道及者，如云：

> ……心必和平然后乐，心必乐然后耳目鼻口有以欲之，故乐之务在于和心，和心在于行适。夫乐之有适，心非有适，人之情欲寿而恶夭，欲安而恶危，欲荣而恶辱，欲逸而恶劳，四欲得，四恶除，则心适矣。四欲之得也，在于胜理，胜理以治身则生全，以生全则寿长矣。胜理以治国则法立，法立则天下服矣，故适心之务，在于胜理。夫音亦有适，太巨则志荡，以荡听巨则耳不容，弗容则横塞，横塞则振动，大小则志嫌，以嫌听小则耳不充，不充则耳不詹，不詹则窕，太清则志危，以危听清则耳谿极，谿极则不鉴，不鉴则竭，太浊则志下，以下听浊则耳不收，不收则不抟，不抟则怒，故太巨太清太小太浊皆非适也。何谓适？衷音之适也。何

---

① 《荀子·乐论》篇。
② 《古乐》篇。

谓衷？丈不出钧，重不过石，小大轻重之衷也。黄钟之官，音之本也，清浊之衷也，衷也者，适也，以适听适，则和矣。①

盖清明纯洁之心，生中正和平之乐，乐所以养心，心所以和乐，史乘所载，不止一端；昔晋灵公好淫乐，师旷谏之而无效，卒罹灾难，故《吕氏春秋》有云：

> 乐无太平和者是也。故治世之音安以乐，其政平也，乱世之音怨以怒，其政乖也，亡国之音悲以哀，其政险也。凡音乐通乎政而移风和俗者也，俗定而音乐化之矣，故有道之世，观其音而知其俗矣，观其政而知其主矣。故先王必托于音乐以论其教，清庙之瑟，朱弦而疏越，一唱而三叹，有进乎音者矣，大飨之礼，上玄尊而俎生鱼，大羹不和，有进乎味者也。故先王之制礼乐也，非特以欢耳目极口腹之欲也，将教民平好恶行理义也。②

上引学说，固为《吕氏春秋》中重要之言论，即作为儒家之学说，亦无不可。又在《侈乐》篇中，阐发"与民同乐"之义，亦甚精到，大意谓乱世之乐则不乐，乐愈侈而民益爵，国日乱而主愈卑。失乐之情，若夏桀、殷纣所好之乐为侈乐，此外如宋之千钟，齐之大吕，楚之巫音，皆失乐之情。该篇结论谓："失乐之情，其乐不乐，乐不乐者，其民必怨，其生必伤。其王之于乐也，若冰之于炎日，反以自兵，此生平不知乐之情，而以侈为务故也。"此均纯粹的儒家言，谓为源出儒家，不为过甚。按《吕氏春秋》书中论音乐之性质，原并非完全为经济问题，因吾人加以研究，可借此以了解墨子之非

---

① 《适音》篇。
② 同上。

乐理论，更可借是见儒墨二家消耗学说之异同，因详论之。

（丁）节葬学说乃出自墨家

儒家主张厚葬，而不以虚礼为然，墨子则以"天下之公利"为计算，而主薄葬，二派学说，甚有出入。《吕氏春秋》书中之音乐学说，固于儒家言为近，其对于丧礼之讨论，则倾向墨家，主张节葬，实为该书中甚重要之一部分。葬礼之本义与原则奈何？书中曰：

> 葬也者，藏也，慈亲孝子之所慎也。慎之者，以生人之心虑，以生人之心为死者虑也。莫如无动，莫如无发，无发无动，莫如无有可利，此则谓之重闭。①

要之，葬礼之本义在一安字，欲使骸骨之安，当薄葬。此为理想的葬仪，而又深合乎古制者也。依葬古制则：

> 有藏于广野深山而安者矣，非珠玉国宝之谓也。葬不可不藏也，葬浅则狐狸抇之，深则及于水泉，故凡葬必于高陵之上，以避狐狸之患，水泉之湿。②

又如：

> 尧葬于谷林，通树之，舜葬于纪市，不变其肆，禹葬于会稽，不变人徒。是故先王以俭节葬死也，非爱其费也，非恶其劳也，以为死者虑也。先王之所恶，惟死者之辱也，发则必辱，俭则不发，故先王之葬必俭，必合必同，何谓合？何谓同？葬于山林则合乎山林，葬于阪隰则同乎阪隰，此之谓爱人。……宋未亡而东冢抇，齐未亡而庄公冢抇，

---

① 《节丧》篇。
② 同上。

国安宁而犹若此，又况百世之后，而国已亡乎！①

厚葬恐人之发掘，反足致死者于不安，此为主张薄葬之唯一理由。古制若是，及秦时葬礼大异：

> 世俗之行丧，载之以大辁，羽旄旌旗如云，偻翣以督之，珠玉以备之，黼黻文章以饬之，引绋者左右万人以行之，以军制立之然后可。②

不特此也，且：

> 世之为丘垄也，其高大若山，其树之若林，其设阙庭为宫室，造宾阼也若都邑。③

如此情形正似：

> 有人于此，为石铭置之垄上，曰：此其中之物，具珠玉玩好财物宝器甚多，不可不抇，抇之必大富，世世乘车食肉！④

唐子兰《城上吟》曰："古坟密于草，新坟侵官道，城外无闲地，城中人又老。"诵此诗，深叹前人主张薄葬之不无见地。《吕氏春秋》谓厚葬则奸人闻之，传以相告，上虽以严威重罪禁之，犹不可止，盖死者弥久，生者弥疏，则守者弥怠，守者弥怠，则势不安，此言可谓一语中的。墨子主薄葬，纯从社会经济立场观察，而《吕氏春秋》

---

① 《安死》篇。
② 《节丧》篇。
③ 《安死》篇。
④ 同上。

一书内所述，则专自死者之安与不安方面立论，此其学说内容之不同处。

（戊）重农学说乃出自法家

先秦思想家殆无不重农，在《吕氏春秋》一书内，极多提倡农业之言论，余独认其思想之渊源出自法家，以其文笔及口吻之毕肖《商君书》也。《商君书》固未必完全出自商子手笔，然其中主张为《吕氏春秋》书内重农学说之先导，固无可疑义者也。《吕氏春秋》叙述古代帝王重农之一斑，其言曰：

> 后稷曰，所以务耕织者，以为本教也，是故天子亲率诸侯耕帝籍田，大夫士皆有功业，是故当时之务，农不见于国，以教民尊地产也。后妃率九嫔蚕于郊，桑于公田，是以春秋冬夏，皆有麻枲丝茧之功，以力妇教也。是故丈夫不织而衣，妇人不耕而食，此圣人之制也。①

至于实际办法，颇重驱策的手段，借法令使人民垦土，其辞亦述于《上农》篇，兹举于下：

> 古先圣王之所以导其民者，先务于农；民农非徒为地利也，贵其志也。民农则朴，朴则易用，易则边境安，主位尊；民农则重，重则少私义，少私义则公法立，力专一。民农则其产复，其产复则重徙，重徙则死其处而无二虑。民舍本而事末，则不令，不令则不可以守，不可以战。民舍本而事末，则其产约，其产约则轻迁徙，轻迁徙则国家有患，皆有远志，无有居心。民舍本而事末，则好智，好智则多诈，多诈则巧法令，以是为非，以非为是。

---

① 《上农》篇。

此种重农学说以功利主义为本,以富国强兵为鹄,显然与儒家之重农思想不同。吾人试持上段文字,与《商君书·垦令》篇一为比较,即可知当日商子重农学说,于秦国实产生有极大之影响;又商鞅虽为历史上有名之重农人物,然并不轻商,吾人细读《吕氏春秋》一书,乃知其立言亦颇慎重,甚能得农、工、商三业并重之旨,特于农业方面,所言较多,并非主张对于其余各业,当犁庭扫穴尽锄而去也。如云:

若民不力田,墨乃家畜,国家难治,三疑乃极,是谓背本反则,失毁其国。凡民自七尺以上,属诸三官,农攻粟,工攻器,贾攻货。①

此重工与重商之言论也。在该书中尚有《任地》《辨土》《审时》诸篇,研究土地特质与耕种之方法,不厌其详,上古时代之农家著述,今已散佚殆尽,读此亦可推测农家言论之一斑焉。

(三)《吕氏春秋》经济思想之真价值

《吕氏春秋》书中经济思想之庞杂,已如上所述,然则其学说袭自各家,殆无丝毫价值可言欤?曰,不然。该书在中国经济思想史中,其贡献为间接的而非直接的,盖虽于前人之精要学说而外,并无何等新颖之贡献,然于后世学者裨益甚多,殊不能一笔抹煞也。

第一,吾人可借该书以考见先秦各学派经济思想之异同与优劣。《吕氏春秋》一书,其出世之期,恰在上古时代之末叶,内中所讨论之各问题,如无为、欲望、重农等等,俱极重要,而为各派研究之焦点。吾侪读《吕氏春秋》,连带的乃可下一番比较工夫,例如以欲望问题而论,儒家之主张何以与道家不同?儒家中之孔孟,何

---

① 《上农》篇。

以又与荀子不同？更如重农之说，孔孟之主张，何以与商子之议论不同？吾人一方面研究《吕氏春秋》书内之主张，同时于此种种之问题，加以确切之答案，能对于各派经济思想有更进一步之了解。《吕氏春秋》并非集各派经济思想之大成，但能具有此项效用，故弥觉可贵。

第二，《吕氏春秋》书中所藏之经济思想，乃能代表该时代之经济学说。学术思想为时代之出产品，其目的在补救某一时期时弊，秦始皇时，天下日乱，学术界日趋纷乱，学说纷纭，众喙齐鸣，其时经济理论，必甚繁复，该书应时代之需要而生，吾人细读该书原文，能借此以窥当时经济政策、国民经济状况弱点及病源之所在，故此书不但为研究中国经济思想者所不可不读，且为搜集上古时代经济事实史料者之宝筏，此或为《吕氏春秋》一书真价值之所在欤。今引方孝儒语以为本章之结束。

"不韦以大贾，乘势市奇货，致富贵，而行不谨。其功业无足道者，特以宾客之书，显其名于后世。然其书诚有足取者，其《节葬》《安死》篇，讥厚葬之弊，其《勿躬》篇言人君之要在任人，《用民》篇言刑罚不如德礼，《达爵》《分职》篇皆尽君人之道，切中始皇之病。其后秦卒以是数者偾败亡国，非知几之士，岂足以为之哉。第其时去圣稍远，论道德，皆本黄老书，出于诸人之所传闻，事多舛谬，如以桑谷共生为成汤，以鲁庄与颜阖论马，与齐桓伐鲁，鲁请比关内侯，皆非实事。而其时竟无敢易一字者，岂畏不韦势而然邪？然余独有感焉。世之谓严酷者，莫如秦法，而为相者，乃广致宾客以著书，皆诋訾时君为俗主，至数秦先王之过无所惮。若此者，皆后世之所甚讳，而秦不以罪。呜呼，然则秦法犹宽也！"

第四章　别派

在中国经济思想史中，有儒、法、墨、农各家，各持己说，一以救民济世为归，我人知之稔矣。尚有一派作者，其持论甚偏激，愤世嫉俗，重极端之个人自由，同时于私产制度攻击甚力，其议论虽能耸人听闻，而缺点甚多，非学说中之正宗。此类作者，若欲为之分类，则于各派皆不相近，兹为讨论上便利起见，特另立一章以研究之，名曰别派，示其学说行径之标异焉。

（一）伯夷叔齐

太史公为伯夷、叔齐作列传，以许由、卞随、务光作陪衬，形容二人之高义，述二人让国，作《采薇》之诗而饿死。二子深慨当时商之灭亡，诗中有"以暴易暴"之言，旋不肯食周粟，饿死于首阳山，迹其行动，盖近于无政府主义者。

（二）狂矞、华士

二人重视身体劳工，而深以劳心者治人为非，农家中之许行、陈相重自食其力，狂矞、华士实陈、许二人之前驱者，《韩非子·外储说》篇记其言行曰：

> 太公望东封于齐……东海上有居士曰狂矞华士昆弟二人，立议曰：吾不臣天子，不友诸侯，耕作而食之，掘井而饮之，吾无求于人也。无上之名，无君之禄，不事仕而

事力。太公望至于营丘，使吏执杀之，以为首诛。周公旦从鲁闻之，急发传而问之曰，夫二子贤者也。今日飨国而杀贤者，何也？太公望曰：……彼不臣天子者，是望不得而臣也，不友诸侯者，是望不得而使也。耕作而食之，掘井而饮之，无求于人者，是望不得以赏罚劝禁也。且无上名，虽知不为望用，不仰君禄，虽贤不为望功。不仕则不治，不任则不忠。且先王之所以使臣民者，非爵禄则刑罚也。今四者不足以使之，则望当谁为君乎？

其理论之特长在重视自立一要素，自立又以依赖身体之劳动为先。劳工本分精神（intellectual）及身体（manual）二种，狂矞与华士所重者为第二种，其眼光虽未可厚非，然于政府之效能，未免过于贱视矣。

（三）盗跖

盗跖事实，见于《吕氏春秋》，考其为人，殆系侠客一流人物，为社会贫弱者抱不平。我人所注意者，为其反抗政府及社会之一种态度，吕氏记之曰：

跖之徒问于跖曰：盗有道乎？跖曰：奚啻其有道也！夫妄意关内中藏，圣也；入先，勇也；出后，义也；知时，智也；分均，仁也。不通此五者而能成大盗者，天下无有。备说非六王五伯；以为尧有不慈之名；舜有不孝之行；禹有淫湎之意；汤武有放杀之事；五伯有暴乱之谋。世皆誉之，人皆讳之，惑也。故死而操金椎以葬曰：下见六王五伯，将敲其头矣。①

---

① 《当务》篇。

(四)漆雕开与北宫黝

漆雕开为孔子徒,不乐仕。孔子使之仕,则曰:吾斯之未能信!《韩非子·显学》篇云:"漆雕之议:不色挠,不目逃,行曲则违于臧获,行直则怒于诸侯。"彼盖不能信任当时之政府,于强权反抗尤烈,故今之论中国无政府主义者,必以漆为其中之一人。漆之举动与战国时之北宫黝绝类,北宫黝善养勇"不肤挠,不目逃。……不受于褐宽博,亦不受于万乘之君。视刺万乘之君,若刺褐夫,无严诸侯,恶声至,必反之"①。

(五)季次原宪

二人生平事迹,与漆雕开相类,皆系不愿入仕途之人,司马迁记二人事云:

> 季次原宪,闾巷人也。读书怀独行君子之德,义不苟合当世,当世亦非笑之。故季次原宪终身空室蓬户,褐衣疏食不厌,……诚使乡曲之侠,与季次原宪比权量力,效功于当世,不同日而论矣。②

《孔子·家语》中,于原宪亦有同样之记载,彼盖安贫乐道,而于物质上之享受,避之若浼。后世为老子绝欲之说所误,于经济活动不加注意,故于上列诸人之行动,皆许其高洁焉。

---

① 《孟子·公孙丑》篇。
② 《游侠列传》。

[第八编] 政治家与商人

第一章　春秋战国时代政治家之经济思想

第一节　晏子

春秋战国时期，原为我国学术思想最茂盛之时代，政治家之发挥经济思想者，上文中所记若管子、商子等人，不但建立不朽事业，其经济思想亦皆名重一时。除本书中业已述及者外，如晏子及公孙侨诸人，皆各有其特殊之见解或卓著之事业；当时尚有商人无数，拥有极大之经济势力，作社会之领袖，其中且有在政治舞台上建有不朽之功业者。严格而论，当时政治家与商人，地位上不易分判，譬如计然善经商，然同时亦尝为越王勾践所用，虽系商人，亦属政治家。本编在第一章内研究政治家之经济思想，第二章中讨论商人之经济思想，乃所以使材料上之分配，较为平均，较醒眉目，非谓此二种阶级，可以划分至如何明显之地步也。今当先述晏子之经济学说。

晏子名婴，谥平仲，莱人，莱乃今东莱地。晏子博闻强记，通古今，尝事齐灵公、庄公，以节俭为本，以忠孝为倡，甚得齐人心，史家推为管仲后之第一人。共著书七篇，称《晏子春秋》，该书虽未必出自晏子之亲笔，当为后人采取其学说编纂而成。其经济思想，乃以国民经济为根据，而以节俭之说为中心，以学说论，盖与儒家一致，考其生平事绩，实为春秋时代之重要政治家，晏子与孔子同时，二人经济思想亦几于完全一致。盖所处之时代背景固相同也。

我人欲研究晏子之经济思想，其资料皆可于《晏子春秋》一书内求之，书中有文字数段，虽寥寥数语，实能概括晏子经济思想之精华。晏子尝悬一理想的贤君（或盛君）之标准如下：

> ……薄于身而厚于民，约于身而广于世。其处上也，足以明政行教，不以威天。其取财也，权有无，均贫富，不以养嗜欲。①

又曰：

> 使臣无以嗜欲贫其家。君俭于籍敛，节于货财，作工不历时，使民不尽力。百官节适，关市省征，山林陂泽，不专其利，领民治民，勿使烦乱，知其贫富，勿使冻馁。

晏子经济理论，大要不乎是，二段所举，纤悉不漏，错杂互明，而其精神贯注弥满，盖书中极重要之文字也。书中经济思想材料虽不少，重复之处甚多；理论极简，不如儒家中之荀子，法家中之管子、商子等，其理论较为费解也。晏子所主张之各点，为（一）国民经济，（二）节俭，（三）薄敛，今分论之。

（一）国民经济

晏子学说，根本上与儒家经济思想相同之一要点，厥为国民经济。晏子于国君之一切享乐嗜欲，并不极端反对，以为饥则求食，寒则求衣，为人类天性，初无反对之必要；但国君享乐满足欲望，须顾念及国民生计，使人民亦皆能享乐，亦皆能满足其欲望。私利固当遏制，公利亟欲提倡，此为儒家经济思想之特色，晏子早创之于前矣。若持晏子言论与道家思想家较，老子不问欲望之迫切与否，不问公利、

---

① 此即所谓"好玩不御，公市不豫，宫室不饰，业土不成，止役轻税"之意。

私利之区别，欲全予遏制，一笔抹煞，则晏子学说，高出万万矣。《晏子春秋》中记一事迹曰：

> 雨雪三日，景公不知寒。晏子曰，古之贤君饱而知人之饥，温而知人之寒，逸而知人之劳，今君不知也。公乃出裘发粟与饥寒。

书中又记晏子论音乐，谓"乐者上下同之"，景公见道殣，自惭无德，晏子所对，亦与此同，即后来孟子与民同乐之词，所谓"独乐乐，与人乐乐，孰乐？曰，不若与人。""乐民之乐者，民亦乐其乐，忧民之忧者，民亦忧其忧"[①]，是也。欲望应有相当之满足，而娱乐亦不可或缺，但须推己及人，使人人能满足其欲望，有相当之娱乐。晏子经济思想之出发点在此，儒家经济思想之基本观念亦在此。

（二）节俭

晏子之俭德，中国数千年来传为美谈，《礼记》载晏子一狐裘三十年，学者举兹事与大禹菲饮食、恶衣服、卑宫室，同视为历史上足垂楷范之之事实，至今脍炙人口，然则吾人于其节用学说，安可不加以审慎之研究乎？晏子之言曰：

> 称财多寡而节用之。富无金藏，贫不借贷，谓之啬；积多不能分人而厚自养，谓之吝；不能分人又不能自养，谓之爱。故夫啬者，君子之道；吝爱者，小人之行也。

欲了解此段原文之意义，须知文中之啬、吝、爱诸字，有其特殊意义，与寻常解释不同。啬谓能节用，富不藏金而贫不致于借贷，吝谓自养厚而不能以财分人，爱则既不能自养更不能以财分人，惟

---

① 《孟子·梁惠王》篇。

第一种情形，始合于君子之道。总之，晏子理想中，伟大之人格，自奉当俭而济人当宽，彼之欲望论，乃带有中庸之色彩，完全为儒家一派论调。晏子并不如老子之主张绝对的俭朴，晏子之意，以为对己当俭，对人接济不必俭，非如老子论俭，于对己对人不加区别也。故晏子之节俭说，与儒家言为一体；与老子主张，迥乎不同。至晏子消耗论与纵欲论之背道而驰，则显而易见，毋庸加以详尽之讨论矣。

以上泛论晏子对于俭之解释，至其对于俭朴上各种具体之主张，亦皆各具精义，有不容埋没者。试举如下：

（一）薄葬　晏子主张人君及国民之葬仪，应力取其简，彼于厚葬，反对甚力，有下列一事以证之。齐景公欲以人礼葬走狗，晏子谏之曰：

> 厚籍敛不以反民，弃货财而笑左右，傲细民之忧，而崇左右之笑，则国亦无望已。且夫孤老冻馁，而死狗有祭；鳏寡不恤，而死狗有棺！行辟若此，百姓闻之，必怨吾君。

此节所述固系记葬兽而非葬人，然设使人君葬礼重为棺椁，多为衣衾，晏子亦必反对。晏子不仅主人君之应节俭薄葬，即人民之葬礼，亦当简而忌繁；晏子所持之理由，为个人生命灭绝后，所遗者惟躯壳，无论其葬法如何，本人不能感觉，故无厚葬之必要。《列子·杨朱》篇记晏子论送死之道，谓：

> 既死岂在我哉！焚之亦可，沉之亦可，瘗之亦可，露之亦可，衣薪而弃诸沟壑亦可，衮衣绣裳而纳诸石椁亦可，唯所遇焉。

则晏子对于葬礼之主薄不主厚，可想见矣。

（二）非乐　其二曰非乐，晏子并不反对音乐之本身，彼所以抨击音乐者,以人君之沉迷于此,劳民伤财耳。《晏子春秋》记齐景公酣饮,终日不问政事,甚至不恤天灾,致能歌者,夜闻新乐而不朝,弦章谏之而无效,晏子乃为景公陈乐理,苦谏再三。虽不以景公之沉迷于乐为是,然于乐之重要与其功效亦不惮烦再三言之,其言曰:

> 乐亡而礼从之,礼亡而政从之,政亡而国从之。

其重视音乐本身之功效,可谓甚矣。盖晏子认音乐有治世之乐,有乱世之乐,君子观乎音乐之盛衰,可以知世变;景公好乐,特所嗜者为乱世之音,且为个人身心之享受,故贻误政事,晏子之反对者以此。

(三)车马宫室之欲 晏子于人君车马宫室之好,若不能与民同乐,概行反对。彼常以"易节欲则民富,中听则民安"等言论谏景公。齐景公爱田猎,晏子谏之,谓不修先君之功烈,而惟饰驾御之伎,不顾民而亡国。景公登路寝台望国而叹,晏子谏之,谓明君必务正其治,以事利民而子孙享之。又景公欲以圣王之居服而致诸侯,晏子曰:

> 法其节俭则可,法其服,居其室,无益也。……诚乎爱民,果于行善,天下怀其德而归其义,若其衣服节俭而众悦也。夫冠足以修敬,不务其饰,衣足以掩形御寒,不务其美,衣不务于隅眦之削,冠无觚嬴之理,身服不杂彩,首服不镂刻。……今君穷台榭之高,极污池之深而不止,务于刻镂之巧,文章之观而不厌,则亦与民而雠矣。

车马声色之好以及刻镂文章等种种嗜欲,皆为国君之所享受,故均在摒除之列。晏子理论,均归结到爱民二字,其节俭理论之主干与儒家经济思想相表里，惟非乐与节葬二说，则开后来墨子经济理论之先河，其论车马宫室之欲，可称为儒家主张之先导也。

（三）薄敛

晏子倡俭，亦主薄敛，此二种学说关系极密切，盖惟节俭之人君，始能不蹈厚敛一途。晏子经济思想，主薄敛者殆占其大半，彼认在上者之骄泰奢侈，厚借敛而害民，为自趋灭亡之征；故景公欲为钟，晏子谓重敛于民民必哀，敛民之哀而以为乐，是大不祥。景公东起大台之役，又征役作长庲，晏子皆痛哭流涕以歌当谏。至景公欲杀犯所爱之槐者，晏子乃直言谏之，其言曰：

> 穷民财力以供嗜欲谓之暴，崇玩好威严拟乎君谓之逆，刑杀不辜谓之贼；此三者，守国之大殃。今君穷民财力，以羡馈食之具，繁钟鼓之乐，极宫室之观，行暴之大者。

此等言论，于聚敛者盖以毫不容赦的态度反对之。但求足民，不得扰民，使暴君污吏，得以少戢其恶行，其说虽至简单，不得谓为无补于世变也。

在昔上古时代，聚敛之举，概括征收货物或货币与服役而言，搜括人民之货币货物者，固为天下所共弃，役使无度者，亦得称为聚敛。聚敛之举，不特为政治家（如晏子）或思想家（如孔孟）所口诛笔伐，大声疾呼，即征诸史实，历代君臣，倘非桀纣隋炀，殆无不以聚敛为大戒，此类史料，苟能细加搜集，材料甚丰。在《晏子春秋》书中，有不少历史的事实，皆晏子举以阻景公之厚敛者，今摘录数则如下，亦修中国财政史者之绝妙资料也。

（一）楚灵王作倾宫，三年未成，又为章华之台，五年又不息。乾溪之役八年，百姓之力不足而息，灵王死于乾溪而民不与君归。

（二）文王不敢盘游于田，故国昌而民安；楚灵王不废乾溪之役，起章华之台，而民叛之。

（三）古以为宫室，足以便生不为奢侈，故节于身谓于民，及夏之衰也，其王桀背弃德行，为璿室玉门，殷之衰也，其王纣作为倾宫灵台，卑狭者有罪，高大者有赏，是以身及焉。

（四）齐桓公不以饮食之辟害民之财，不以宫室之侈劳人之力，节取于民而普施之。

推绎此类事实，可见历代所谓"贤君"与"暴君"之分别，其主要点乃在其聚敛与否，其他行政上之功罪，固尚视为次要者。观于晏子所言，可见我国历代财政风尚之所趋矣。

（四）结论

吾人由晏子各种主张中，可洞悉其学说带有儒家经济思想之胚胎，孔子称其人谓："古人善为人臣者，声名归之君，祸灾归之身，入则切磋其君之不善，出则高誉其君之德义。是以虽事惰君，能使垂衣朝诸侯，不敢伐其功，当此道者，其晏子是耶。"所称誉者，固属晏子之德行，于其学说，亦必默许。

第二节　公孙侨

公孙侨，春秋郑大夫，字子产，所处时代，约当纪元前五四三年至五二二年之间，为春秋时大政治家之一。无著述行世，但以《左传》所载观之，盖为改革田制及赋税之一人。鲁昭公四年，郑子产作邱赋，定额出马一匹牛三头，子产更别赋其田，国人谤之曰："其父死于路，己为虿尾，以令于国，国将若之何！"子产闻而言曰："苟利社稷，死生以之，且为善者不改其度，故有济也，民不可逞，度不可改。"然"为相一年，竖子不戏狎，班白不提挈，僮子不犁畔，二年，市不豫贾。三年，门不夜关，道不拾遗。四年，田器不归。五年，士无尺籍"①。治郑二十六年而死，丁壮号呼，老人儿啼曰，子产去我而死，民将安归？其得人民之遗爱如此。盖子产推翻沿袭之税制，此种改革的精神，其初自不免为人毁谤，丛怨所归，及执政者励精图治，财不靡费，自然能得人民之同情，非郑国人民行动之前后矛盾也。中国上古时代田制之改革，商鞅以前改革税制者，子产其一也。

① 引太史公语。

第二章　春秋战国时代商人之经济思想

在我国上古经济思想史中，商人之贡献，实占重要之位置，儒、法、墨、农各家，大都皆着眼于消耗、分配、财政等问题，而此辈商人，乃能独具双眼，注重交易。且如儒家，其眼光为伦理观念所囿，故所论不能如商人所言者为彻底。所可惜者，彼辈绝无遗著供我人之研究，今所得之言论，仅属吉光片羽，然其贡献已属不朽矣。今依时代之先后讨论，先述计然，次及范蠡，最后再论白圭。

第一节　计然

（一）小传　计然，葵丘濮上人，一名计研，或作计倪，姓辛氏，字文子，其先晋国之公子也。其生卒年月无可考，惟知其为春秋时代人，较孔子略后，而在墨子、李悝诸人之前。博学无所不通，尤善计术。仕越，会越王勾践为吴所败，栖息会稽，居恒苦心焦虑卧薪尝胆，急欲伐吴以为报复。自用计然、范蠡为辅后，修之十年，生聚教训，国遂富厚，以赒战士，士赴矢石，如渴得饮，乃报强吴，观兵中国，号称五霸。其赖经济力量使国家臻于富强之域，与前之管仲，后之商鞅，如出一辙，功绩可谓伟矣。范蠡更退而用计然之策，施之家，乃治产至万，二人皆并称中国古代计学家之巨擘云。

（二）学说　计然学说不多，然绝精审，其经济思想乃以一小国为实施之区。考越国都会稽山南，较之齐、秦诸国，勿逮远甚，故管仲有对外经济侵略政策，其后商鞅有大规模之重农政策，而计然学说，俱未涉及，非经济思想本身之价值有所差别，乃系时代背景之不同耳。明乎此，始可与言计然之学说。

计然无经济著述传于世，其经济思想史料之来源，以《史记·货殖列传》最为重要，《吴越春秋》与《越绝书》次之，今搜集以上诸书资料综观之，述其思想之内容如下：

（甲）唯物论　计然主霸业，以富国强兵为政策之目的。彼以为国富则兵强，兵强则可以战胜他国，若国家之经济一日不发达，则精锐甲士必不可冀，将永不能达到战胜他国之境界矣。试观计然对越王之言：

> 兴师者必先蓄积食钱布帛。不先蓄积，士卒数饥，则易伤，重迟不可战。[①]

又曰：

> 夫兴师举兵，必且内蓄五谷，实其金银，满其府库，励其甲兵。[②]

持上说更与史乘所记事实对照，知越国兵士之所以勇敢善战，未始非在上者以财货鼓励之故；计然之言论，盖确曾付诸实行，而收有奇效者。其议论常有唯物观念之色彩颇浓厚，惟与管子所持唯物观，略有出入，管子盖泛论经济势力之重要，与计然之专自强兵一面立论者不同。若与后出之孟子言论相较，更大相悬殊，计然之唯物论，志在实现越国之霸业，而孟子唯物观念则以王道为归，所谓"定于一"者是，手段同而目的不同，不可不辨也。

[①]　《越绝书》。
[②]　《吴越春秋》。

（乙）察世俗之好尚　计然曰："知斗则修备，时用则知物。二者形，则万货之情，可得而观已。"① 此言一国之执政者，于战争之前，不能不有武备。于人民逐时需用之物，随时供给之，故于时俗之好尚，不可不察，苟能默观世变，能予国民之所需，则不难操纵其间，调剂一国之供求，而物价可平矣。计然更有精要之言论曰：

……圣人早知天地之反，为之预备。故汤之时，比七年旱而民不饥，禹之时，比九年水而民不流；其主能通习源流以任贤能，习则转轂乎千里外货可来也，不习则百里之内不可致也。人主所求，其价十倍，其所择者，则无价矣。夫人主利源流，非必身为之也，视民所不足及其有余，为之命以利之，而来诸侯，守法度，任贤使能，偿其成事传其验而已。如此则邦富兵强而不衰矣。②

此段文字即"时用则知物"一语之解释，盖饥旱为不可免之灾祸，所贵为圣人者，在随时能察知人民之所需而预为之备，不但足以济民，且为政府之利薮。故计然以察好尚为政府之要务。

（丙）经济循环说　此为计然最伟大之贡献，亦即计然经济思想最重要之部分。经济现象虽变化万端，然其变迁痕迹有来复可寻，盖一国经济情形，不能久盛而不衰，亦断无久衰而不盛之理，此中有轮回之作用（cyclical movement），即所谓经济循环也（economic cycles）。经济现象，既有循环迹象，故政治经济家得凭之以测未来之盈虚，而先为准备。近代西洋各国之经济学家，于此问题特加注意，推法人瞿格拉（C.Juglar）为最早（著有《法英美之商业恐慌与其循环》一书 Des Crises Commerciales et de leur retour périodique，

---

① 《货殖列传》。
② 《越绝书》。

en France, en Angleterre, et aux' Étas-unis 开此学之端，），然亦不过近七八十年间事；吾国有人焉，于二千年前，导其先河者，则计然也。

计然之论经济循环原理曰：

> 岁在金穰，水毁，木饥，火旱。……六岁穰，六岁旱，十二岁一大饥。①

所谓穰者，指丰年而言，诗云，丰年穰穰，即是此意。旱为小饥，指农民收获数少之年而言。大饥情形较旱为尤恶，盖系经济上绝大之打击。古代工商业，发达不若农业之早，故论经济循环者，举农业以代表人民之生活情状。计然以为穰、旱、大饥三种现象，其发生年代之距离有一定，政府之责任，在循其迹象而加以相当之预防与救济，原文中之所谓金水木火，乃用以表志年份，以区别农事之丰歉，六岁穰，六岁旱，盖谓十二年之中，有六年为旱，六年为饥，而每十二岁之中必遭遇大饥一次也。从天文方面以观察岁之美恶，汉魏鲜始决之以八风，载于《天官书》，与计然法相类，当于本书中卷再述之。

四十年前，英国大经济家及逢斯（W.S.Jevons），曾倡有太阳黑点理论（Sun-Spot Theory），以为太阳倘有黑点出现，即为农业歉收之征象，将由是而引起其他经济事业之衰落，一循环之距离为十年。②近时则却泼曼（C.J.Chapman）倡论，谓经济循环一来复，占时凡

---

① 《货殖列传》。
② 读者欲知其详，可参阅及氏所著《货币与金融之研究》一书（Jevons: *Investigations in Currency and Finance*）。

十二年，[1]中西诸儒先后研究之结果，于经济循环所占之年数，意见颇能一致。计然所言，简单特甚，当然远不及近世西洋经济学说之详密，然以二千年前之人，于经济变化循环之至理，乃能洞若观火，其识见之度越寻常，岂可思议耶！

（丁）恐慌之救济与预防　计然不但洞悉经济循环之性质，其于恐慌之救济及预防办法，亦曾胪列二种，今分述之：

第一平均谷价　计然既认遭遇荒年，有一定之时期，深知谷价将受供求定律所支配，乃定出一计划以均平谷价，即所谓"平粜齐物"之法也。《货殖列传》记其学说之大要曰：

> 粜二十，病农；九十，病末。末病，则财不出；农病，则草不辟。上不过八十，下不减三十，则农末俱利。

其意义盖谓丰年时，农夫将米谷售出，每石钱只二十，价格过低，伤及农民利益；当歉收时，米价腾贵至于每石钱九十，于农民固属有利，然不免伤及商人利益（末指商贾）。商人利益损害，则无人再愿贩卖货财；农民利益损害，则无人再愿开垦土地。故政府当顾全此二种阶级之利益。设法使谷价升高不过八十之数，跌落不致在三十以下，如此则农民商人之利益，均可保全，各无损失之虞。计然此法，乃从国民生计上着想，为民众谋利益，此种精密之经济计划，在中国上古经济思想史中，实为罕见，其后李悝等人，虽亦能了解"谷贱伤农"之真义，其贡献究不及计然之伟大，故计然倜乎远矣。

第二流通货物　经济现象，既有循环，故在水旱之不曾发生以前，政府应有相当之准备。计然曰："旱则资舟，水则资车"[2]，大旱之

---

[1]　可参阅氏所著之《经济学大纲》（Chapman's Outlines of Political Economy）。

[2]　《货殖列传》。

时,当先备舟,水灾之时,当预备车。盖旱与水既属循环的,如能早一步着想,先为之备,则无论水旱,届时应用之物既备,即可有恃无恐矣。

备舟车所以使货物之流通,然政府尚有他种必要的设施,使货物不致停滞。计然曰:

> 积著之理,务完物,无息币,以物相贸易,腐败而食之,货勿留;无敢居贵。论其有余,不足,则知贵贱。贵上极则反贱,贱下极则反贵,贵出如粪土,贱取如珠玉。财币欲其行如流水。[①]

计然以为货物不应使其停滞,久停息则无利。严禁一切垄断居奇之行为,察物之不足或有余,即可知其将来价格之趋势。物价过高时必下落,物价久跌必能升高,物贵时当视其价值如粪土之贱,尽量售出;物贱时当视之如珠玉之珍,竭力买进,不特可获大利,且可使货物流通无滞。此节所述,不特为政府经济政策之南针,亦为私人经商之指导,史称计然弟子范蠡用乃师策,施之家,积资累巨巨,非无因也。

(戊)振兴农务　计然于农业智识,甚为丰富,观其兴越王论死生真伪之理,其口吻甚近农家。其言曰:

> ……春种八谷,夏长而养,秋成而聚,冬蓄而藏。夫天时有生而不敕种,是一死也;夏长无苗,二死也;秋成无聚,三死也;冬藏无蓄,四死也;虽有尧舜之德,无如之何。夫天时有生,劝者老,作者少,反气应数,不失厥理,一生也;留意省察,谨除苗秽,秽除苦盛,二生也;前时

---

① 《货殖列传》。

设备，物至则收，国无逋税，民无失穗，三生也；仓已封涂，除陈入新，君乐成欢，男女及信，四生也。①

凡所云云，仅系大纲节目，惜计然未道其详，然其大要已在于此，在上者倘能循此而行，农业不患不发达，主张甚诚恳而坚决，其价值盖不可蔑视也。

（三）总评　计然经济思想之内容如此，欲综合之而为概括的评论，则有显著之要点数种，值得注意。计然学说之中心为经济循环一原理，经济变化为一种轮回，此说为中国经济思想界之大发现。计然之前，固无人加以注意，即在中古及近代时期，对于此问题有贡献者，亦复不多。欲了解计然学说之真价值，不可不注意经济循环一问题，盖彼之学说，乃以此为根据，加以发挥者，倘后人能继续的加以研究探讨，则千余年来国人对于此问题之贡献，必不让欧美学者专美于前也。

计然言论，涉及农业之处固不少，然彼于商人一阶级，竭力拥护，是盖得农商并重之旨者。故论米价以"农末俱利"为目的，其识见远非一般重农轻商之士，如班固一流人物所能望其肩背。总观计然学说，不外贯彻"食足货通"一主张，此义虽属陈说，然彼能从经济变化一方面申论，道人所未道，其学说之创造性（originality）为他人所不及。计然在中国经济思想史中，代后人辟一新途径，为中国筚路蓝缕之资，乃后儒置之淡然，任其埋没，斯则可为痛惜者耳。

---

①　《吴越春秋》。

第二节　范蠡

范蠡为计然之徒，楚宛三吴人，字少伯，春秋时仕越，与计然同佐勾践，成沼吴之功，会稽之耻既雪，称上将军。生平于乃师学说服膺备至，尝曰："计然之策七，越用其五而得意，既已施于国，吾欲用之家。"因为书辞勾践，勾践欲与之分国而治，范蠡不听，与其徒浮海入齐，易姓名为鸱夷子皮，耕于海畔，治产至数千万。齐人闻其贤，欲以为相，乃尽散其财，退而之陶，自号陶朱公，以陶为天下之中，诸侯四通，货物所交易也。经商十九年中，三致千金，富于公德，不自私，更分散于贫交、疏昆弟，卒于陶，其子孙修业而息之，乃至巨万，后世言富者皆称陶朱公。无著述行世，今所传之陶朱公《致富奇书》一种，近农家言，系后人所伪托。或有疑范蠡与计然为一人者①，然《吴越春秋》载计然对越王问，有范蠡明而知内，文种远以见外等言；又《唐书·艺文志》有《范子·计然》书十五卷，注范蠡问计然答云云，范蠡为另一人可知。

范蠡为计然经济思想之实行者，故吾人于其生平事略不可不知，至其本人之学说绝少，史乘载其经营商业，遵守下列各要义：（一）积居，与时逐，而不责于人。此言静观世变，候机会以逐利，复能择人而与，故受人感戴勿衰。（二）耕畜废居，候时转物，逐十一之利。此言范蠡从事农务，贩售农产，无一定居住之所；②更静候物价之变动，贩物以得利。（三）善治生，能择人而任时。此言辅佐得人，善于利用时机。观于此可略知范蠡所以致富之方法，而其经济思想之梗概，亦可窥见一斑矣。

---

① 如马国翰氏。
② 按子贡经商亦然。

第三节　白圭

（一）白圭时代考　战国时以白圭为名者凡二人；其一魏文侯时人，与李悝同时，为人薄饮食，忍嗜欲，节饮食，与用事僮仆同苦乐，经商至敏锐，趋时如猛兽挚鸟之发，其经济思想，极可珍贵。另一人名丹，圭乃其字，尝谓孟子曰，吾欲二十而取一，孟子谓为貉道，圭又曰，丹之治水也愈于禹，孟子谓为以邻国为壑，此人并无经济学说。二人时代不同，一见《货殖列传》，一见《孟子》，后人有附会为一人者，实误。本书所述，乃系与魏文侯同时之白圭，而非为与孟子同时之白圭。至《韩非子·说林》所举鲁丹，更与本书所述之白圭无涉矣。

（二）学说之研究　当战国时代，社会紊乱，经济问题特多，学说繁茁，当时言治生者，皆祖白圭。白圭极重视经济活动，尝言曰："吾治生产，犹伊尹吕尚之谋，孙吴用兵，商鞅行法。"[①]其尊视商业，与其慎重从事之态度，可见一斑，白圭之所谓生产，非指创造经济货物（economic good），与西文中之（production）一字有别，彼之所谓治生产者（简言之则治生），乃指"居积产业"而言，质言之，即经商耳。彼以经济活动与伊尹等功业并提，伊尹、吕尚之功绩为政治，孙、吴擅兵法，商鞅长于法学，其比拟颇见适当。盖大政治家必须有卓越之才具与手腕，经商亦然；论兵法揣摩取胜，方法首贵机警，经商亦不能无灵敏之头脑；法律须应时代需要参酌实情而厘订之，商业亦须视察人民之好尚以定行止。又无论政治、兵法、法学，皆为一种专门学问，须具有经验学识者，方能实行生效，商业亦系专门智识，非尽人所能经营，据是以观，白圭之比拟，颇觉其确切不移也。

---

① 《货殖列传》。

白圭既极端重视商业，彼更进一步，提出商人所应具之必要条件凡四，即智勇仁强是也。其言曰：

　　……其智不足与权变，勇不足以决断，仁不能以取予，强不能有所守，虽欲学吾术，终不告之矣。①

此研究商学之先决条件，均系道德上之修养，白圭以为四者缺，而不备，根本上即无经商之资格。智则应付千变万化之商业情状，不致手足失措；勇则不致于坐失良机；仁则于取予之间，不致损人利己；强则不致在失败后一蹶不振。白圭以为四项修养不缺，方足其传其经商之秘术，所言极中肯要，为前人所不曾道及者。

以上论商学之重要与经商之必要条件，乃白圭经济思想之第一点。

中国上古时，能了解经济循环之性质者，首推计然，其次即数白圭；白圭经济循环之说，乃脱胎于计然学理，特稍加变化而已。白圭之言曰：

　　太阴在卯，穰；明岁衰恶。至午，旱；明岁美。至酉，穰；明岁衰恶。至子，大旱；明岁美，有水。至卯，积著率岁倍。②

今将上文分三层解释如下：

（甲）白圭候岁美恶之详法，今无可考，当时虽传，度亦不广。上引一段原文，乃论此十二年中岁美恶之普通应验，歉丰循环之现象，至观察时变之术，与其主张之理由，白圭自言不得人则终不告之，史乘未载，吾人亦无由知其详。上引原文，仅其经济思想之一部分，非谓白圭经商要诀，已尽于此也。

---

① 《货殖列传》。
② 同上。

（乙）太阴，岁星名，约十二岁而一周天，古人以其经行之躔次纪年。《尔雅》释天：岁阴者，子丑寅卯辰巳午未申酉戌亥十二支，又岁阴在寅云摄提格是也。《白圭》论旱与穰之循环，较计然所言者为详，二人皆主丰歉隔年而生。兹将二人所推测者，同列于一表如下：

十二辰名	计然六穰六旱说[①]	白圭说
子	旱	大旱
丑	穰	美，有水
寅	旱	缺（当为旱）
卯	穰	穰，积著率岁倍[②]
辰	旱	衰恶
巳	穰	缺（当为穰）
午	旱	旱
未	穰	美
申	旱	缺（当为旱）
酉	穰	穰
戌	旱	衰恶
亥	穰	缺（当为穰）

原文中有数年缺，与计然六穰六旱之说皆合，缘古时文笔以简为尚，非有殊也。

（丙）积著，即积储之意，率，大抵也。岁倍盖言卯年系丰岁，收成较前加倍，所能积储者，往往亦增一倍也。

以上论经济循环原理，乃白圭经济思想之第二点。

白圭观察时变之术。《货殖列传》中虽未言及，但于经商之手

---

① 假定子为旱。
② 凡卯皆如是，又在卯为周天之始，至卯为第二次周天之始。

段与方法,述及一二,虽极简单,而含有至理。其要点全在下列数语中:

> 人弃我取,人取我与。夫岁孰,取谷,予之丝漆茧;凶,取帛絮,与之食。①

白圭经商所循之原则,即在取人之所遗,与人之所需。人弃之物,其价必贱,人取之物,其价必贵;他人之所遗弃者,我以贱价购进之,及他人需要该物,则提高其价格以售出,入贱出贵,自然获利。故人弃我取,人取我与,实为经商要义,千古不磨之定论也。

米谷为农品,丝漆茧帛絮均为工艺品,岁熟,米谷之出产多,其价必贱,其时人民之购买力大,对于工艺品之消耗必大,其价必贵,我当买进米谷等农业品,而售出丝漆茧絮等工艺品,此年丰时之办法也。岁凶,米谷之出产少,价亦腾贵,其时人民之购买力缩,无力购买工艺品,工艺品之价格必贱,我当将米谷售出,而买进价廉之帛絮等工艺品。总之,白圭经商,随二种物价之涨落而定其买或卖,一方面买进价廉之物,同时卖出价贵之物,不但能应时代之需要,有益社会,本人更能于买进卖出之间,乘机获利,白圭诚解人哉!

白圭治生,尚有一要语曰:

> 欲长钱,取下谷;长石斗,取上种。②

长,读如家无长物之长,犹言余也。谓欲余钱则于谷可取其下者;欲使石斗有余,则宜取上谷。前者节钱,后法多谷,斟酌于钱谷之间,亦白圭货殖之一法也。

以上论经商方法。乃白圭经济思想之第三点。

(三)余论　总观白圭之经济思想,其一小部分固已有计然学

---

① 《货殖列传》。
② 同上。

说开其端。然新贡献亦极多，有为计然所不及之处。彼竭力以商业之重要，谆谆为世人申述，能开风气之先，其言论倘能经后人加以热心的提倡，则汉后轻商之风，或可稍行减少，而中国商业智识或早能成为专门之学，亦未可知，司马迁赞许其精神，称其"能有所试"，的系确评，商业智识，其理弥奥，夫以当时并世之人，能解此理者有几？而惟白圭以宏达之识，密察之才，于商业情状，洞若观火，而躬筹其机以开阖之，又安得不擅天下之大利哉！

其他商人

盐与铁，占今日世界原料中重要之位置。盐常由国家专卖，成为财政学中之重要问题；铁为近代工业界所万不可少之物。在战国时代猗顿以鹽盐起家，而邯郸郭纵以冶铁成业。郭氏外推卓氏与孔氏，后卓氏迁蜀，孔氏迁宛，子孙仍以冶铁富。此外如乌氏倮之畜牧，寡妇清之于穴矿，固皆以豪富著者，俱为上古时代著名之商人。惜其经济思想不传于世，吾人仅能于史家著述中，窥见其生平事绩之一斑耳。

[第九编]
史书与经济思想

第一章 《春秋》

《春秋》与《国语》二书,俱为左丘明所著,左丘明为鲁太史,与孔子为同时人(或云系孔子弟子);二书虽为左氏所作,然经孔子笔削后方始告成。《左传》记春秋间事,多经济史材料,《国语》所记,颇多经济言论,二书并无何等关系。左氏为我国有数史家,其地位虽不及后之太史公,而其年代则较早也。上古时代之历史书籍中,此二书对于研究经济思想者,均甚重要;与之有关者,尚有公羊高之《公羊传》,穀梁赤之《穀梁传》二种,因与经济思想关系甚小,故于此章中附带论之。

(甲)井田制度

井田制度在孔子时代,已现衰落之象,近人多谓自秦孝公用商鞅,开阡陌,此制乃完全破坏,土地乃有贫富兼并之一种情形发生云云;若细读《春秋》与《国语》,则知在春秋时,井田制度已开纷乱之端。春秋鲁宣公十五年"初税亩",《左氏传》曰:"初税亩,非礼也,谷出不过借,以丰财也。"杜预注云:"公田之法,十取其一,今又履其余亩,复收其一。"《公羊传》曰:"讥始履亩而税也。何讥乎始履亩而税?古者什一而藉。……"杜注指助法而言,实不足信,亩税盖谓敛税于私田,择其善亩好谷者,定税额也。可知当时人民所有之田,其多寡必不均,旧传一夫百亩之制,业已不存,《春秋》所云,实为土地公有制度衰落之端倪。

鲁成公元年,作邱甲。《左氏传》曰:为齐难故,按经言"作"

者，寓有贬意，古制邱者与甸连，惟所出甲士，甸多于邱，鲁增军赋，使一邱之民，赋纳与甸民同，不公孰甚。

鲁哀公十二年，用田赋。盖谓除原有之亩税，更加"田赋"，古以田赋出兵，故《论语》中有"可使治其赋也"一语，此处之赋，当作 service 解，则与井田制度本身之变迁，无甚关系。

古代兵民不分，井田盛时，军赋之制，亦有条不紊，然春秋以后情形迥异。刘光汉《兵赋微》云："古者兵自于赋，而为制也，因井田而制军赋，成周之德，示于小司徒灿然也。夫国以税足食，以赋足兵，税赋之于国亦寡矣。自春秋之际画野分民，稍坏井田，渐于凌夷，迄秦而废，兵赋随之，遂以隳差，……井田废置，兵民以分。"① 亦一沧桑也。

我国税制，向以什一为额，多寡皆不合，宣公、成公等取诸民既众，而国用仍不足，额外之征，滥觞于此，开后来帝王滥取之源，无怪孔子之极端主彻而以厚敛为病也。三代法制之破坏，历代归咎于商子，然读史书则知在商鞅以前，井田制之变乱，由来渐矣。

平心而论，井田制度当然亦自有其利益，盖人民合作，贫富并无参差，田亩大小划一，政府收纳亦易，皆其优点。不过人口增加后，则开辟新地之举，自不能缓，李嘉图（Ricardo）之所谓"开垦之边际"（margin of cultivation）将因之而提高，则废除井田，易公田为民田，实经济进化中所决不能免之阶级也。

（乙）阶级观念

《左传》之中，叙述春秋间事，于一点特详，即阶级观念是。我国阶级制度之历史至长，《周礼·秋官》云："为奴男子入于罪隶，女子入于舂藁，惟有爵与年七十者不为奴。"则奴隶一阶级，在周

---

① 见《国粹学报》第二期《政》篇。

时固已为人所不齿矣。郑玄云："今之奴婢，即古之罪人。"大抵古代奴隶制度，为战事之一种结果，其为奴役者，都为俘虏，故《左传》中有"吴子获越俘以为阍"，"栾、却、胥、原、胡、续、庆、伯，降为皂隶"等记载，此外其中纪事原文之用及"隶"字处尚多，犹之"臣妾"二字，常见于《易书》二经也。君臣二阶级划分更详，见《国语》中。

其最可注意者，则为楚芈尹无宇之言："天有十日，人有十等。……王臣公，公臣大夫，大夫臣士，士臣皂，皂臣舆，舆臣隶，隶臣僚，僚臣仆，仆臣台。"此十等之民，自足为春秋时阶级制度存在之确证，惜书中无详尽之记载耳。其等级分为十种之多，可称复杂之至。更由此十等以分类，大要总不外贵族、自由民及奴隶三种阶级而已。

（丙）财政及杂论

《左传》中论及理财处不多，惟晏子对齐景公语，略述及之。晏子主张薄敛于民，而增加政府对于人民应有之设施，所谓"取之公也薄，施之民也厚"。此说极陈旧，依然不脱《周易》损益两卦之原理。渠更主张以礼为治国之本，但所谓礼者，并非指狭义的"礼乐"或"仪礼"而言，渠释礼字之意义云：

>在礼，……民不迁，农不移，工贾不变，士不滥，官不滔，大夫不收公利。

此仍以《周易》所云为根据，盖谓执政者宜使人民安居乐业，不致见异思迁也。此外《左传》中关于财政之言论，如"国家之立也，本大而末小，是以能固，……士有隶，子弟庶人工商各有分"，"商农工贾，不败其业"，与晏子所云皆相同。借此更可知在春秋时代，商贾确自成一阶级，与农、工、士各级并称焉。

至于执政者之信条，则为一廉字，"国家之败，由官邪也，官之失德，宠赂章也"。此指掌财政者个人之人格而言，至其执掌财权后所行之政策，则着重在"俭""惠"等点，故曰："俭以行礼，而慈惠以布政。"

春秋时代以善于理财著者，晏子外，尚有郑之子产、齐之管仲。①子产为政，郑民始谤毁而终爱戴。鲁昭公四年子产作邱赋，邱十六井，定额须出马一匹牛三头，今子产别赋其田，如鲁之田赋，国人毁之，而子产意不可改。厥后郑政大治，财无耗费，遂得人民敬爱，死后民哭之甚哀。②

《左传》韩献子云："郇瑕氏土薄水浅，其恶易觏则民愁，民愁则垫隘，于是乎有沉溺重腿之疾。"此节盖言土地分新旧二种，新者未经开垦，故肥腴，旧者则生产能力已尽，故其土薄，又盐之为物，亦曾提及。

又《左传》一书中，间有论及欲望者，如"专欲无成"是也。

---

① 参阅本书第六编第一章。
② 参阅本书第八编第一章第二节。

第二章 《国语》

（甲）货币之变迁

我国古代货币，多用贝珠玉黄金铜钱等，在周时通行，周景王以钱之轻，乃作大钱，《周语》景王二十一年，将铸大钱，百姓蒙其利。注云，钱者金币之名，古曰泉，后转曰钱。钱之一字，见于古籍者，当以此为始，此为国中学者之公论。[①] 征诸《汉书》所云："景王更铸大钱"，则《国语》所言不属不诬；据《钱录》一书中绘图，则大钱格式，与今之制钱大小相仿佛，上镌有宝货二字，"说文"言："周而有泉，至秦废贝行钱。"总之，货币问题在春秋时已为执政者所注意，则确情也。

又《国语》载单穆公谏景王铸大钱，其言云："古者天灾降戾，于是乎量资币，权轻重，以振救民，民患轻则为作重币以行之，于是乎有母权子而行，民皆得焉。若不堪重，则多作轻而行之，亦不废重，于是乎有子权母而行，小大利之。今王废轻而作重，民失其资，能无匮乎？"是为管子轻重术之张本，亦即后世主币辅币制之所由仿。

按货币有一绝大功用，即为调剂万物之价格也。我国先哲之重视货币，皆因其有"衡量万物"之功用，单穆公之意，以为人民患货币贱而物贵，则当铸重币以行其轻，物贱则不妨只用轻币，贵则且加重币，其后景王虽铸大钱，然兼用轻币，所谓"子母并用"是

---

① 如贾士毅、王效文诸人皆主是说。

也,故百姓蒙其利。《管子·国蓄》篇云:"五谷食米,民之司命也;黄金刀币,民之通施也。善者执其通施,以御其司命,故民力可得而尽也",实即指此。二品兼用,即今人所谓主币与辅币之说,彼时铸钱,不但欲使人民之便利,其目的更在救荒也。

(乙)劳民

《国语》中《鲁语》有论及古人劳民之方法一篇,极为精审,即敬姜论劳逸一段是也。敬姜为文伯之母,文中所云,盖评论鲁之失政,详述政府利用民力之益。其言曰:

> 昔圣王之处民也,择瘠土而处之,劳其民而用之,故长王天下。夫民劳则思,思则善心生;逸则淫,淫则忘善,忘善则恶心生。沃土之民不材,淫也;瘠土之民,莫不响义,劳也。

此论土地之肥瘠问题,土地肥腴则所出产必多,人民必习于安乐,自趋下流;如土地瘠薄,则人民不但努力于耕种,且必知节俭之道,前者为淫,后者为义,盖即逸与劳之别耳。古人深以人民之怠惰为忧,故宁取瘠土。

> ……诸侯朝修天子之业命,昼考其国职,夕省其典刑,夜儆百工,使无慆淫,而后即安。……士朝而受业,昼而讲贯,夕而习复,夜而计过,无憾而后即安;自庶人以下,明而动,晦而休,无日以怠。……男女效绩,愆则有辟,古之制也,君子劳心,小人劳力,先王之训也。自下以上,谁敢淫心舍力?

掌国政者,其本人自当勤其职务,同时并须引导人民入于劳力之一途，所谓劳力，当然谓用于农桑之业。在中国上古时代，周礼田不耕者有粟税，此系实施。若关于理论上之发挥，此篇实足以代表上古时代社会重工之心理，敬姜之言，且为孔子所称，盖文伯之子为官而母犹绩，其自食其力之精神为何如！

又按我国三代人民，多以农为业，男耕而女织，天下有不耕之男，而天下无不织之女，咏于诗，著于礼，《国语》敬姜之论，为一极佳之证据。又《国语》此篇，不但为上古时代关于劳工之重要文字，兼可发现君主时代劳工参政之先例，可与《尚书》所谓"官士相规，工执艺事以谏"者，合而观之。

（丙）田赋

《国语·鲁语》云："季康子欲以田赋，使冉有访诸仲尼，仲尼不对，私于冉有曰：求来，女不闻乎？先王制土籍田，以力而砥其远迩，赋里以入，而量其有无，任力以夫，而议其老幼，于是乎有鳏寡孤疾，有军旅之出则征之，无则已。其岁收田一井，出稯禾秉刍缶米，不是过也，先王以为足。若子季孙欲其法也，则有周公之籍矣；若欲犯法，则苟而赋，又何访焉。"其后卒用田赋，孔子所云，盖谓租税之征，每岁宜有定额也。此节可补《左传》之不足，周公之法，变乱于鲁，亦系商鞅以前我国井田制度变迁之一。

《齐语》中亦有关于井田之文字，其记管仲对桓公之言曰："相地而衰征，则民不移；政不旅旧，则民不偷；山泽各致其时，则民不苟；陵阜陆墐井田畴均，则民不憾；无夺民时，则百姓富；牺牲不略，则牛羊遂。"管仲主张租税率当视土地之优劣而分等级，可征当时井田制之衰落。利用山泽之才，使不致竭蹶，役民使不致与农时相冲突，此皆管仲之富国政策也。《国语》中有一节论籍田之制甚详①："宣王即位，不籍千亩，虢公谏曰：不可，夫民之大事在农，上帝之粢盛于是乎出，民之蕃庶于是乎生，事之共给于是乎在，和协辑睦于是乎共，财用蓄殖于是乎始，敦庞纯固于是乎成。……民用莫不震动恪恭于农，修其疆畔，日服其镈，不解于时，财用不乏，民用和同。是时也，王事唯农是务，无有求利于其官以于农工，三时务农而一时讲武，故征则威，守则有财。若是不能媚于神而和于民矣，则享祀时至而布施优裕也，今天子欲修先王之绪而弃其大功，匮神之事而困民之财，将何以来福用民？王勿听。"古时为天子者，另有籍田，择日率百官以耕种，人民继之。此项田地，专为天子起土之用，以示重农敬神之意，《周礼》中载此职由甸师任之，除亲自耕种外，且任管理之职。

此外《穀梁传》中述及井田之处，不一而足，如云："古者三百里为步，名曰井田，井者九百亩，公田居一"，说甚确当，盖即孟子所谓"方里而井"是也。又云："古者公田为居，井灶葱韭尽取焉"，述农民之居宅也。

（丁）理财政策

《国语》中记春秋时各国臣僚谏语，其有关于理财者多属陈说，如鲁大夫对定王语，谓俭所以足用，用足则可以庇，侈则不匮，匮而不恤，忧必及之。②又多数人士主张薄敛，如楚灵王臣谓缩于财用则匮，直系聚民利以自封而瘠民。③观射对楚子期，则谓勤民以自封，则死无日，④皆足供我人之研究，《周语》中论理财之不可不讲求，亦甚有见地。

---

① 见《周语》。
② 见《周语》。
③ 见《楚语》。
④ 同上。

至于专自伦理方面立论者，或则谓利不可不讲求，否则为民所弃；但利自义出，有义必能生丰厚之利，如丕郑所云："义以生利，利以丰民"，是也。① 或则谓政府理财，第一须有信用，有信用人民自愿出其帑藏以救国，如箕郑所主张者是也："晋饥，公问于箕郑曰，救饥何以？对曰，信，公曰，安信？对曰，信于君心，信于名，信于令，信于事。公曰，然，若何？对曰：信于君心则美恶不逾，信于名则上下不干，信为令则时无废功，信于事则民从事有业，于是乎民知君心，贫而不惧，藏出如入，何匮之有？"②

其最为重要者厥为晋文公之经济政策，此可代表春秋时代普通人士心目中之良善制度，其最重要之设施为：

一　弃责　　除宿责之谓。

二　薄敛　　减轻国民之负担。

三　施舍　　以国家财用，从事于建设的事业。

四　分寡　　即公财。

五　救乏　　与（七）同，补助贫乏穷困之民也。

六　振滞　　凡货物之有滞者，设法使其流通。

七　匡困　　系荒政上之设施。

八　资无　　完全无财产之人民，得受政府之接济。

九　轻关　　轻其关税，俾商人之担负不至太重。

十　易道　　除去盗贼。

十一　通商　　奖励商贾一阶级。

十二　宽农　　役使农民之时少，使有余时以从事于耕种。

十三　懋穑　　鼓励人民之稼穑。

十四　劝分　　使人民各守其业，各安本分。

---

① 见《晋语》。

② 同上。

十五　省用　　减少国用，俾不致有财匮之虞。

十六　足财　　使政府之财库充足，以备荒年之急需。

观于晋文公之各种设施，可知其所采方法，大半根据于《周礼》。《国语·晋语》中，记其成绩云："公食贡，大夫食邑，士食田，庶人食力，工商食官，①皂隶食职，官宰食加，政平民阜，财用不匮。"春秋时国君于经济政策有卓见者，断推此人。

---

① 谓另有食官以司物价之调剂。

〔第十编〕
结论

第一章　中国上古经济思想在西洋各国所生之影响

（一）导言　研究本国之经济思想，于下述二端，俱应加以相当之注意：（一）本国经济思想所受他国经济思想之影响，例如研究英国经济思想者，当知亚丹·斯密斯（Adam Smith）曾受法国重农经济家（Physiocrats）之影响。（二）他国经济思想所受本国经济思想之影响，例如研究德国经济思想者，当知历史学派（Historical School）在英国势力之盛，如克利甫·勒斯廉（Cliff-leslie）、殷格兰（Ingram）皆隶属该派之英人也。今就中国情形而论，上古时代，周秦诸子经济思想，毫无感受外邦经济思想影响之痕迹，西洋经济思想之输入中国，乃为中世及近代之事实，容后详论之。就第二点研究，中国上古经济思想在外邦实产生有相当之影响，细读西洋哲学及政治经济名著，即可了然，研究中国经济思想历史者，如于此点忽略，不足以称完璧。中国上古经济思想，今已叙述完毕，今特于此章中专论此项思想在西洋各国所生之影响。

现今中国经济思想犹未能成为科学，而在世界经济思想史中，以种种关系，亦未能占有相当之位置；此层本书第一编绪论中，已详言之。然中国经济思想进步虽缓，历史极长，西洋经济思想则反是，历史甚短而进步殊速，西洋经济思想之成为科学，自亚丹·斯密斯（Adam Smith）出版其《原富》（The Wealth of Nations）一书为始，时在清乾隆四十一年（西历一七七六年），可知其晚出矣。故吾人如专就学说出世之早晚而论，则中国经济学说，发达确在西洋各国之先也。

然中国与欧洲各国之通商，远在斯密斯（Smith）之先，而中国文化之输入欧洲，亦并非为最近二三百年间之事实，然则中国之上古经济思想，流入西土，殆为必然之事实。袁问不君有言："我们的经济制度和思想，也是与希腊罗马基督教的思想一样，都是很有影响于西洋经济思想的。"又曰："在亚丹·斯密斯的时候，他的《原富》尚未出世以前，中欧的交通已算是很发达了，中国的哲学，他们也研究过了，中国的经济状况，他们也羡慕过了，中国的经济制度，他们也佩服信仰过了。这样看来，难道我们对于西洋经济思想的发展，是一点也没有影响么？一点也没有关系么？"此诚为不磨之谠论也。[①]

中国学问之西渐，不自今日始，说者谓自十七世纪以来，十三经已迻译十余次，各国文字皆备；老子《道德经》之译本，有七十余种，此外若《论语》《孟子》《荀子》《墨子》《庄子》《吕氏春秋》《列子》皆有英、德、法译本。思想影响所及，尤以十八世纪法国之哲学家及政治家所得为最深，如孟德斯鸠（Montesquieu）、卢骚（Rousseau）、福禄特尔（Voltaire）皆受中国政治及经济思想之影响。中国古代学术思想，价值不在欧美大哲学家之下，此殆世所公认者。兹章所及，专论西洋经济思想史中重农派所受中国经济学说之影响，尤注重于该派之创始者与领袖凯纳氏（François Quesnay，1694—1774），兹分下列数项论之：

（二）重农派学说大纲　重农派为法国十八世纪上叶之经济学派，盖为十七世纪重商派（Mercantilist）过重商业之一种反响也。是派领袖为凯纳氏（Quesnay），而透葛（Turgot）、麦勒鲍（Mirabeau）、巴徒（Baudeau）、杜邦（Dupont de Nemours）诸人隶属之。其言论甚精到，开后来亚丹·斯密斯学说之先河，近代大经济家若及逢斯

[①] 袁君文《我们对于西洋思想的贡献》见复旦大学《商学期刊》第四号。

（Jevons）、斯班（Spann）、季特（Gide），且直认该派为经济科学之创造者，此说虽尚未能得多数经济学家之同情，然该派在西洋经济思想史中所占地位之卓越与重要，亦可见一斑矣。今将该派经济思想，撮要记之于下：

（甲）自然律　重农派经济思想乃以自然律为出发点，该派学者杜邦（Dupont de Nemours）尝为重农主义下一定义，称之谓"自然律之科学"，其重要可想。所谓自然律者，盖与一切人为之文物、制度、典章相对峙，人为之法律须依自然律进行，盖自然律乃为上帝所创造，而以谋人群幸福为归宿，吾人决不能与反抗也。

（乙）农业　重农派经济家只承认采取之事业系生产的，故分社会人民为三组：（一）生产阶级，专事采取事业者，即农夫。（二）半生产者，系地主，为独立的阶级。（三）非生产的阶级，包含商人、工人等。生产要素内，彼等推土地为最要，并以为农业与他业不同之处，在能产生纯出产品（net product），盖重农派经济家以为土地之所出，乃为上帝之创造，工业品为人类所经营，故缺乏此项能力也。

（丙）租税　重农派提倡政府对于土地上之收入敛税，即所谓单一税是，该派既认土地为一切财富之源，故亦认其为国家租税唯一之来源。该派之前驱者伏班（Vauban）鉴于当时法兰西税制之纷乱，人民担负之不均，故著书主张政府对于农业出产品抽以十份之一的直接税云。

（三）重农派与中国之关系　重农派经济学家与中国学术界关系极深，盖在十六世纪时，中欧已有交通，双方文化互受影响，且其时耶稣会教士，竭力称道中国文化之盛，故外邦人士对于中国印象甚佳。殆十八世纪初叶，清乾隆帝常与法皇路易十四交换礼物，至路易十五，其宠姬为庞巴多氏（Pompadour），甚爱好中国器物，时与当时文人学士研究中国文物，当时庞氏之御医即为重农派巨子凯奈氏（Quesnay），凯氏因此亦喜研究中国之学术事理，故其经济思想受中国上古经济学说影响特深。

重农派中凯奈而外，透葛（Turgot）亦甚崇拜中国之学术思想，其时有华人二，从之讨论经济学，其一死于法邦，此事颠末，在杜邦所辑之《透葛全集》（Oeuvres de Turgot）一书内，论之甚详〔又法国经济学家赛氏（Say）曾著《透葛》（Turgot）亦记此事，据该书言，则二人先后皆返华土〕，故透葛之学说，亦略受中国经济思想之影响，凡此种种，皆重农派与华人及中国学术接触之机会也。

（四）凯奈学说所受中国经济思想之影响　凯奈著作中恒视中国为模范国，其思想受中国经济学说影响之处甚多，举其特别重要者如下：

一曰自然法　在凯奈时代之欧洲各国，其社会全恃人为的法律以为维持，此与当时中国之不重人为法律者情形不同。历代中国之法律，务必准于道而立，道虽虚空，然长存于宇宙，以天道行于人事，以理想付诸实行，国中威权之最高者，厥为国君，其法令有如自然律不能抵抗。中国数千年来，天道观念，牢不可破，代天行事者为天子，天命即自然律。凯奈重视自然律，认自然律即中国先哲之所谓"道"，因而推崇赞扬中国之社会，连带及于中国之专制政体。彼曾于一七六七年著《中国之君主专制》（Le Despotisme de la-Chine），材料皆取资于中国思想，于共和政体反对甚力，且认中国哲学高出希腊哲学之上，凯氏徒巴徒（Baudeau），亦有同样之论调云。

二曰足民　中国古代之思想家，于国民之经济状况甚见注重，以为国民足则政府足，欲使政府之收入充裕，根本上须使人民之生计优良，儒家之言论，带有此项色彩，尤为浓厚。重农派之主张，亦系如此，试观彼等所提倡之农业建设、平均租税办法、币制之革新等等，其目的无一不在足民，盖深悉当时经济纷扰之原因，其症结所在，即为人民之穷困是也。故凯奈曰："农民穷困则政府穷困；政府穷困则国君穷困（Poor peasant, poor kingdom; poor kingdom, poor king）。"而吾儒家之言，则曰："百姓足，君孰与不足？百姓不足，君孰与足？"此说在泰西各国，亦曾产生相当之影响，不容埋没者也。

三曰重农　中国自古重农，法邦学者之重农，殆亦受中国往昔思想家之影响。与凯奈同时之某氏，评论凯奈学说，尝言："凯奈注重农业，视该业为唯一财源，此说苏格拉底、伏羲、尧、舜、孔子，已先言之矣。"①

足见中国上古时代重农学说，深印当时泰西经济学家脑海中也。又一七六五年春，法皇路易十五有籍田之举②，盖凯奈借庞巴多氏力量进言之功，亦可见凯氏对于中国经济制度倾倒之一斑矣。

四曰租税　凯奈对于中国税制，甚有研究，其于《周礼》均田贡赋之税，尤见推崇。以为田产既有多寡之分，又有肥瘠之别，不能一概而论，以分别抽税为是一理想之税制，当令地主纳粮而使耕作之人免税，惟中国历来税制，乃能具有此数种优点云云。又巴徒（Baudeau）氏甚崇拜乃师所著《经济表》（*Tableau Économique*），谓此表能以寥寥数字，将经济原理解析分明，犹之伏羲之六十四卦，能将哲学要义，解析明白，殊非易事云。

重农派以外，继之而阐发西洋经济思想者为亚丹·斯密斯（Adam Smith），彼受重农派之影响，故其学说间接的与中国经济思想，亦不无关系。又斯氏之巨著《原富》（*The Wealth of Nations*）一书中，常叙述中国之经济状况，如农业、工艺、国外贸易、货币、利息、劳工、土地税等问题，皆屡屡论及。盖斯氏与凯奈、透葛诸法儒，相知有素，当一七六四——一七六五年间赴法旅行时，曾在法聚首作学术上之

---

① 见勒赫完氏所著《十八世纪中欧文化交通史》（A.Reichwein's *China and Europe: Intellectual and Artistic Contacts in the Eighteenth Century*）。

② 籍田意义可参观本书论《国语》章。

讨论，故氏虽未尝研读中国书籍，生平亦未尝一履华土，于中国情形，究能略知一二，实从重农派方面得来也。

（五）结论　综上以观，吾人可得一结论如下：中国上古经济思想在西洋各国，确曾产生有相当之影响，尤以对于法国之重农派为最显著，但此项影响，虽甚深切，并不普遍，盖仅限于一时期一派别而已。然其对于西洋经济思想史方面之影响，远较罗马学说、基督教思想、《圣经》等为重要，顾中西人士之治西洋经济思想史者，但知尊视罗马学说等，而置中国上古经济思想于不问不闻之列，诚所谓数典忘祖者矣。又中国数千年来经济思想，在外邦发生有影响者，惟上古经济思想为然（即汉以前经济思想），中古与近代经济思想则否。此其故极为复杂，盖中世以后，中国名著之含有经济思想者（如司马迁、桓宽、陆贽等人之著述），在西洋并无译本。至最近百年之内，西洋经济思想，突飞猛进，一日千里，而中国经济思想界，进步仍极迟缓，暮气沉沉，不能自振，仅能受外邦学说之薰陶，而不能在外国学术界，发生有何种之影响。加之耶稣会教士于吾古籍，惮所问津，态度一变，于中国事物不复鼓吹，而欧人对华，亦惟知以考察商业情形为重，以为其经济侵略之张本，大势所趋，研究中国学术思想者日少，而中国经济思想，至是遂难行于欧土矣。他日中国经济思想成为科学，精义大昌，则上述之欧洲十八世纪情形，或将重现于异日，未可知也。

第二章　中国上古经济思想史之结局

中国上古经济思想，至秦末而告一段落。中国经济理论之构成与应用，历经三皇、五帝、三代诸时期，经春秋、战国五百年间之光明灿烂的发展，乃为经济思想界立一巩固之基础，及乎暴秦统一，独霸中原，经济思想遂告一顿挫，汉后新学说勃兴，则已另具一番面目，故吾人于汉前经济学说，作一独立的时期，甚为适当。在上古时期中，思潮之盛，更莫过于春秋、战国，中国经济思想，虽不以秦为终局，然上古时代之思想家及政治家，其贡献极为伟大，议论颇多为后来学说之张本也。

经济事实与经济思想，其间关系非常密切，一时代有一时代之经济背景，经济学说即为该时代实际状况之反映；同时思想为事实之母，各种经济理想，往往由政治家、思想家之鼓吹而成为事实焉。今以中国上古时代之经济思想而言，老孔以前之学说，如食货的观念，分工学说等，极为浅显，仅属后起各种学说之胚胎，简单特甚，盖邃古之民，生活鄙陋，养生之道，简而易行，处此种情形之下，自不能有完善精到之经济学说产生。周公当国，政教修明，文物典章，较前为备，《周礼》一书述及各种制度，如会计、重商、重农诸法，虽颇完备，然纯粹之经济理论，阐发犹属不多。自老孔而降，以迄秦末，社会经济之进步，大有一日千里之势，都市勃兴，为经济活动之中心，加以交通之发达，币制之进步，使工商业渐见繁盛，经济知识之传布，弥漫社会，其能卓然自树壁垒者，有儒、墨、法、农诸家。经济事实与思想，皆盛极一时，而推究当时中国经济组织之所以进步，亦未始非由于思想昌明之故，亦可见时代背景与经济思想关系之深矣。

秦火之厄，图籍散失，吾人固不能断定为中国经济思想进步迟缓，由于焚书；但佳书之失传，确为中国经济思想不发达之一原因。然即就吾人所得关于上古时代经济思想之资料言之，已极丰富，在中国上古时代，西洋经济思想界甫肇其端（希腊），而中国经济思想早已蓬蓬勃勃，充满活泼之生气，惜发达早而进步迟，终至落伍而无由自拔，此真最可痛心之事也。

我国自有经济思想以来，迄于今日，凡思想家及政治家之意见，大都均注重在分配之平均，不能积极的提倡生产。要知分配非不必讲，然必须俟一国生产极发展后方谈得到，中国数千年以来，生产既未见发达，人民之脑海中，则为"知足"一消极观念所限制，只求能维持其生活，已觉心满意足，不欲再求生产之进步，而所发生之经济学说，多趋向于消极方面，只知均富，不知加富。不但中国上古经济思想有此项病态，即以中世及近代经济学说言之，亦何莫不然。今日中国物质文明之落伍，原因固多，要实由于历代经济思想之不健全所致，最大疵病，即为重分配而轻生产，因忽略生产而交易学说亦无足观。今后改造我国之经济思想，当使其注重生产，培养个人之自动精神，改良物质上之环境。不然则至多使国民之苟安于已有之生活而已，欲其进步，不亦难哉！

第三章　中国上古经济思想史内容之比较

说明

　　上文论述中国上古时代所有之经济思想，不论其贡献大小，地位高下，苟有研究价值者，无不列入研究之。范围既广，涉及之个人又多，为便于研究起见，特在此一章中将各家各人学说，逐一按照学说题目，为之排列，俾便比较。读者欲知各派各人经济思想之不同，按照下列表格检查之，即可一目了然矣。

　　各人对同一问题之主张不同，表内加以简单之说明，至其学说之来源影响与批评等等，皆在本书以前各章中详加论及，故表中未曾提及，欲知其详，须细检本书中之其他部分也。

　　表格空处，有注一略字，乃指某人并无此项学说，或有而不传于世者，其有言论传至后世者，皆为采入。细查表内，无论何人，总不免有所忽略之处，盖精于此者，未必善于彼也。

　　读者细观是表，可借是以知在上古时代究以何派何人对于某问题之贡献为最大？各人各派之长处何在？缺点奚若？例如墨子之消耗论，计然之经济循环，皆属长处；譬如孔子之于货币，列子之于财政，皆系无长足录。细观此表自知。

　　在中国经济思想史中，有数种问题研究者甚少，如资本、利息、人口等学说，资料极为缺乏；然如消耗、均富、财政等问题，则又为通人所乐于讨论者。欲知在上古时代何种问题研究者多？何种问题讨论者少？倘将此表检阅，即可知其梗概矣。

中国上古经济思想，原以儒、法、墨、农四大潮流为主，余派除道家而外，影响甚小。兹为便于检查比较起见，除此四派而外，凡略具经济思想之派别或个人，皆列入之。

（一）概念

学派与人物	总题与细目	经济概念	
		（一）对于经济事物之态度及其主要贡献	（二）理想之经济制度与社会组织
儒家	孔子	对于经济事物，虽乏概括及具体的批评，但主先富后教之说，于商业亦重视，尤注意于租税原理。	使分配均匀，人民富力不相悬殊过甚。其理想的经济制度，乃以国民生计为中心，而以均字为原则。
	曾子及子思	作理财与聚敛之别。于人、土、财三要素，特见注重，颇有重农与重工之言论。	使国民人人富有，财政问题始能迎刃而解。
	孟子	唯物观念甚深刻。对于经济事物最见注意者，为田制、商业、租税、分工各问题。	保持均富状态，上有政府之保护扶助，下有社会之团结互助，达到人人能饱食暖衣之目的而后止。
	荀子	儒家中推彼经济思想为最多，除唯物观念、财政、田制、分工诸问题，特见重视外，特别提出欲望问题研究之。又所论国外商业，多为孔孟所未及道者。	使人民富有，欲望有适当之满足，物质分配均匀，虽不平等而有秩序，对外则有相当之商业往来。
道家	老子	根本上以经济制度为罪恶。《道德经》一书中所论及者，有欲望、赋税以及排斥工艺之论调，殆无一不含有消极及破坏的色彩。	太古纯朴生活简单之社会，以未凿窍之浑沌为自然状态，理想的境界，即在永远保存此项状态。

(续表)

学派与人物	总题与细目	经济概念 (一) 对于经济事物之态度及其主要贡献	(二) 理想之经济制度与社会组织
道家	列子	一以老子学说为宗，信奉自然。言论中偶杂有重农之论调，其人生观，颇值得我人之注意。	华胥国内中(一)无统治阶级，(二)无欲望，(三)无竞争，(四)无利害观念。
道家	杨朱	发挥其特殊之欲望学说，有特异之人生观，其言论极多矛盾处。	彼主张为我主义，以社会为幻境，并无理想之经济制度。
道家	庄子	学说渊源，出自老子，对人生甚为达观，于物质文明之价值，甚为怀疑，亦有绝欲及放任主义等学说，与老子相同。	彼以为至德之世，人类同与禽兽居，族与万物并，无君子、小人之分；彼所悬之社会的标准，与老子所主张俱为退化的，非进步的。
墨家	墨子	重实利主义，有详尽之欲望论。余如劳工、分工、人口、交通，均曾述及。其所讨论之经济问题虽不多，然均有独到之见解。	理想之社会中，人人能贡献其劳力，制造生活必需品，能兼相爱，交相利，无一切浪费。
墨家	宋钘子	仅有关于欲望之言论传世，系因荀子提及后，故为后人所注意者。	略
法家	管子	唯物观念之深切，与孟子等。所研究之经济问题，有消耗、重农、分工、荒政、人口等，最重要之贡献为货币学说、国外贸易论、工业国有三者。为中国上古经济思想中，最精审之一部分。	提倡国民经济，主张富民政策，但同时更重视政府之经济职务与其收入之来源，盖欲借政府力量，发展生产，调剂分配，民贫则教育与法令皆不能行矣。

(续表)

学派与人物	总题与细目	经济概念	
		（一）对于经济事物之态度及其主要贡献	（二）理想之经济制度与社会组织
法家	李悝	除农业及田制二问题外，其他无所表现。	理想之国家，在人人能利用土地，以发挥个人之生产工作，同时有一强有力之政府，调剂及平均人民之富力。
	商子	系主要之重农作家，思想之关于农业一部分者甚可贵，然于人口问题亦有相当之贡献，于商业并不轻视，不过无学说传世耳。至如其他经济问题如租税、分工、货币等，皆未述及。	人民富力平均，经济活动以农业为中心，人口繁殖，对外具有作战之能力。
	韩非子	于利己学说，多所发挥，且有欲望理论。其经济思想不及其法律思想为多。	法治之社会，法律及社会制度依照时代之变迁而更改之，使其合于进化之原理。
	其余作者	其余法家人物思想颇驳杂，以慎到学说最为丰富，唯物观念甚深，重视土地与人民二要素，有简单之消耗论。余人经济思想绝少，邓析有唯物观念及消耗论，但所言不多。	慎到主张有一集权之政府，实行富民政策，更以法律达均富目的，彼之理想经济社会乃建设于农业基础之上。
农家	许行及陈相	重农，最重视肉体的劳动，讨论无政府主义，于物价问题，多所论列。	理想的社会，为一种互助的社会生活，人群绝对的平等，人人自食其力，不分贵贱上下各等级。
兵家	吕尚	研究"利"的问题，甚见透彻，于欲望租税口者，亦有简单之讨论。	上有一节俭轻税之政府，人民方面，当有均平发展之工、商、农三业，则国可富，兵可强。

（续表）

学派与人物	总题与细目	经济概念	
		（一）对于经济事物之态度及其主要贡献	（二）理想之经济制度与社会组织
兵家	尉缭子	有唯物观念，对于经济建设之重要，有确切的认识。	政府之税敛薄，人民有俭朴之生活，能勤劳合作，以事耕种。
杂家	于陵子	信仰极端个人主义，反对治人阶级，主张遏制欲望。	彼之学说可称为反社会观的思想，故亦无理想经济制度可言。
杂家	吕不韦	有无为、欲望、节葬、音乐诸学说，驳杂不纯，源流非出自一家。惟所传述者，均各派学说之精粹，且间有加以补充之处，故其经济思想，有一部分亦甚有价值。	政府——以采取放任主义为宜。人民——（甲）以养性为务，以丧志为戒。（乙）以节欲为妥，厚葬尤所大忌。（丙）以农业为生活。
别派	伯夷、叔齐等	抨击统治阶级，注重身体劳动，并不劝人努力于物质上之享受与追求。	在此理想之社会中，并无政府，各人皆以劳力自立。
政治家与商人	晏子	研究欲望，有薄葬、非乐诸说，其于财政一方面，则倡薄敛之学说。	国民生计须有完善之解决，政府政策以节用、薄敛为归。
政治家与商人	公孙侨	以改革田制称，别无他种经济思想。	理想的社会，当有完善之赋税制度。
政治家与商人	计然	有简明扼要之唯物论。彼之经济思想专注重商业理论，为中国上古时代研究经济循环原理最精、最早之一人，其论防阻恐慌之各种办法，尤多发明。	下列各种特点，为一理想之社会所不可缺少者：（一）基础稳固，物价之升降甚和缓，（二）货物能流通无阻滞，（三）农业一方面，亦有相当之发展。

（续表）

学派与人物	总题与细目	经济概念	
		（一）对于经济事物之态度及其主要贡献	（二）理想之经济制度与社会组织
政治家与商人	范蠡	经济思想极少，彼论商业于时间一要素，特见注重。	于私人经商要诀，略有述及，并无理想之经济制度与组织。
	白圭	竭力申述商业之重要，并能了解供求律之真理，其研究经济循环原理之结果，甚有价值。	主张社会上各人能俭朴，而又能营利。

（二）消耗论

学派与人物	总题与细目	消耗论	
		（一）对于欲望之主张	（二）消耗学说之内容
儒家	孔子	节欲论	此说一称寡欲论。奢与俭均非理想的消耗标准，适当之标准为中庸办法，若以奢华与俭朴较，则俭朴较胜一筹。
	曾子与子思	略	所述甚少，《曾子》书中，偶有一二提倡节用之词。
	孟子	节欲论	亦能洞悉欲望之重要，欲望应行满足，但不可人于贪之一途，私利不可求，公利当提倡。
	荀子	节欲论	消耗论之详尽，为其他周秦诸子所不及，要点如下： （一）欲望极重要，并非恶德，不可不设法满足之。 （二）欲望无限度（此点他人明知之而未详述），但物寡欲多，故易起纷争。 （三）节欲之工具为礼，礼可以遏止不正当欲望，鼓励正当之欲望，使不致有纷争之虞。

（续表）

学派与人物		总题与细目	消耗论	
		（一）对于欲望之主张	（二）消耗学说之内容	
道家	老子	绝欲论	彼主绝欲论（或称去欲论），以为凡欲望悉系有害于身心，必须根本推翻，非仅限制所可了事者。无论何种欲望，皆应竭力遏制，绝欲则人类方可返乎自然，彼虽主俭，实近于吝。
	列子	绝欲论	为人戒贪，当甘命定之生活。
	杨朱	纵欲论	放纵欲望，使其扩张成为无限制的，不受任何方面之节制，盖人生无常，故不能不务当时适意，与老子所言，恰属极端相反。
	庄子	绝欲论	彼反对物质文明甚激烈，以为无欲而天下足。盖以为欲望发达则奢侈之心益甚，其结果必致激成自由竞争之状态，为氏所深不满意者。
墨家	墨子	节欲论	节用论占墨子经济思想极重要之一部分。消耗与否，当视其适当与否而定，换言之，即有何效用。故其学说为一种实利说的节欲论，其非乐、节葬、非攻诸学说，均从此出。
	宋钘子	节欲论	人性系属寡欲而非多欲，欲望有一定止境，并不扩张。
法家	管子	节欲论	奢伤母财，吝则无以劝民业；且俭则伤事，奢则伤货，故管子主张，并不趋于极端。提倡储蓄，以助消耗，至消耗之标准，以求生活上适用为目的，其说熔儒、墨二家言于一炉。
	李悝	略	略
	商子	略	略
	韩非子	略	仅论政府支出，私人消耗未述。

（续表）

学派与人物	总题与细目	消耗论 (一) 对于欲望之主张	(二) 消耗学说之内容
法家	其他作者	邓析——节欲论	劝人知足，勿与命及时相抗。
		慎到——节欲论	以俭与奢二者之影响，一一作详细之比较，但从人生观及心理上立论，并未述及经济上之结果。
农家	许行及陈相	节欲论	并无完全及有系统之欲望学说，惟此派重视肉体劳动，主张耐苦实行，则当然主张节制嗜欲也。
兵家	吕尚	略	虽有注重俭朴之言论，然系指政府之支出言之，对于私人消耗，不曾论及也。
	尉缭子	略	略
杂家	于陵子	绝欲论	并无著述行世，然观其所行，欲将物质生活克减至最低程度（荀子称之为忍情性），殆为实行老子学说之一人也。
	吕不韦	节欲论	学说受荀子影响处特多，谓人生而有欲，如无限制，其祸害甚烈。消耗正当与否之划分标准为"本性"的问题，如能培养个人本性则正当，反是则不正当，其欲望应遏制。
别派	伯夷、叔齐等	节欲论	皆无完善之消耗学说，惟漆雕开之流，均不愿入仕途，应为清静淡泊者，可称谓节欲论者。至季次原宪褐衣蔬食不厌，殆系实行节欲论者，余子态度不明。

（续表）

学派与人物	总题与细目	消耗论	
		（一）对于欲望之主张	（二）消耗学说之内容
政治家与商人	晏子	节欲论	在中国历史上以俭朴著，主张本人俭朴，待人接物不必俭，其薄葬、非乐等说，皆由此演绎而来，议论鞭辟入里，不可多得。
	公孙侨	略	略
	计然	略	略
	范蠡	略	略
	白圭	节欲论	并无关于消耗之学说传于世，但史称氏平素能薄饮食，忍嗜欲，节衣服，与用事僮仆同苦乐，可知彼为节欲论之信仰者，盖无疑义。

（三）生产论

学派与人物	总题与细目	（甲）普通观念	
		（一）农、工、商三业之比较	（二）关于生产要素之意见
儒家	孔子	论及农业，于工、商二业无详尽意见，然亦无贬词。	有重视土地与劳力言论，但不涉资本。
	曾子	农业特所注重，其余二业，不曾言及。	于土地及劳工极为重视。
	子思	重视工业。	于劳工极为尊视。
	孟子	极重农业与商业。	于土地之重要，一再陈述。劳工则不论为肉体的或精神的，皆甚重视。于资本亦有一二言述及。
	荀子	对于农、工、商三业皆有详细之讨论，并极为重视。	土地、人工二要素，彼甚重视，未谈及资本。

(续表)

学派与人物	总题与细目	（甲）普通观念	
		（一）农、工、商三业之比较	（二）关于生产要素之意见
道家	老子	排斥工业至激烈。	皆未述及。
	列子	重农	以自然界为唯一之生产要素。
	杨朱	略	略
	庄子	对于各种商品及工业，抨击不遗余力。	反对资本。
墨家	墨子	赞成工业与农业，于商业不曾提及。	以劳工为唯一之生产要素。
	宋钘子	略	略
法家	管子	重商 重农 重工	于劳工、土地均见重视，于资本所言颇少。
	李悝	极重农业，其余未遑述及。	注重土地与劳工二者。
	商子	极重农业，亦深知商业之重要，工业未谈。	承认土地与劳工俱为富国强兵要素。
	韩非子	称富国以农，农为常业，最重要。	特重土地。
	其他作者	尸子重农业，慎到对于农、工、商三业俱提及，但语焉不详。	尸子重视劳工一要素，慎到虽于资本一要素未曾顾到，但能于土地与人工二要素之关系，细加解释，不落前人窠臼。
农家	许行及陈相	以农业为宗。	注重劳工，尤重肉体的劳动，对于土地一要素亦加注意。
兵家	吕尚	农、工、商三业并重。	着重土地及劳工。
	尉缭子	重农	以劳工为最重，土地次之。

（续表）

学派与人物	总题与细目	（甲）普通观念	
		（一）农、工、商三业之比较	（二）关于生产要素之意见
杂家	于陵子	略	略
	吕不韦	农、工、商三业并重。	劳工与土地，认为最要，于资本无具体之主张。
别派	伯夷、叔齐等	此派中人，大都皆以农业为重。	有明显之表示者不多，惟狂矞、华士二人特重视劳工（肉体）一要素。
政治家与商人	晏子	略	略
	公孙侨	农业	土地
	计然	农、商俱所重视，学说未涉工业。	知土地劳工之重要，学说有涉及资本问题处。
	范蠡	乏学说，但生平致力于农、商二者皆甚深。	偏重于土地及资本二要素。
	白圭	不但视商业为重要，于农、工二业亦特别注重，其经济思想于此三者，均论及。	资本、劳工、土地 均重视。

学派与人物	总题与细目	（乙）土地问题	
		（一）土地制度	（二）重农政策与其实施之方法
儒家	孔子	井田制	兴沟洫之利。
	曾子与子思	略	子思于此方面无贡献，曾子主张用天之道，分地利；前者论及四季应作之农务，后者论及分工办土之高下等法。
	孟子	井田制	政策之目的有二：（甲）使自然界之供给品不缺乏，（乙）使人民有恒产，有田可耕。

（续表）

学派与人物	总题与细目	（乙）土地问题	
^	^	（一）土地制度	（二）重农政策与其实施之方法
儒家	荀子	不曾详述，但主张有一均富的田制。	政府当规定负责之官员，于农业加以提倡，余与孟子主张一致。
道家	老子	略	略
^	列子	自由取用，无固定之制度，不得作为私有。	略
^	杨朱	略	略
^	庄子	略	略
墨家	墨子	略	不详，但知彼以尽力开辟土地为主张者，至于政府，当尽保护提倡之责任。
^	宋钘子	略	略
法家	管子	略	重农政策包含消极的与积极的二种，消极方面禁止妨碍农业发展之各种要素，积极方面在开辟土地与增加人口。
^	李悝	反对井田制度。	土地分配后，视开垦者之勤垦与否而定其赏罚。
^	商子	反对井田制。该制至商子时完全废却。	采私有制，求其纳税之平均，人民富力均平。所拟农业政策，共有十大要纲，颇完备。
^	韩非子	略	奖励动俭，有劝耕方法。
^	其他作者	略	慎子主张利用地力，但不可将自然界供给用罄。
农家	许行及陈相	私产制度，共同耕种。	以平等精神，刻苦的合力耕作。
兵家	吕尚与尉缭子	吕尚学说不详，尉缭子则提倡井田制。	政府之职务：一在使民无所私，二在劝民勤劳。

（续表）

学派与人物	总题与细目	（乙）土地问题	
		（一）土地制度	（二）重农政策与其实施之方法
杂家	于陵子	略	略
	吕不韦	略	政府应躬自种殖以提倡农业，借为模范；同时更可借法律之力量，使人民耕种。
别派	伯夷、叔齐等	略	彼等对于田制及农业意见，吾人虽不得其端倪，然知彼等必反对阶级观念而主力耕，主张当与农家一派为近。
政治家与商人	晏子	略	略
	公孙侨	改革田制者。	彼所倡之农业政策，以爱民为首旨。
	计然	略	当分四季以定农业上应为之工作，有农业政策大纲。
	范蠡	略	略
	白圭	略	略

学派与人物	总题与细目	（丙）劳工问题	
		（一）分工论	（二）人口问题
儒家	孔子	略	民欲求其庶。
	曾子与子思	略	曾子希望一国人口加多。子思略。
	孟子	有完善之分工论，分出农工各种事务，分出劳心、劳力二种工作，为一种阶级的分工说。	有无后为大之说，游说各国，皆以人口增多为尚。

(续表)

学派与人物	总题与细目	(丙)劳工问题	
		(一)分工论	(二)人口问题
儒家	荀子	主张分工,盖分工后各人可以专一,其著述中并举出择业之标准二端。	略
道家	老子	略	略
	列子	略	略
	杨朱	略	略
	庄子	略	略
墨家	墨子	分工可依阶级而分,亦可依地理而分,有分业之分工,有担任工作一小部分之分工,无不一一述及。	于人口主众多。且提出增加人口之方法:一曰早婚,二曰弥战。学说极多精彩。
	宋钘子	略	略
法家	管子	讨论分工,从士、农、工、商阶级着眼,谓每阶级自有其特长。	以聚民为倡,兼从伦理方面研究,与同派其余作者,论调绝异。
	李悝	略	深以人民之离散为忧,故知李氏亦主人口众多者,但未言增加人口之方法。
	商子	略	诱三晋愿耕之民,以实秦地。一可使邻国之弱,二可使本国之强,卒以此富强而并天下,此项徕民政策,为彼侵略他国之一种手段,甚有名。
	韩非子	略	人民多而财富少,为世乱之根由。
	其他作者	略	慎到主张人口众多,否则无由利用土地之生产力。

（续表）

总题与细目 学派与人物		（丙）劳工问题	
^		（一）分工论	（二）人口问题
农家	许行及陈相	亦能了解分工原理，特主张消弭治人者与被治者二种阶级耳。	略
兵家	吕尚与尉缭子	贡献极少，惟尉缭论及男耕女织，颇赞成此项简单的分工。	略
杂家	于陵子	略	略
^	吕不韦	略	略
别派	伯夷、叔齐等	略	略
政治家与商人	晏子	略	略
^	公孙侨	略	略
^	计然	略	主人口众多，但无详尽学说传世。
^	范蠡	略	主张生聚。
^	白圭	略	略

总题与细目 学派与人物		（丁）资本问题 先秦思想家有资本学说者居极少数，故此处只择其略有发挥者记之。凡无贡献者，即不列入，以省篇幅而便检查。
儒家	孔子	以为备物致用，立成器，以为天下利，莫大乎圣人，有重视资本之态度。
^	孟子	孟子谓工欲善其事必先利其器云云，含有使用资本能使生产进步之意。
道家	庄子	昔子贡告农夫用机械则用力少而见功多，农夫斥之谓有机心。语见《庄子》，殆系假托，然颇足以代表庄周本人对于资本之意见。

（续表）

学派与人物	总题与细目	
	总题与细目	先秦思想家有资本学说者居极少数，（丁）资本问题故此处只择其略有发挥者记之。凡无贡献者，即不列入，以省篇幅而便检查。
法家	管子	颇重视积聚资本一事，见《权修》与《事语》篇中。
政治家与商人	计然	资本充足，为强国之一要素。
	范蠡	主张经商宜随时积聚资本，以静候机会。
	白圭	在一经济循环中，惟大穰之年能积聚，较往年倍之。

（四）分配论

学派与人物	总题与细目	分配论	
		（一）原则	（二）办法
儒家	孔子	有限制的私产制度，以均富一义为原则。	必需时由政府之调度使分配平均，俾财能不竭而上下相安。
	曾子与子思	均富	政府散财以补救贫富不均之现象。
	孟子	均富	恢复井田制，使人人有产业，足以维持生活，而贫富程度亦不致悬殊。
	荀子	分配以礼为本，以均富为目标。	以礼制定，使人人各安其分；则各人欲望，可以满足，而社会上亦不致有争夺情形发生。
道家	老子	人民产业，缩小至最低程度。	遵循自然法。
	列子	泯除私利，产业公有。	当先从培养达观之心理下手。
	杨朱	略	略
	庄子	分配以所需为原则。	略
墨家	墨子	赞成私产制度，亦主均富。	主张减少富豪之奢靡，人人出其劳力以获报酬，富力乃能趋于均平。
	宋钘子	略	略

(续表)

学派与人物	总题与细目	分配论	
		(一)原则	(二)办法
法家	管子	私产制度,均富主义。	政府用轻重之法,使分配得以平均。利用货币,调剂物价,以免豪强兼并。
	李悝	分配以平均为准则。	由执政者定出土地分配之额数,更采用平籴法以使私人间财产与收入无悬殊过甚之虞。
	商子	私产制度,均富主义。	商子废井田开阡陌,因人口多,社会上贫富之不均,较前尤甚,切应时势之需要,废井田制以均赋税,亦无非为贯彻其均富主张之一种手段而已。
	韩非子	均富	借法律力量执行分配,其尤要者在增加生产,以解决分配问题。
	其他作者	慎到主张均富。	慎到主张政府借法律之力量,调和社会上各阶级之利益,俾均富现象可以实现。
农家	许行与陈相	主均富,保留私产制,而推翻政府一制度。	实行君民并耕,齐一物价,建设互助的农村生活。
兵家	吕尚与尉缭子	尉缭子信奉井田制。	使人民努力耕种。
杂家	于陵子	略	略
	吕不韦	均富	取缔社会上一切奢华事物,鼓励农、工、商三种阶级,从事生产事业。

（续表）

学派与人物	总题与细目	分配论	
		（一）原则	（二）办法
政治家与商人	晏子	略	略
	公孙侨	均富	随时改革，以有利社稷为务。
	计然	均富	注意于物价之研究，遏制其过高或过低情形，此项状况，乃贫富不均之枢纽也。
	范蠡	略	略
	白圭	略	略

（五）交易论

学派与人物	总题与细目	交易论		
		（一）国内商业与国外贸易	（二）货币学说	（三）物价论
儒家	孔子	虽于商业过去之历史，甚见注意，但无具体之学说。	略	略
	曾子与子思	略	略	略
	孟子	认交易为必需，主张去关市之征以保商，但以垄断牟利与害及社会利益之商人，则主重惩。	略	信自由竞争之说，以为物价大小不齐，当因物之量与质具有差别之故。
	荀子	于国内商业、国外贸易均有讨论，竭力提倡自由贸易，以获得他国之财富，故彼亦主张关讥而不征。	略	略

(续表)

学派与人物		交易论		
	总题与细目	（一）国内商业与国外贸易	（二）货币学说	（三）物价论
道家	老子	彼主张人民重死而不远徙，至老死不相往来，于商业极不赞同。	略	略
	列子	商业成败，系于命运。	略	略
	杨朱	略	略	略
	庄子	亦以商业活动为罪恶。	略	略
墨家	墨子	有注重交通事业之态度，且以为交通应由国家举办之。	举出货币之历史数点，乏具体主张。	物价以主观的需要之程度为衡，时时在变动状态中。
	宋钘子	略	略	略
法家	管子	重视商业，推崇商人，认商业足以通货。主张政府当取轻税办法，以保护国中之商贾，但欺诈作伪之风，当在严禁之列。对外，商业可用作为侵略之工具，所举国外贸易政策，计有五种之多。	洞悉货币在历史上之重要及其种种之功用。对于货币数量与物价之关系，有深切之认识。	物价与货币之价值成反比例，货币价格为其数量所决定，而流通数量之多少，其权采之于政府。故政府可间接的操纵物价，所谓执其通施以御其司命也。
	李悝	略	略	谓米谷之价格当适中，太低则伤农夫之利益，太高则伤其余人民之利益，故应采用平准法以调剂之。

（续表）

学派与人物	总题与细目	交易论 (一)国内商业与国外贸易	(二)货币学说	(三)物价论
法家	商子	重国内商业，言论政绩，颇多提倡商业者，但伤害农业利益之商业，则当在禁止之例。	略	曾论及贵粟之法，法由政府收税用粟，粟藏于上则其价值高，故藏粟即贵粟之法，而贵粟又为推行垦土徕民之必要条件。他物之价格，不曾讨论。
法家	韩非子	略	略	略
法家	其他作者	略	略	略
农家	许行与陈相	亦承认交易之不可或缺，惟只认交易之目的，在自足而不在赢利。	略	凡物之大小多少一致者，其价格当划一；物如同价，即可交易。
兵家	吕尚	略	略	略
兵家	尉缭子	略	略	略
别派	伯夷、叔齐等	略	略	略
杂家	于陵子	略	略	略
杂家	吕不韦	所述甚少，只言明商人为生产货物一阶级。其余无所发挥。	略	略

（续表）

学派与人物	总题与细目	交易论		
		（一）国内商业与国外贸易	（二）货币学说	（三）物价论
政治家与商人	晏子	略	略	略
	公孙侨	略	略	略
	计然	于对外贸易，固未提及，然极注意于国内之商业。彼专从时间及机会、需要三要素着眼，有完善之经济循环说传于世。	略	理想之物价在适中，既不伤农，亦不伤末，则为最佳；但物价短时期之升降，彼认为决不可免，其观察颇精。
	范蠡	于商情亦甚有研究。	略	以物价之变动为赢利之源。
	白圭	能详人之所略，将商业内容之繁难，警告世人，表明商业系一种专门智识，至所述及之商业原理，亦极精审。	略	能洞悉工艺品及农业品价格之不同及其循环往复之理。

（六）财政论

学派与人物	总题与细目	（甲）政府之经济职务	
		（一）主张	（二）学说之内容
儒家	孔子	放任主义	除维持分配之平均与人民之生产力外，概不干涉。人民能乐其乐而利其利，此不过顺民之性，非极端放任主义。

(续表)

学派与人物	总题与细目	(甲)政府之经济职务	
		(一)主张	(二)学说之内容
儒家	曾子与子思	放任主义	曾子于政府职务仅论及农业及聚敛之非,理论甚有放任主义者之口吻。
	孟子	放任主义	民事诚不可缓,然政府除保民与行善政外,不必干涉人民之经济活动。
	荀子	放任主义	以为政府之主要事务,仅在使人民明分,在凶败水旱之年,使百姓无冻馁之苦。亦主张政府应取放任态度。
道家	老子	极端之放任主义	对于当时政府行动,起一剧烈之反抗,故倡无为之说,盖以极端之放任主义为主张也。
	列子	放任主义	无详细之说明,但彼重视自然律,当亦深恶干涉政策者。
	杨朱	略	略
	庄子	极端之放任主义	学说渊源,出自老子。
墨家	墨子	干涉政策	《尚同》篇中,倡干涉政策,人民行动言论思想之自由,均当受天子之干涉。即宫室、衣服、饮食之法,均由政府制定,反对个人主义之态度,甚明显。
	宋钘子	略	略
法家	管子	干涉政策	善明法禁之令,以法制民,所谓劳教定而国富,死教定而威行是也。法治之目的,在为民兴利除害,管子所倡之各项经济政策如货币、商业、工业国有等等,俱赖政府之力以推行者。

（续表）

学派与人物	总题与细目	（甲）政府之经济职务	
		（一）主张	（二）学说之内容
法家	李悝	干涉政策	关于此点，并无详尽解说。但其所有学说均须赖政府推行，方能收效，故知其必主干涉政策。
	商子	干涉政策	信仰严峻之干涉政策，不但干涉人民之言论行动等等，且须弱民；盖彼认个人不知利害所在，无控制本人之能力也。
	韩非子	干涉政策	借严峻法律之力量行之。
	其他作者	邓析子　放任主义。申不害　放任主义。慎　到　干涉政策。	邓析与申不害均以为万物当各随其性，任其自然。慎到则以为政府之经济职务，应扩大。
农家	许行与陈相	极端之放任主义	根本上视政府为赘疣，当然谈不到政府应有何种经济职务矣。
兵家	吕尚与尉缭子	略	略
别派	伯夷、叔齐等	极端之放任主义	此派中人或则抨击政府，或则于社会阶级制度，深恶痛绝；或则蹈高归隐；其行动言论，皆带有无政府主义之色彩，干涉政策自为彼宗所不容。
杂家	于陵子	极端之放任主义	主无政府主义甚力。
	吕不韦	放任主义	以静字为政府行政之南针，同时更主保留政府一制度，不过主张政府之经济职务，应受相当之限制也。
政治家与商人	晏子	略	略
	公孙侨	略	略
	计然	略	略
	白圭	略	略

（续表）

学派与人物	总题与细目	（乙）收入与支出		
		（一）支出	（二）租税	（三）工业国有
儒家	孔子	主张节以制度，不伤财，不害民。	土地税，以人民付税能力为标准，而以平均负担为原则。	主张藏富于民，以与民争利为戒。
	曾子与子思	节用	以为长国家而务财用者为小人，其主张轻税之意，溢于言表。	斥为聚敛，此策被指为长国家而务财用，极反对。
	孟子	主恭俭，取诸民有制，盖主节俭者也。	树薄敛之帜，以政府加税为病民之政；其于废除关市之征，尤为致意。	不主张于租税之外，再增殖国用，否则即为充府库之民贼。
	荀子	不仅主张裕民，且重节俭。	以厚敛为亡国征象，于轻关市之征，亦极注重。	人民不能举办之实业，由政府任之，此外均须由人民经营之，否则即犯与民争业之大忌。
道家	老子	虽于私人消耗有意见，然于政府支出问题，无甚表示。	于当时之横征暴敛，至为反对。	反对
	庄子	略	主张人民自由捐助，说甚特别。	反对
	列子	略	略	略
	杨朱	略	略	略

学派与人物	总题与细目	（乙）收入与支出		
		（一）支出	（二）租税	（三）工业国有
墨家	墨子	主节用，以为凡足以奉给民用则止，诸加费不加于民利者，圣王弗为，故于籍敛主薄。	反对厚敛万民之举，此为其非攻等学说之基础。	主张工业国有，俾以人民制造奢侈品之力量以造日用必需品。又墨子主张舟车交通工业等，由国家经办，以利人民。
	宋钘子	略	略	略
法家	管子	以节用为人君六务之一，国侈则用费，用费则民贫，且有引用奸人之危；在人民方面，将失去人心。故无裨民生之用度，当在节制之列。	主张薄敛，反对搭克，租税近于强求，如能减轻，则人不忧饥，故赋敛当有度量。	彼所主张之国家专利政策，有盐、铁、矿业、森林诸项，政府借是获利，可不必完全依赖租税为收入之源矣。
	李悝	略	略	略
	商子	略	略	略
	韩非子	国用忌奢侈，奢侈为亡国之由。	主轻役薄敛。	略
	其他作者	略	略	略
农家	许行与陈相	略	略	略
兵家	吕尚	主张节用论，以此为贤与不肖人君之分别。	以薄赋敛为倡，认此点为爱民之要旨。	略

(续表)

学派与人物	总题与细目	（乙）收入与支出		
		（一）支出	（二）租税	（三）工业国有
兵家	尉缭子	略	以厚敛为损民财产，故反对之。	略
别派	伯夷、叔齐等	略	略	略
杂家	于陵子	略	略	略
	吕不韦		略	略
政治家与商人	晏子	深信政府支出之当节俭。	以为人君穷人民之财力以供己之嗜欲为暴行，乃守国之大殃。	略
	公孙侨	略	略	略
	计然	略	略	略
	范蠡	略	略	略
	白圭	略	略	略

学派与人物	总题与细目	（丙）救荒政策
儒家	孔子	略
	孟子	分出治标及治本二法，治标为散财赈灾，治本为分配恒产，使人民无冻馁之患。
	曾子与子思	略
	荀子	略

（续表）

学派与人物	总题与细目	（丙）救荒政策
道家	老子 列子 杨朱 庄子	略
墨家	墨子	略
	宋钘子	略
法家	管子	以轻重之术，处理救荒，政府籴粜，当视岁之丰歉而定，借以平定米价，而于政府收入上，实有裨益。
	李悝	由政府救荒，办法分年份为上熟、中熟、下熟、小饥、中饥、大饥六种。政府举行平粜，小饥发小熟之所敛，中饥发中熟之所敛，大饥发大熟所敛，俾在年荒时粜不贵而民不散。
	商子	略
	韩非子	略
	其他作者	略
农家	许行与陈相	略
兵家	吕尚尉缭子	略
别派	伯夷、叔齐等	略
杂家	于陵子 吕不韦	略

（续表）

学派与人物	总题与细目	（丙）救荒政策
政治家与商人	晏子公孙侨	略
	计然	执政者当随时随地，观察时变，以为准备，视民所不足及有余而预为之备，则虽有水旱，而民不饥。至其办法一方面在维持物价之平衡，又旱则资舟，水则资车。发明有六穰六旱之说。
	范蠡	略
	白圭	继计然而起，研究岁美恶之理论，普通之应验现象，亦系循环来往的。与计然所述，俱为中国经济思想史中极珍贵之材料。